美国画报上的中国
1840—1911

CHINA VISUALIZED
BY AMERICANS
1840–1911

〔美〕张文献 编

北京大学出版社
PEKING UNIVERSITY PRESS

图书在版编目（CIP）数据

美国画报上的中国：1840—1911 / 张文献编 . —北京：北京大学出版社，2017.8
ISBN 978-7-301-28394-3

Ⅰ.①美… Ⅱ.①张… Ⅲ.①中国历史 – 1840 – 1911 – 图集 Ⅳ.①K252.06-64

中国版本图书馆CIP数据核字（2017）第128567号

书　　名	美国画报上的中国：1840—1911 MEIGUO HUABAO SHANG DE ZHONGGUO: 1840-1911
著作责任者	〔美〕张文献　编
责任编辑	谭　燕
标准书号	ISBN 978-7-301-28394-3
出版发行	北京大学出版社
地　　址	北京市海淀区成府路205号　100871
网　　址	http://www.pup.cn　　新浪微博：@北京大学出版社
电子信箱	pkuwsz@126.com
电　　话	邮购部 62752015　发行部 62750672　编辑部 62755910
印刷者	北京翔利印刷有限公司
经销者	新华书店
	720毫米×1020毫米　16开本　29印张　429千字
	2017年8月第1版　2017年8月第1次印刷
定　　价	168.00元

未经许可，不得以任何方式复制或抄袭本书之部分或全部内容。
版权所有，侵权必究
举报电话：010-62752024　电子信箱：fd@pup.pku.edu.cn
图书如有印装质量问题，请与出版部联系，电话：010-62756370

谨以此书献给王清福（1847—1898），
美国华人民权运动第一人。

目 录

序 /1

前言：美国书报里的中华文化与中国议题 /7

第一章　大清军政：19世纪中后期的天朝政治、军事与外交 /21
　一、社会巨变下的中国与世界 /22
　二、乱世里的风云人物 /52
　三、殖民主义时代的中美关系 /66
　四、硝烟战火中的内乱与外患 /86

第二章　泱泱中华：迤逦壮观的华夏帝国 /103
　一、夕阳中的巍巍帝都 /104
　二、秀丽多姿的南国门户 /114
　三、风景如画的江南水乡 /125
　四、五湖四海的中华景观 /144

第三章　市井人文：晚清的经济社会与文化生活 /155
　一、平民百姓的衣食住行 /156
　二、农耕传统下的经济民生 /173
　三、风俗习惯与宗教信仰 /192
　四、民间休闲与娱乐 /219
　五、三教九流，芸芸众生 /232
　六、难以想象的千奇百怪 /250

第四章　大洋彼岸：新大陆华人的生存与奋斗　　　　/263

一、心驰金山，梦断花旗　　　　/264

二、华工的汗水与血泪　　　　/284

三、唐人街：华人在美国的家园　　　　/305

四、早期华人移民掠影　　　　/329

第五章　亚美利坚：美国政治中的华人问题　　　　/353

一、华人移民与选举政治　　　　/354

二、阿兴：来自中国的异教徒　　　　/383

三、《排华法案》：中国人必须走！　　　　/417

四、从落叶归根到落地生根　　　　/437

中国近代史与中美外交大事记　　　　/451

主要参考书目　　　　/456

数月前，美国罗林斯大学奥林图书馆档案特藏部主任张文献教授跟我联系，说想约我为他即将在国内出版的新书《美国画报上的中国：1840—1911》写一篇序言。我本与张教授素不相识，但在看了他书稿之后，颇为其内容所吸引，故欣然命笔。

一

这本书稿中收录了辛亥革命之前美国报纸杂志和书籍等出版物中近千幅跟中国相关的版画插图和封面。这在国内同类出版物中可能要算是收录得最全的，这一点也是该书稿最令我感到称奇的地方。我本人因为研究中外文化交流，在过去15年中一直在欧美各国的图书馆和档案馆中收集和研究西方出版物中反映中国的图像资料，所以深知要收集这么多的版画插图和封面实属不易。上述版画的来源，如《格立森画报》(Gleason's Pictorial Drawing-Room Companion)、《宝楼氏画报》(Ballou's Pictorial)、《弗兰克·莱斯利新闻画报》(Frank Leslie's Illustrated Newspaper)、《哈泼斯月报》(Harper's Monthly Magazine)、《哈泼斯周报》(Harper's Weekly: A Journal of Civilization)、《顽童杂志》(Puck Magazine)和《马蜂杂志》(WASP Magazine)等报纸杂志因其年代久远和罕见珍贵程度，一般都收藏在图书馆的善本特藏部或档案特藏部，普通读者很少能够见到真本，如想借阅，图书馆员们往往会建议你去看缩微胶卷。即便是学者想要调阅真本，那也得提前预约，而且每次调阅的画报数量会极其有限。以周报为例，假如它从1850年一直办到1910年的话，那理论上全套总数就会有近3300期。倘若图书馆只允许你每次调阅5期的话，那你就得预约和跑图书馆至少660次以上，才能将它从头到尾浏览一遍。假如是在国内，很多图书馆可能还有价格不菲的收费，这样的话，不仅时间耽搁不起，就连所需花费的钱也会难以计数。

上述推测仅仅是建立在图书馆收藏资料齐全的基础之上。但

序

沈弘

实际情况是，即便是像哈佛大学图书馆这样的国际顶级研究图书馆，上述报纸杂志的收藏也是不全的。且不说像《格立森画报》和《宝楼氏画报》这样相对比较罕见的报刊，就连像《弗兰克·莱斯利新闻画报》《哈泼斯月报》《哈泼斯周报》《顽童杂志》和《马蜂杂志》一类相对较为常见的报刊，因长期使用所带来的损耗和失窃等原因，一般来说也不会齐全。我本人在哈佛大学图书馆做过几年的研究，也访问过不少欧洲大学的图书馆和几乎所有的美国常青藤大学图书馆，对于这一点深有体会。

即便是学者调阅了真本，也不一定就能够复制作为杂志封面和插图的版画。每个图书馆都会有自己特殊的规定，对于善本特藏的使用有各种限制。一般来说，会要求调阅报刊的研究者与图书馆签订一份协议，保证遵守图书馆的相关规定和限制。由于一百多年以前的报刊纸张发脆，容易损坏，为了防止报刊的损耗或损毁，一般不允许拿去复印，只允许在不使用闪光灯的情况下，用数码相机进行拍照；或在个别情况下，允许用扫描仪进行扫描。而且，按照上述协议的规定，研究者复制的图像一般只能用于个人的学术研究，不能任意扩散，也不能随便用于商业目的。

撇开上述所有的限制和协议不论，用拍照或扫描获得的图像资料，还得逐一用计算机的图像软件进行特殊处理（如去网格、锐化对比度和修补残缺等）之后，才能够符合印刷出版的要求。图像处理是一项复杂的技术活，需要多年积累的经验和技艺，对一张图像的处理往往要花很长时间修缮和修复，才能够达到差强人意的出版要求。我们完全可以想象，要收集和获取近千幅版画的图像，并对它们进行分类整理和图像处理，那该需要花费多少时间和精力！

我之所以要不厌其烦地说上面这番话，是为了强调本书所收录的那些版画图像确实来之不易。虽然国内也有同类的书籍，但是在所收集资料的齐备性和丰富性上，均难以与本书相比。以其美国大学终身教授和美国档案学会会员的身份，以及奥林图书馆档案特藏部主任的职位，张文献教授"近水楼台先得月"，也许是收集上述珍贵版画图像资料和编纂这样一本图文书的最理想人选。

二

除了在美国早期报纸杂志中收集跟中国相关的版画素材实属不易之外，本书所收录的那些版画的内容也十分丰富，琳琅满目，令人目不暇接。

张教授将全书分为"大清军政""泱泱中华""市井人文""大洋彼岸"和"亚美利坚"这五章，除了其中第三章有六小节之外，其余各章下面均有四小节。换言之，作者在对所有这些版画进行整理之后，将它们分门别类，归在了"中国与世界""风云人物"等22个不同的小标题之下。浏览全书之后，我对以下这几个部分内容的印象比较深刻，愿意在此提出来，与大家共享。

美国早期报纸杂志中有关中国的图像，有很大一部分是以漫画的形式来表现的。这并不奇怪，因为当时美国人心目中主要的中国人形象是凭借妖魔化想象而塑造出来的所谓"满大人"，即一个丑陋、猥琐、保守和愚钝的漫画式东方人形象。几乎所有上述美国报纸杂志都不能例外。但在所有这些漫画作品中，艺术性最高、原创性最强的，因而也最吸引读者眼球的要数《顽童杂志》的彩色漫画。正如编者在前言中所介绍的那样，《顽童杂志》创刊于1871年，是美国最早成功采用彩色石印版画的一个周刊。直至1918年停刊为止，它所坚持下来的一个传统就是重视彩色的漫画，每一期的封面（有时还包括封底）以及中间的一个双页，都会刊登彩色的政治漫画。它也是在美国报刊中最早采用彩色广告的。由于该杂志雇用了伯纳德·吉勒姆（Bernhard Gillam，1856—1896）、利文斯通·霍普金斯（Livingstone Hopkins，1846—1927）等当时美国一流的漫画家，所以该杂志的彩色漫画作品相对来说构思比较巧妙，色彩鲜明，线条简练，人物形象较为饱满，但最重要的是数量庞大。它与大洋彼岸英国著名的漫画杂志《笨拙》（Punch）遥相呼应，几乎可以相提并论。

与上述漫画传统相对应的是一种主要依靠到现场进行写生和素描的写实传统。在这一方面最突出的要数《哈泼斯月报》所派遣的画家在京杭大运河苏州至杭州段进行的为期一年的采风过程中所画的风景速写和人物素描。1894年，美国作家朱利安·拉尔夫（Julian Ralph，1853—1903）受《哈泼斯月报》编辑部的派遣，到中国南方江苏和浙江的大运河沿岸来体验生活，采访调查和进行文学创作。同行的还有一位叫韦尔登（C. D. Weldon）的画家，奉命为前者在中国京杭大运河沿岸创作的一系列短篇故事画插图，他以简练的笔触和透明的色块，恰如其分地表现了杭州作为江南水乡的鲜明特征。由于创作灵感来自真实的生活，所以他笔下的人物和景观无不显得栩栩如生。

韦尔登是当时美国一位知名的画家。他的眼光和对色彩的感受力都极为敏锐，跟作家拉尔夫一起在杭嘉湖平原的农村进行考察时，那儿浓郁的乡土民俗给他留下了十分深刻的印象。根据拉尔夫在其后来将这些故事结集出版的《独自闯荡中国》（纽约，1897）一书前言中的介绍，画家韦尔登对于当地老百姓的服饰式样和色彩十分痴迷。尤其令他感到惊奇的是运河边一家磨坊老板的14岁女儿，不仅模样俊俏，而且服装也十分独特，上身穿的是一件黑色小褂，下面则是一条浅蓝色的裤子。画家感叹自己的颜料无法表现出那种独一无二的靛蓝色。令韦尔登印象深刻的并不仅限于具有浓郁地方色彩的服饰，他的画笔还记录了有着明显的江南风格的苏州和杭州老房子的窗、门、屋檐和墙等各种细节，为后人保存了一份珍贵的历史记忆。画家笔下其他具有鲜明杭州地方特色的景观还包括大运河上式样古朴而又装饰精美的客船。大运河上过去还有一种独特的捕鱼方式，那就是渔民驾船带着鱼鹰去抓鱼，时过境迁，人们现在很难再看见这种独特的捕鱼方式，如想忆旧，就只能从韦尔登的画中去领略一番了。杭州现在虽然还有少数老房子保留了下来，但是更多的古建筑结构和装饰细节却都已经失传。幸运的是，从韦尔登的另一张名为"清朝官邸"的插图中，我们还可以见识到一些有关中式门窗上的装饰图案、方形灯罩，以及藤编凳子等珍贵古建筑和室内装饰的细节。清末的杭州城内外水道纵横，运河交错，运河上的住家船和运河边的建筑等构成了杭州作为江南水乡的基本要素。从韦尔登题为《河畔茶坊》的插图中，我们可以清晰地看到当时住家船的样式，以及运河边上低矮简陋但仍不失优雅的民居建筑。而在一张题为《河畔憩息》的插图中，我们可以看到当时杭州凉亭和小桥的模样。其中那座具有众多台阶的青石板石桥有着浓郁的地方特色。假如我们把这张画跟曾任之江大学校长的费佩德于民国初年在杭州拍摄的一张老照片中的石桥做一下比较，就不难发现韦尔登的画作相当真实和准确地再现了当时江南随处可见的青石板桥式样。

虽然在《格立森画报》和它的后继者《宝楼氏画报》，以及《伦敦新闻画报》（*The Illustrated London News*）等报刊中也能看到属于这种写实传统的现场速写，但是我们应该清醒地意识到，这三个报刊1850—1890年间的作品中有相当一部分是跟风、模仿和抄袭的作品。在1891年美国政府正式颁布《国际版权法案》，并开始对主要来自英国的外国作品提供版权保护之前，美国曾一度是盗版者的天堂。所谓跟风和模仿，就是把别人作品的构思或构图拿过来，改头换面地画一下，或者干脆在别人的现成作品上再添加几个人物。所谓抄袭，就是把别人刚发表的作品直接拿过来，以自己的名义发表。假如我们把《伦敦新闻画报》与上述这三个美国报刊仔细地加以对比，就可以很容易地发现，本书中第一章的《英国兵船》《清军击鼓手》《抢救伤员》《准备冲锋》《战前祈祷》《准备行动》和《阅读英军安民告示》，第二章的《弧形大街》和《广州老城》，第三章的《工作便餐》《香港茶会》《旧式客厅》《游途小憩》《涉水过河》《抽茧缫丝》《拜天地》《丧葬》《工余自乐》《香港赛马》《抽大烟》《广州烟馆》《饮酒划拳》《中医大夫》《母女梳头》《舢板姑娘》《江湖相士》《水上勇士》和《中国巨人》，等等，都是直接从《伦敦新闻画报》窃取来的。这些版画作品通常是刚在《伦敦新闻画报》上发表一个月左右，便被照搬到了上述这三个美国报纸杂志之中，其中时间最短的是仅在两周之后。这种顺手牵羊拿来的作品毫无原创性，因而也毫无思想性、艺术性可言。复制品一般在质量上总是低劣于原作，而且在某些情况下还会以讹传讹。以第168页的《涉水过河》为例，原作的文字说明是中国台湾岛上的土著背着英国画家过河，而在《宝楼氏画报》中则变成中国内地的向导背西人过河。

事实上，本书中原创性最强、史料价值也最高的应该是最后两章的内容，即反映华人移民美国之后的遭遇和在美国生活的情况的作品。这方面的历史背景和华人在美国的情况，编者在前言中已有详细的论述，在此我就不再赘言了。

三

由于本书内容庞杂，时间跨度大，而且涉及百年前中国社会生活和中美跨文化交流的方方面面，所以编辑此书具有很大的难度，要求编者具备百科全书般的知识结构。

这近千幅画作所包含的信息量太大。若要为每一幅画作内容写作背景的介绍，需要阅读海量的相关文献，并且会涉及不同研究领域的专业背景。编者百密一疏，在解说这些版画作品所包含的潜在信息时，难免会犯这样或那样的一些错误，或者在措辞上会有不太到位的地方。然而瑕不掩瑜，我认为本书将会是一本具有很高史料和艺术价值的好书。它通过展示1840—1911年这71年间的近千幅版画，直观而生动地向读者介绍了这一时期美国人眼中的中国形象、清末华夏大地的自然和人文景观，以及早期赴美华侨们是如何在艰苦的环境下逐步融入美国社会的。它不仅可能成为受普通读者欢迎的畅销作品，而且还将为研究中美历史和跨文化研究的学者们提供有用而珍贵的研究素材。

是为序。

前言：美国书报里的中华文化与中国议题

中西方文化之间大致经历了一个从无知无视、好奇接触、鄙视抨击，到深入了解与接受认可的曲折过程。中美两国之间的全方位了解和认识，同样漫长与复杂。虽然1784年的"中国皇后号"之旅开创了中美经贸与外交的历史纪元，然而直到鸦片战争爆发和美国西部发现金矿以后，中美两国之间才有真正意义上的全面接触。交流总是双向的，19世纪中叶以来的中美关系对中国的近代化进程影响深远。清朝道光年间的禁烟领袖林则徐曾经向当时的知识阶层介绍美国，大清福建巡抚署闽浙总督徐继畬在其所著的《瀛寰志略》中更是盛赞美国开国总统华盛顿的丰功伟绩，其文字至今仍保存于华盛顿纪念碑内。而自容闳负笈耶鲁到19世纪70年代中国第一批学童官派留洋，美国许多政治家、思想家和文学家的作品以及大量先进的科学技术被陆续引入中国，对中国从封闭走向开放起到了重要的作用。

孔子曰：温故而知新。过去的两百年间世界早已发生了翻天覆地的变化，目前一些新闻媒体已将中美关系称为21世纪全球最为重要的双边关系。2015年秋中国习近平主席访问美国，中美双方重新确认将共同努力，建设互相尊重、互利共赢的合作伙伴关系。历史是一面镜子，有鉴于中美新型大国关系已成为当今世界和平稳定与发展的基石，重温美国社会对中华文化的认知过程具有尤其重要的现实意义。

西方人眼里的近代中国

作为世界几大古老文明之一，中华文明一直是颇具包容性的。自西汉张骞出使西域，中国就开始与当时的西方进行接触，丝绸之路便是古代中国与世界积极交往的最好证明。即使是几次中原政权被北方游牧势力武力征服，异族文化也很快被吸收同化，变成了中华文化的一部分。汉唐盛世留给后人的记忆是中华文明的开放与自信，而13世纪意大利旅行家马可·波罗的《游记》，更是激起了西方民众对东方这个强大帝国的无穷想象。曾几何时，自视位于天下中心的中国统治者开始满足于自给自足的农耕文化，沾沾自喜于万国来朝的虚荣。郑和下西洋船队之壮观，也只是为了宣扬皇威浩荡，与数十年后另一位意大利人的开创性历史之旅形成了鲜明的对比，而哥伦布偶然发现新大陆只是为了探索开辟到达东方的新航道。更为严重的是，明清两朝为了消灭反叛势力、打击海盗及走私，长期施行"尺板不得出海"的海禁政策。其本意是保障社会稳定，然而真正受到打击的是中国的对外贸易及沿海渔业，海盗和走私活动反而因为海禁而变得更加猖獗。这项闭关锁国的政策对中国及其周边国家的社会和经济发展产生了极其深远的消极影响。

虽然明清之际中国仍然是世界上最强大的帝国，但遥远的欧洲已从黑暗的中世纪走出来，经历了文艺复兴、地理大发现和启蒙运动，看到了工业革命的曙光。此时的中国在西方人士心目中依然是理想的天国，有着完善的科举与任人唯贤的文官制度。于商人而言，东方意味着财富，而基督教士更是认为到中国传教是上帝赋予他们的神圣责任。于是自16世纪末利玛窦开始，天主教耶稣会士不远万里纷纷来华传教，同时虚心学习中华文化；随后欧洲商人和以通商为目的的各国使节也来到中国，初期集居于澳门、广州一带，然后由广州沿北江、赣江、长江、大运河一路北上抵达帝京。至19世纪，西方列强在经历了工业革命的洗礼后开始了大规模的海外殖民主义扩张与掠夺。鸦片战争中，英国皇家海军的坚船利炮不仅轰开了中国的海防门户，重创了清朝统治阶层的傲慢自大心理，同时也使得西方人开始清楚地认识到近代中国社会的现实。

中西方文化自19世纪开始有了全方位的深度交往。中国门户大开，各种心态各异、身份不同的西方人更是蜂拥而入，其中不少来自年轻的美利坚合众国。例如最早来华的美国传教士裨治文（Elijah Coleman Bridgman，1801—1861），1832年在广州出版的《中国丛报》，是西方传教士在中国创办的第一份向世界介绍中国的英文期刊，裨治文也用中文编写了《美国志略》，以娴熟的中英文向中西方介绍彼此的历史、社会与文化，成为了中西文化的桥梁。早期美国来华传教的还有卫三畏（Samuel Wells Williams，1812—1884），其《中国总论》（*The Middle Kingdom: A Survey of the Chinese Empire and Its Inhabitants*）是标志着美国汉学开端的里程碑之作。另一位美国汉学家卢公明（Justus Doolittle，1824—1880）在1849年神学院毕业后立即接受派遣，在福州传教二十余年，其代表作《中国人的社会生活》（*Social Life of the Chinese: With Some Account of Their Religions, Educational and Business*

Customs and Opinions）从政治、经济、民间信仰、习俗、宗教、教育等多个视角，极为翔实地对清朝社会进行观察与描述。其他有名的美国在华传教人士还包括隶属于美国南长老会的司徒雷登的父亲、于1868年来华并在杭州传教45年、为中国教育培养了两位大学校长的司徒尔（John Linton Stuart，1840—1913），以及曾任汇文书院院长、翻译介绍《本草纲目》的师图尔（George A. Stuart，1859—1911）等人。这些美国人在传教之余，认真学习汉语与方言，努力了解当地社会，积极探讨研究中国文化。

除了传教士外，19世纪以来美国在华人士中还有不少商人与政客，以及诸如命丧征伐太平天国战场的华尔（Frederick Townsend Ward，1831—1862）与白齐文（Henry Andres Burgevine，1836—1865）等江湖浪人，另外就是一些曾经走访中国的美国作家、记者与画家。他们的初衷是为了让美国人更好地了解中国社会，从其发表的文字与图画记录可以看出，他们的足迹曾经遍及大江南北。这些人津津乐道他们在中国的所见所闻，不仅详细介绍与报道了当时中国社会的形形色色，还从一个独特的视角真实地反映了中国的历史、社会、民俗、文化以及东西方的文化交流。

尽管这些人的记载多为走马观花式的泛泛之作，却涉及了清朝社会从衣食住行到经济民生的方方面面；虽然这些文字与图画只是零星地散落在各种美国报纸杂志中，不少却是生动具体的第一手观察资料。这些报道不仅展现了从岭南到北京各地山川河流等的自然风貌，以及园林建筑与名胜古迹，而且也反映出晚清农林牧渔、手工业与商业的发展情况，蕴藏着丰富的历史内容。他们的笔下不仅有与清朝官员的交往，对太平天国的评论，也有舟车旅行的记录和对社会底层生活的观察，等等。通过这些记述，读者不仅可以了解19世纪中国的政治军事、生产运输方式与各地的风土人情，而且在今天依然可以体会到当时社会存在的鲜明的等级与贫富差别。与其他早期到访和旅居的西方人一样，美国人观察中国社会几乎无时无刻不在进行中西文化对比。由于他们从文化比较的角度观察中国，因而能够注意到不少中国人习以为常或者不屑一顾的现象，发掘出中国人自己未曾发现的事物内涵与侧面，提出不同而又十分重要的观点，为中国读者提供一个全新的视野，也能让我们了解美国人对华夏文化的认知过程。

以19世纪西方人的眼光来观察中国，必然有其历史局限，这些美国人所记录的中国人物形象往往带有西方人的特点，因而不可避免地会出现一些不妥的甚至是错误的记载与见解。由于缺乏对中国文化的深度了解，张冠李戴的事情时有发生。

尤其应该指出的是，本书收录的一些美国人有关中国近代史上重大事件与人物的报道与图片，基本上反映了当时占据主流的西方殖民主义与种族主义的立场和观点，而有些描绘与评论更是对中华民族与文化的恶意攻击和诋毁。这些资料能够在号称新闻自由的美国出版刊行绝非偶然，而是有着深刻的社会历史与文化上的原因；收录在此的目的自然是让大家能够有一个更全面的了解，相信今天的中国读者在阅读时自会鉴别判断。

中美近代外交关系

中美两国文化开始交流的时期，正是西方从中世纪走向资本主义工业革命的时代，也是中国从封建社会走向半封建半殖民地社会的时代。与中国的闭关自守和对世界的孤陋寡闻形成鲜明对比，欧洲的启蒙运动者们已经开始接触儒家学说，他们对于孔子的伦理道德和重视教育的思想，以及儒家的自然观和仁君统治的政治理念极为推崇，并力求为其所用。受之影响，美国的开国元勋也曾把源自孔子道德哲学的价值观付诸18世纪下半叶的建国实践中。美国革命的重要领导人之一本杰明·富兰克林（Benjamin Franklin，1706—1790）认为儒家哲学于全人类都是颇有价值的道德理念；而美国早期哲学家与政治活动家、《常识》（Common Sense）的作者托马斯·潘恩（Thomas Paine，1737—1809）则认为孔子与耶稣和希腊先哲一样，都是人类道德文明的导师。据华裔学者王小良考证，《独立宣言》的主要作者、第三任美国总统托马斯·杰斐逊（Thomas Jefferson，1743—1826）在其个人图书馆中收藏了有关孔子推崇圣王周公的诗篇；《美国宪法》之父、《人权法案》主要作者、第四任美国总统詹姆斯·麦迪逊（James Madison，1751—1836）也曾在其弗吉尼亚的住所中悬挂过孔子画像。与同时期乾隆皇帝（1711—1799）的踌躇满志和故步自封相对照，这些美国先贤不仅积极了解东西方文化，而且敦促公民们躬行儒家哲学中的积极成分，按照圣哲的示范提升道德品行。

中美两国的第一次接触始于18世纪末的"中国皇后号"之旅。其时新近独立、国库空虚的美国为开拓被英国所封锁的海外贸易路线，派遣由战舰改装的武装商船满载着以人参、皮毛为主的货物，前往澳门与清廷进行贸易。1784年8月28日，"中国皇后号"进入广州港后鸣炮十三响作纪念，并挂起十三星的美国国旗，是为美国国旗第一次出现在中国境内，开创了中美经贸与外交的历史纪元。"中国皇后号"

于次年返抵纽约，立即轰动全美商界，掀起一股中国热。纽约街头上开始出现推销茶叶、瓷器和丝绸制品的广告。这些来自东方文明大国的货物，受到美国人民的喜爱，据传美国开国总统华盛顿也曾收藏了一只来自"中国皇后号"的茶壶。中美航线被打通后，"中国皇后号"上的押运商塞缪尔·肖（Samuel Shaw，1754—1794）随即被任命为首任美国驻广州领事。在优厚利润的吸引下，美国商人纷纷举帆远航。美国对华贸易迅速赶上荷兰、丹麦、法国等国而跃居第二，仅次于老牌海洋霸主英国。

1843年，美国政治家与外交家顾盛（Caleb Cushing，1800—1879）被任命为美国驻华专员，驻扎在澳门，并于1844年与清朝两广总督耆英（1787—1858）在澳门的望厦村签订了美国与中国的第一个条约《望厦条约》。这个比照《南京条约》的《中美五口通商章程》规定：美国人可以在五个条约开放口岸购买地产来建教堂、医院和墓地；而且美国人不受中国司法管辖，亦即享有治外法权。1858年，在清政府与英法联军的第二次鸦片战争战败后，美国公使列卫廉（William Reed，1806—1876）即与大学士桂良（1785—1862）签订了《中美天津条约》，使美国获得了与其他列强同样的利益。1862年，美国在北京东交民巷建立驻华公使馆，蒲安臣（Anson Burlingame，1820—1870）成为首位常驻北京的美国公使。而清朝则一直延迟到1878年，才在美国首都华盛顿设立永久性驻美公使馆，首任公使为宗人府丞陈兰彬（1816—1895）。

蒲安臣是美国著名的律师、政治家和外交家，美国对华合作政策的代表人物，同时也是绝无仅有的既担任过美国驻华公使又担任过中国使节的一位美国人，在其任内促成的《中美天津条约续增条约》（也称《蒲安臣条约》）是晚清时期中国的第一个相对平等的对外条约。1868年7月28日，清朝委任当时已离任的美国公使蒲安臣和美国国务卿西华德（William Henry Seward，1801—1872）分别代表中美两国政府于华盛顿签订了《蒲安臣条约》，以西方国际法的形式确立了两国的对等地位，两国之间建立正式的友好关系。条约规定中美两国互相给予最惠国待遇，美国政府无权也无意干涉中国内部事务；中国皇帝有权在美国港口派驻领事，其领事特权与豁免权和英俄驻美领事相同；两国政府尊重移民自由，两国公民在对方境内免受宗教迫害；两国公民都可以到对方的公立学校求学或在对方境内设立学堂，并享有最惠国国民待遇，等等。《蒲安臣条约》为中国劳工移民美国敞开了大门，而早期的华人移民则为美国太平洋铁路的修建与西部的开发做出了杰出的贡献。

然而由于19世纪70年代美国遭遇严重的经济危机，导致了对华工的激烈排斥，华人成了美国内战之后经济衰退引起的各种社会冲突的替罪羔羊。以加利福尼亚州共和党参议员约翰·米勒（John F. Miller，1831—1886）为代表的白人种族主义者认为华工不仅抢了美国工人的饭碗，而且华人移民有诸多的恶习和偏见，不可能在生活上美国化，更不可能接受美国建立在基督教基础之上的伦理道德标准。在风起云涌的反华声浪中，美国于1880年修改了《蒲安臣条约》中的移民条款，允许美国暂停华人移民；又在1882年5月6日由美国总统切斯特·阿瑟（Chester A. Arthur，1829—1886）签署通过了臭名昭著的《排华法案》，它是在美国通过的第一部针对特定族群移民的法案，也是美国历史上对外国移民最为严厉的限制之一。《排华法案》在十年内禁止雇佣华人劳工进入美国，否则将遭到监禁或者驱逐，许多华人仅仅因为他们的种族而遭到残酷殴打迫害；而且法案剥夺了华人移民的美国公民权，从而使华人永久孤立，任何华人离开后想要再次进入美国必须要获得许可。1892年该法案将《基瑞法案》（Geary Act）延长十年，至1902年更成了永久性法案，一直到第二次世界大战期间中美两国成为反法西斯盟友，经罗斯福总统提议，美国国会才于1943年12月17日表决废除了所有的排华法案。

门户开放政策是19世纪末由美国推出的一种外交理念，其基本原则为所有的国家在中国均享有平等的商业和工业贸易权。最初由著名汉学家、后任美国驻华公使的柔克义（William Rockhill，1854—1914）构思的门户开放政策，经由国务卿海约翰（John Milton Hay，1838—1905）于1899年提出，不仅成为当时美国对华关系的基石，而且也是美国在外交上不再追随英国的重要标志。美国在1898年与西班牙的战争中大获全胜，正式吞并夏威夷、关岛和菲律宾，在远东的势力大为增强。然而同时，欧洲列强包括英、法、德、俄四国与日本已经准备瓜分中国。作为一个新兴的工业强国，美国感到其在华商业利益受到了威胁，因此适时提出了这项平等划分在华利益的政策。庚子之变后，美国和诸列强与清政府签订了《辛丑条约》。1902年，美国政府抗议俄国在义和团运动之后拒不撤兵满洲违反了门户开放政策；1905年，日本在日俄战争后取代俄国取得满洲南部，美国和日本共同承诺要维持在满洲的平等。但是通过《蓝辛石井协定》，美国承认日本在华有所谓的特殊利益，导致了门户开放政策的约束力下降。虽然1922年华盛顿会议签署的《九国公约》重申了门户开放政策，但是随着日本关东军在1931年9月18日侵略中国东北并建立起傀儡政权伪满洲国，美国的这项对华政策至此彻底破产。

美国早期华人移民

中国人一向安土重迁，自认为是世界的中心，虽穷家亦难舍，除非实在为生活所迫，一般人是不愿背井离乡的，而海外华人的出现则与明、清两朝中华文明的衰落有着直接的联系。明朝统治中后期，中国东南沿海地区连年兵荒马乱，海盗猖獗，民不聊生，中国人遂开始下南洋，逐步形成首批规模颇大的海外华人社区。南洋是明、清时期对东南亚一带的称呼，是中国中心概念，包括马来群岛、新加坡、印尼群岛，也包括中南半岛沿海、马来半岛等地。据史学家考证，在18世纪中叶，已有少数的南洋华人通过同属于西班牙殖民地的菲律宾与墨西哥之间的海洋贸易抵达美洲大陆。

1785年，一艘从事中美贸易的美国商船"智慧女神号"（Pallas）从广州出发，绕过好望角，穿越大西洋，8月9日抵达美国东部的巴尔的摩港，海员中有三个名叫阿成、阿全与阿官的华人，是为有最早记录的华人抵达美国国土。嗣后，偶尔有华人海员在北美东岸与西岸作短暂的逗留。此外，当时去美国的其他华人还有学生、商人、佣人与马戏班演员，等等，其中就包括林阿适（亚林，Liaon Ashee），这位林则徐的幕僚翻译曾于1822—1825年间在美国康涅狄格州康沃尔的基督教公理教会学校学习。不过至19世纪中叶，有关到访或居住在美国大陆的华人只有零星记载。

华人移民潮始于19世纪中叶。自美国西部发现金矿以后，中美两国之间才有了真正意义上的全面接触。1848年加利福尼亚州发现了金矿，吸引了全球各地人士蜂拥前往一圆金梦，其中就包括了大批华人。1850年，加州华人人口突破四千；到了1852年，更是激增至两万五千多人；至1860年，全美华人人口已近三万五千。1868年美国和清政府签订的《蒲安臣条约》第五条款规定：华人愿常住入籍，或随时来往，总听其自便，不得禁阻。《蒲安臣条约》为美国来华招揽大量华工开启方便之门。1870年，美国大陆的华人达六万四千余人；至1880年，全美华人人口已逾十万。

早期华人赴美，不仅仅只是金山的吸引，同时由于太平天国运动，中国南方的政治腐败与经济动荡不安，又有鸦片战争之外患，匪患战乱，再加上连年的自然灾害，促使一波波民众决定逃离日益腐朽没落的清朝统治，去大洋彼岸开创新生活。早期的华人移民多为广东珠江三角洲的粤籍村民，主要来自于四邑台山一带。许多移民是契约劳工，他们不愿再忍受家乡贫困而绝望的生活，情愿为预付金签下前往美洲长期劳动的合同，俗称"卖猪仔"。自19世纪50年代以来，广东澳门口岸多设有"猪仔"馆，华工出国前集中于馆内，丧失自由，备受虐待；而在漫长的越洋航程中，华工被囚禁于船舱，生活条件极端恶劣，常有被折磨至死或自杀者，故有"浮动地狱"之称。

华人于1849年开始出现在加州的采矿队伍中，人数逐年增加，尤以勤劳节俭、安宁温和、与世无争著称，常常在他人废弃的矿脉上采矿作业。与初期白人矿工的疯狂开采与单打独斗不同，华工多由同乡会或中华公所组织，虽然工具简陋、手段原始，但紧密的团队合作仍然让华工能够在废弃的矿脉中淘到金子，引起了不少白人矿工的嫉妒，暴力事件时有发生。而华工长期生活在荒山僻野，风餐露宿，一天忙到晚，一年累到头，日复一日、年复一年地辛苦劳作，生活十分简朴。稍有闲暇，也因语言不通和受到歧视，只能与周围的中国人在一起排遣，久而久之形成了小村落。华人聚族而居，是为唐人街的雏形。

由于疯狂开采，加州金矿迅速枯竭。为了促进西部的经济发展，美国政府于1862年通过法案集资修建太平洋铁路，逐步从金矿转业而来的华工为修建这条横贯美国大陆的铁路作出了巨大的贡献。起初华工因为体力单薄，被认为根本没能力参加这么艰苦的工作，但华人的吃苦耐劳让美国人刮目相看，最后铁路的总承包商查尔斯·克罗克（Charles Crocker，1822—1888）一锤定音：能修建万里长城的民族，当然也能修铁路。华工不像白人移民那样自由散漫、酗酒斗殴，他们循规守纪，头脑灵活，很多工作一学就会，虽看上去矮小单薄，干起活来却个个能吃苦耐劳，神勇无比，因此成为筑路的生力军。华工的奉献与牺牲保证了太平洋铁路的提前贯通，北美西部得以迅速开发，铁路沿线新的市镇、道路、教堂和学校相继出现。

采矿与筑路工作结束后，部分在美华人还积极参与了当时兴起的制鞋、卷烟等制造业，并为加州早期的农业与渔业发展做出了重大贡献。但是由于种族歧视、经济竞争以及华人自身语言与资本的原因，大部分华工从事的多是诸如洗衣、佣人与餐饮杂货等工作，这些服务行业不仅报酬低，而且劳动强度大、工作时间长，白人工人根本不屑一顾。即便如此，当19世纪70年代美国西部经济转入低迷时，还是出现了大规模排华浪潮。由于华工不仅任劳任怨，逆来顺受，而且工资低廉，白人种族主义者认为华人的廉价劳动力剥夺了白人应得的工作机会，华工成了美国下层劳工的眼中钉，加州劳工领袖、爱尔兰移民丹尼斯·科尔尼（Denis Kearney，1847—1907）在1877年首先喊出了"中国佬滚回去"的口号。而正是因为华人无法入籍，没有投票权，西部政客发现排华不仅没有任何成本，而且可以赢得众多选民的支持，于是从旧金山市长、加州州长到联邦议员纷纷加入到反华大合唱里。在排华浪潮高涨的1880年，美国与清廷修改了《蒲安臣条约》，开始限制华人到美的人数和年限；至1882年，国会更是通过《排华法案》，全面禁止中国移民。当时美国曾出现过一个成语，叫作"中国佬的机会"，意思就是说，事情无望了。

即使在当时的政治气候下，一些美国有识之士依然挺身而出，坚决反对针对华人的种族歧视。美国参议员乔治·霍尔（George Frisbie Hoar，1826—1904）在国会辩论中大声疾呼："我反对这项议案，因为它违反了《独立宣言》所标明的人类生存基本原则，而这正是美利坚人民赖以建国的基石。"加州拓荒诗人华金·米勒（Joaquin Miller，1837—1913）更是秉笔直书，愤怒谴责美国政客们的虚伪："你们和他们达成协议，他们相信了你们的许诺，修了你们的铁路，洗了你们的脏衣服，现在你们反而要把他们赶回去。你们聪明有余，却极端自私，真是十分可悲！"

《排华法案》的出世，不仅有其特定的社会历史与经济背景，还有着种族文化的因素和华人自身的原因。19世纪的美国与欧洲一样种族主义甚嚣尘上，华人被认为是劣等种族，不思进取，习惯恶劣，道德低下，永远不可能与白人同化，这种观点在当时出版的文字与图片中多有反映。而早期的华人移民多为粤籍村民，没有受过良好的教育，由于条件限制，许多人只能把眷属留在故乡，在海外过着独身的生活；他们定期汇款回乡，以维持家人的生活，一旦有了若干积蓄，便告老还乡安享晚年。正是因为有这种落叶归根的理念，在美华人多聚族而居，努力保留着自己的宗教信仰、语言文字与衣食习惯，让白人认为华人永远不会融入美国社会文化当中，异教徒阿兴成为了华人移民的形象代表。而且华人社会里男女比例严重失调，仅有的少数妇女中，有些是商人的妻室，有些是家庭佣人，相当部分则为青楼妓女；而当时的华人社团组织多是建基于中国传统模式的封闭性堂会，不能有效地与美国主流社会沟通交流。偏颇的美国新闻媒体更是推波助澜，唐人街于是成了帮会械斗、赌博卖淫、吸食鸦片等罪恶的代名词，这种对华人社区的偏见与歧视一直到第二次世界大战期间才逐渐被纠正过来。

美国新闻版画发展历程

作为视觉艺术的一个重要门类，版画是由艺术家构思创作并且通过制版和印刷程序而产生的艺术作品，具体而言是指以刀或化学药品等在木、石以及金属版面上雕刻或蚀刻后印刷出来的图画。中国的木刻版画已有一千多年的历史，敦煌出土的唐代《金刚经》（868）是世界现存最早的印刷品之一，其刀工与韵味使之具有独特的艺术价值，为中国文化艺术史上的划时代之作。在西方，16世纪的德国画家阿尔布雷特·丢勒（Albrecht Dürer，1471—1528）以铜版画和木版画复制钢笔画，开创了版画艺术的新纪元。至17世纪，荷兰画家伦勃朗（Rembrandt Harmenszoon van Rijn，1606—1669）把铜版画从镂刻法发展到腐蚀方法，并进入到创作版画阶段。木刻版画则由18世纪的英国画家比维克（Thomas Bewick，1753—1828）创造了以白线为主的阴刻法，从而摆脱了复制的羁绊，进入创作版画的领域。而早期美国版画的发展多受欧洲艺术的影响，许多画家本人就是欧洲移民出身，版画艺术随着美国领土的扩张和国力的增长迅速发展成熟，逐渐形成自己多样的艺术风格，在世界版画艺术史上占有重要一席。美国版画不仅仅只为艺术审美而创作，而且在19世纪中后期担负起了记录传播重大社会历史事件的功能。新闻版画是美国读者了解世界和中国的重要媒介，一直到20世纪初期摄影印刷技术的普及，版画新闻才彻底被取代。

英国的《伦敦新闻画报》是世界上第一份以图画为内容主体的周刊，由英国人赫伯特·英格拉姆（Herbert Ingram，1811—1860）与他的朋友马克·雷蒙（Mark Lemon，1809—1870）创办于1842年，以密线木刻版画和石印画再现世界各地的重大事件，开一代风气之先。受《伦敦新闻画报》的影响，美国新闻出版界纷纷效仿，一时间五彩纷呈，名家辈出。而刊登在19世纪中后期的美国报纸杂志中的新闻图画主要分为纪实写真和讽刺幽默漫画两类，一般均配有详细报道和政治评论。由于当时的信息资源有限，美国民众的受教育水平相对不高，图文并茂的新闻画报因此大受欢迎，拥有着非凡的社会影响力。本书收集的有关中国政治文化、世俗生活与华人移民的图片报道主要来自数份美国具有代表性的画报，包括《格立森画报》《宝楼氏画报》《弗兰克·莱斯利新闻画报》《哈泼斯周报》《顽童杂志》与《马蜂杂志》等。

《格立森画报》由号称美国绘画新闻之父的弗雷德里克·格立森（Frederick Gleason，1817—1896）于1851年创办，四年后其合伙人马图林·穆雷·宝楼（Maturin Murray Ballou，1820—1895）接手改名为《宝楼氏画报》。而英国移民弗兰克·莱斯利（Frank Leslie，1821—1880）则是美国图画新闻的另一位先驱，原名亨利·卡特（Henry Carter）的莱斯利出身于英国手工业世家，由于父亲反对其学习绘画，遂以笔名弗兰克·莱斯利在《伦敦新闻画报》上发表作品，1848年移民美国，先在波士顿的《格立森画报》工作，随后于1855年在纽约创办《弗兰克·莱斯利新闻画报》，至1922年停刊。

1850年6月创刊的《哈泼斯月报》是美国历史上出版时间最悠久的综合性大众文化期刊之一,而且至今仍在出版发行,其画报《哈泼斯周刊》是月报杂志的姊妹刊物,由哈泼兄弟1857年创办于纽约,在其六十年刊行期间拥有上自美国总统下至平民百姓的庞大读者群体。《哈泼斯周报》是美国新闻出版史上的一份重要刊物,同时也是19世纪中下期最具社会影响力的图画新闻周刊。其有关美国内战的报道不仅全面及时,而且生动形象,因而声名鹊起;内战以后,托马斯·纳斯特(Thomas Nast,1840—1902)创作的政治漫画更使该报刊闻名全国。被誉为"总统制造者"的纳斯特,将共和党描绘成一头大象,首创用动物去做政治党派的标志,由于其作品主题积极关注政治,更是被《纽约时报》(*New York Times*)称为"美国政治漫画之父"。作为德裔移民和激进共和党人的纳斯特,信奉自由进步和人人平等,在其职业绘画生涯中多次关注华人问题,他的一系列有关在美移民和《排华法案》的漫画尤其弥足珍贵,在当时的政治环境下表现出了相当的胆识和勇气。

最初为德文的《顽童杂志》由奥地利移民约瑟夫·费迪南德·开普勒(Joseph Ferdinand Keppler,1838—1894)1871年创办于圣路易斯,1876年开始在纽约出版英文版,其刊名来源于莎士比亚喜剧《仲夏夜之梦》里喜欢恶作剧的小精灵,是美国第一家成功采用彩色石版画的周刊,至1918年停刊。《顽童杂志》在政治上倾向于民主党,也是美国第一家成功的讽刺幽默杂志,在其四十余年的出版历史中对中国问题时有报道,因而成为本书图片的另一重要来源。而《马蜂杂志》则是由科贝尔三兄弟1876年创刊于旧金山,以其彩色插图为人称道。科氏兄弟原为捷克移民,通过从事雪茄烟盒的制造业务掌握了石版印刷技术,从而涉足加州出版业。马蜂之名(WASP)来自于白人盎格鲁-撒克逊新教徒四个英文字母(White Anglo-Saxon Protestant)的缩写,原指美国的新教上流社会,即殖民时代英国英格兰和苏格兰的移民以及日耳曼白人的后裔,此群体拥有庞大的经济、政治势力,构成美国中上阶层的绝大部分。《马蜂杂志》是美国19世纪七八十年代排华浪潮的急先锋和吹鼓手,其一系列作品对华人移民恶意歧视丑化,充分体现了当时盛行的白人至上的种族主义观点。

百闻不如一见,许多时候一张图片的力量往往胜过千言万语。绘画给人以一种直观的感觉,可以表现出一些难以言传的信息。在1839年路易·达盖尔(Louis Daguerre,1787—1851)发明摄影技术之前,绘画是人类认知世界的一个重要手段。与中国绘画泼墨写意的传统不同,西方绘画则侧重写实,用笔细腻,以焦点透视为基础,讲究明暗对比和人与物之间的比例,因而能够创造出一种身临其境的逼真效果。19世纪美国出版的许多新闻版画具有高度的写实性，尤其是中后期的版画制作，更是将摄影技术与出版印刷结合起来，呈现出栩栩如生的视觉形象，往往让读者产生丰富的想象，在刊行之时便广为传播，大受欢迎。这些每周及时发行的新闻画报，以其详细生动的报道、精美的图画与印刷，在资讯贫乏的岁月里拥有着巨大的社会影响力。

上述几种美国新闻画报里面有不少有关中国的版画，涵盖历史文化、风土人情、政治外交，等等，生动逼真地展现了美国主流媒体对中国社会与文化的猎奇、关注、歧视与认知的发展历程。而且这些刊物的风格和立场各有不同，因而能够帮助读者更加完整地了解中美近代史上诸如《排华法案》等重大事件背后的各方角力和前因后果。今日重温那些与中国历史和文化有关的图画，我们依然能够感受到其题材的丰富与描绘的细腻多彩，在某种程度上提供了比文字记载更为准确与生动的内容。这些图画为我们全面了解美国人感知中国的过程提供了生动的原始资料，引人注目，催人探索，具有较高的历史文化和学术研究价值。

收录范围与编排说明

在浩如烟海的美国早期历史出版物中查询与中国文化有关的图画和文字报道并非一件轻松容易的事情，回味起来颇有大海捞针、力不从心之感。本书收录的主要是美国书报刊行的各类版画，摄影作品不在范围之内。限于资料搜索的条件和出版印刷的原因，本书只能选编部分图片。书中收录的图片主要来自鸦片战争和美国西部发现金矿之后，直至20世纪初叶清朝覆灭、中华民国成立这一重要历史阶段，而这正是美国新闻版画发展的高峰时期。除了上述报纸杂志外，本书收录的有关中国和华人的图片还包括了部分1850年至1911年间美国出版的图书插图、小册子、商业广告和竞选招贴画，等等，旨在为读者全面提供19世纪末、20世纪初美国社会对中国政经文化和华人移民问题认知过程中产生的第一手宝贵资料。由于原作者的思维与我们今天的立场大不相同，所以虽然有些图片被选编在内，但不代表编者与出版方认同这些观点。

本书收录的图画全部按主题分类，所有的图片均在美国正式出版发行，而且每幅图画的原始出处也尽量一一标明，以便读者进一步追踪查找原文。在编排上，本书分为两大部分：前半部分三个章节主要包括美国新闻报纸杂志对当时的世界格局、中国近代史上一系列重大事件与人物的报道与评论,以及美国人以绘画方式记述的其在中国的所见所闻、自然风光、市井人文,等等;后半部分两章则记录了华人移民的赴美之旅、开拓金山、唐人街、华人在美形象、美国政治角力以及《排华法案》出台的前因后果。由于本人的知识水平与能力有限,尽管做了不少努力,相信还是有许多资料没有被发掘出来,而且对一些图画的理解与描述也不一定准确,错误与疏漏自然是在所难免,在此恳请广大读者不吝批评指正。

读史使人明智,编辑本书的目的是希望通过对历史资料的整理,能够让中国读者重新审视一百多年前大洋彼岸对中国的关注。对历史的遗忘与误解都将是民族的悲哀,而只有正视历史我们才能面向未来。

鸣谢

每一个像这样的学术项目都需要各方面的大力支持与鼓励,首先我要由衷地感谢家人、朋友和同事们给予我的理解与帮助,尤其是我的夫人杜群女士;我衷心地感谢浙江大学的沈弘教授在百忙之中为本书撰写的序言,并为手稿审核修改提供的宝贵意见;罗林斯学院历史系的杜虹瑾同学在搜集早期《哈泼斯月报》的有关图片时提供了许多帮助,在此一并感谢;另外还要感谢罗林斯学院为我提供的学术假期和科瑞奇菲尔德学术基金,使我能够腾出精力专注此项研究计划;最后,我需要特别感谢北京大学出版社的谭燕编辑、冯益娜女士和整个北大编辑团队,正是由于他们的信任与支持,这本书才最终得以出版面世。

张文献
于美国佛州冬园

第一章

大清军政：19世纪中后期的天朝政治、军事与外交

一、社会巨变下的中国与世界

东西半球（The Eastern Hemisphere & the Western Hemisphere），《宝楼氏画报》1855 年 12 月 29 日，408—409 页。

美国《宝楼氏画报》1855 年刊登了一幅波士顿著名画家汉密特·比灵斯（Hammatt Billings，1818—1874）的作品，充分反映了 19 世纪中叶美国人的世界观。这幅双页版画笔锋细腻，西半球自然是美国独执牛耳，高山大河风光旖旎，拓荒先驱筚路蓝缕。虽然与原住民的战争仍在持续，但印第安武士已臣服于美国秃鹰和哥伦比亚女神的脚下。东半球则以欧洲为中心，代表英法德诸列强的女神手执权杖，头戴世界文明的皇冠，两侧由手持长矛的非洲武士和苏丹王妃护卫。图画中下部描绘了非洲骆驼、亚洲大象、欧洲克里米亚战争、土耳其人沉醉于水烟与印度艺人街头弄蛇的情形，在左下角有一名头戴斗笠、手持竹伞的华人则象征着所谓的远东。画报评论特别指出古老的东方是如此遥不可及，生活方式是如此不同，他们更像是另一个星球的来客！

列强国旗（Flags，Plate 194），《道博生百科全书》，第七卷，1798年，292页。

18世纪末独立战争后出版的《道博生百科全书》（Dobson's Encyclopedia）是美国的第一套大型综合百科全书，基本上是英国《大不列颠百科全书》的盗版。书中对美英法德俄诸强的国旗均有图示，但中国的国旗不知所云，这不仅仅是由于西方人对中国缺乏了解，而是当时清朝确实没有一面现代意义上的国旗。

世界各国国旗（A Representation of Flags of All Nations），《格立森画报》1854年1月14日，24—25页。

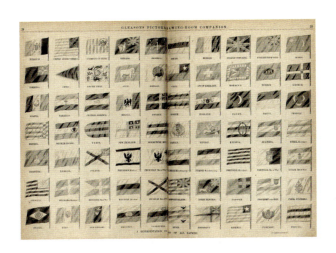

半个世纪后的美国《格立森画报》里，中国国旗演变成了三角旗，但仍然是不知所云，越南南部六省的交趾支那（南圻）旗帜倒是龙飞凤舞。

大清黄龙旗与民初五色旗（The Old Flag of the Manchu Regime；The Flag Representing Five Different Families of China），《天使岛》，1917年，41、49页。

大清的第一面正式国旗始于同治（1861—1875）初年，第二次鸦片战争之后，西方列强进一步侵入中国，其舰船在长江水域也时有出没。由于没有统一的官船旗号，大清水师在与西方海军的交涉中吃了许多亏。恭亲王奕䜣遂提议并由总理衙门正式照会各国驻华公使：新定官旗，乃用黄龙。1868年，清政府委派原美国驻华公使蒲安臣作为涉外事务大臣，率领一个大清使团出访西方各国。由于没有准确的旗样，美国人自作主张替中国代表团制作了一批三角龙旗，权当中国国旗使用。四方黄龙旗更是十几年后才出现，正式与国际接轨。而清政府被推翻后的中华民国的第一面国旗是五色旗，象征汉满蒙回藏五族共和。这两面国旗图案刊行于1917年美国出版的《天使岛》（*Angel Island*）一书。

满大人与大清纹章（Coat of Arms China；Chinese Mandarin；Chinese Custom House & Flag），杜克烟草公司烟标，1888年。

号称全球最大的烟草制造商之一的美国杜克烟草公司于1888年推出了一套世界50强的烟标。中国图案以杏眼盛装的满清官员居中，黄龙官旗与青龙纹章分列两侧，并辅以帆船、梅花、猫头鹰和美猴王来点缀所谓的中国特色。

约翰牛：我们永远的朋友和世界文明的守护者（Mr. John Bull, Our "Consistent" Friend, and the "Guardian of the Civilization"），《哈泼斯周报》1862年1月25日，64页。

美国《哈泼斯周报》1862年1月25日刊登一幅漫画，辛辣地讽刺了大英帝国殖民主义的虚伪。是时水晶宫已完工，世界博览会已成功举办，英国自视为工业文明的领袖。而美国南北战争正酣，英国虽然标榜中立，但仍谴责北方联军沉船封锁南方港口的行径为文明国家不齿的穷凶极恶之举。美国报界奋起反击，不仅指出英国一年前纵容南方势力在英吉利海峡焚烧北方商船"哈维号"，更是在1840年鸦片战争中对中国军民的屠杀和1858年对印度的殖民统治中"战功累累"，不愧是"我们永远的朋友和世界文明的守护者"。

约翰牛的外交（John Bull among His Foreign Relations），《哈泼斯周报》1864年7月30日，796页。

《哈泼斯周报》1864年继续对英国欺软怕硬的外交政策冷嘲热讽。图片中中国人乞求道：先生，这可是我的茶叶！约翰牛一手持枪一手掇着鸦片怒吼：按我说的做，不然打爆你的双眼！与之形成鲜明对比的是另一侧欧洲受凌辱的丹麦也在呼吁：约翰堂兄，你可是许诺要来帮我的！施暴的普鲁士与奥地利说：你牛！有何话说？英国狮子垂头丧气地说：实在没办法，与我无关！

世界大家庭里最年轻的引荐最年长的成员（The Youngest Introduced the Oldest），《哈泼斯周报》1868 年 7 月 18 日，460 页。

1868 年大清使团出访西方各国是中国外交史上的里程碑事件，标志着清廷放弃故步自封，开始与世界其他各国积极交往。《哈泼斯周报》于 7 月 18 日中国蒲安臣使团访美之际刊登了一幅美国著名政治漫画家托马斯·纳斯特的作品。代表美国的哥伦比亚女神手牵着恭亲王奕䜣，向世界列强介绍中国，美国原驻华公使、大清涉外事务大臣蒲安臣坐在其后。图中其他人物各有心事，自左至右分别是：土耳其苏丹二世、英国约翰牛、俄罗斯沙皇亚历山大二世、普鲁士首相冯·俾斯麦、法国皇帝拿破仑三世、普鲁士国王威廉一世、意大利王子阿马德奥、西班牙女王伊莎贝拉、意大利国王维克托·伊曼纽尔二世以及教皇庇护九世。

哥伦比亚欢迎世界各国来访（Columbia Welcoming the Nations），《哈泼斯周报》1876 年 5 月 20 日，中心插页。

1876 年正值美国建国百年之际，费城成功举办了万国博览会，世界各国共襄盛举，中国也积极派代表参展。《哈泼斯周报》于 5 月 20 日刊登双页版画，哥伦比亚女神手持国旗居上，各国代表拾阶而行，两名拖着辫子的中国儿童位于图片的下方，身后跟着非洲土著，亚非文化落后于西方文明的象征跃然纸上。

美国 104 周年国庆（A Tribute to the 104th Anniversary of America），《马蜂杂志》1880 年 7 月 3 日，792—793 页。

19 世纪中后期美国种族主义出版物的代表《马蜂杂志》于 1880 年国庆之际刊登了一幅普鲁士移民乔治·弗雷德里克·凯勒（George Frederick Keller）的漫画。图中各国代表竞献精华特产，前面有一位清朝男子双手举着瓷瓶，神态恭谨。台上哥伦比亚女神静立椅侧，山姆大叔脱帽微笑鞠躬致谢，与中国皇帝沉醉于万国来朝的心态并无二致。

山姆大叔危险了（Uncle Sam's Boat in Danger），《马蜂杂志》1881 年 5 月 14 日，312—313 页。

19 世纪 80 年代初美国排华运动风起云涌之时，《马蜂杂志》的另一幅凯勒漫画中，山姆大叔一手持舵一手举着望远镜忧心忡忡地瞭望。海面上欧洲帆船已被战争独裁、苛捐暴政、虚无主义与社会主义的种种礁石挡住航线，其自信的桅杆业已折断；远处的亚洲之轮更是触礁于贫穷、奴隶制与人口过剩的障碍之上，众多华人纷纷跳海求生。而美国救生艇上早已是人满为患，其风帆上标写着自由、和平与繁荣，俨然以世界文明的救世主自居。

天朝的愤怒（Celestial Wrath. China: "I Will Make It *Hot* for You!"），《顽童杂志》1883年9月12日，封面。

1883—1984年中法在越南和中国云南、福建及台湾等处爆发战争，由于法军不适应亚热带气候，疫病流行，一度受挫，美国《顽童杂志》1883年9月12日的封面反映了当时的情形。

钉到墙上去（Driven to the Wall），《顽童杂志》，1884年9月17日，38页。

中法战争中由于清朝将帅昏庸、怯懦，互不协调，军纪废弛，兵无斗志，军事上接连失利，美国《顽童杂志》以漫画形式作报道。

中国将要付出代价（China Will Pay），《顽童杂志》1884年8月20日，388页。

由于法国海军上将孤拔（Amédée Courbet，1827—1885）统率的远东舰队击败了大清的福建、南洋两舰队，美国《顽童杂志》调侃中国在列强的围困下又要向侵略者付出高昂的赔款了。

边防堡垒（The Chinese Bulwark of Defense），《顽童杂志》1884年9月3日，16页。

同年的《顽童杂志》嘲笑中国所谓的海防堡垒不堪法兰西坚船利炮一击，无知的满大人仍洋洋自得，而英俄美德诸强为了自己的利益则坐壁观虎斗。

斗鸡队的新成员（Eastern in the Old World Barnyard — A New Chicken Hatched），《顽童杂志》1895年4月17日，中心插页。

1895年复活节之际，《顽童杂志》中的石印漫画形象地讽刺了日本在甲午战争中获胜，骄傲地把黄龙旗踩在脚下，成为国际殖民主义争霸队伍中的最新一员。围观的其他列强包括俄国、德国、法国、奥地利、意大利和英国。

宗教狂的打算（According to the Ideas of Our Missionary Maniacs），《顽童杂志》1895年9月25日，中心插页。

《顽童杂志》1895年的一幅漫画不仅抨击了清政府的无知愚昧、出尔反尔，视国际条约如儿戏，更辛辣地讽刺了一些狂热的西方传教士对中国文化殖民的野心。图解注明：中国人必须皈依基督，即使需要使用世界上最强大的美英陆海军事力量也在所不惜！

同病相怜（Misery Loves Company），《顽童杂志》1895 年 11 月 6 日，中心插页。

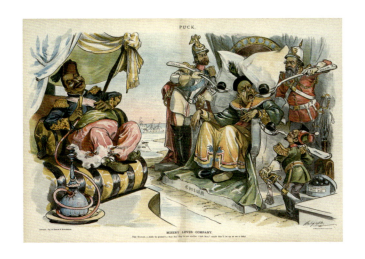

《顽童杂志》1895 年的漫画反映了抱残守旧的古老帝国正在被代表新兴工业文明的殖民列强所欺侮折磨，俄国沙皇、英国首相与日本天皇分别从"国际药箱"取出最后通牒的"药丸"强迫满脸愁容的满大人吞下；旁侧的土耳其苏丹一边抽着水烟一边讪笑：瞧！他们又找到了一位"病夫"，也许我以后的日子会好过些了！

吵闹的幼稚院（The Quarrelsome European Nursery），《顽童杂志》1897 年 3 月 17 日，中心插页。

19 世纪末各国争吵打斗不休，《顽童杂志》讽刺他们就像是一群没有长大、毫无理智的孩子。图中英俄拳脚相向，意大利与奥地利怒目相视，希腊与土耳其恶斗，德法为了一个名为洛林地区的"玩偶"玩命，罗马尼亚与塞尔维

亚大打出手，远处中国则与其他列强斗作一团；疲惫不堪的和平之母只能绝望地怨怒：我的天！从来没见过这么不懂事的孩子！你们总在许诺，又总在争斗！

快乐的登徒子（The Gay Lothario of Europe），《顽童杂志》1897 年 10 月 27 日，中心插页。

19世纪末，各帝国主义国家为瓜分殖民地争夺世界霸权，大规模扩军备战并加紧纠集军事同盟，导致国际冲突不断。基于外交需要，俄罗斯沙皇尼古拉倡议召开和平会议，讨论和平解决国际争端和战争法规事宜。《顽童杂志》讽刺俄国就像一名快乐的登徒子到处撒情，包括意大利、奥地利、美国、中国、日本、法国、德国与土耳其佳丽均收到俄国的示爱函，唯独英国被晾在一边。

中国问题（The Chinese Question），《马蜂杂志》1898 年 1 月 8 日，13 页。

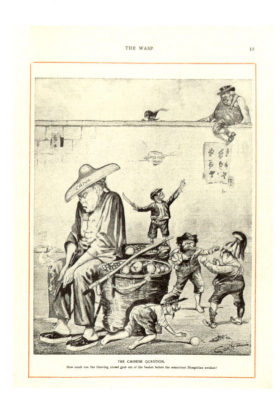

《马蜂杂志》1898 年 1 月 8 日的漫画将中国描绘成一名头顶斗笠、手持烟锅、昏昏欲睡的农夫，图中日本、法国、德国与俄国为了争夺果实正打得不可开交，墙头上的英国和意大利也准备跃跃欲试。图下注解：在蒙古人醒来之前，盗贼能偷走多少果子？

且慢动手（An Interruption），《顽童杂志》1898年1月19日，封面。

19世纪末的中国多灾多难，俄国租借了东北的旅顺与大连，德国租借胶州湾，法国强占广州湾，英国又要租借九龙半岛。《顽童杂志》1898年1月19日的封面插图生动表现了英国殖民主义对中国狮子大张口的心态。面对俄国与德国的蠢蠢欲动和法国的吼叫，英国傲慢地指出：伙计们，要动刀开裁的话，我占最大份！

无法预测的危机（An Unforeseen Emergency），《顽童杂志》1898年1月26日，封面。

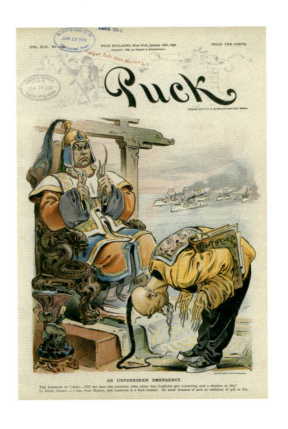

《顽童杂志》1898年1月26日封面的漫画讽刺了清朝统治者在国家生死危急关头仍抱残守缺、顽固不化的心态。画面上英法德日等国的军舰正飞速地向中国海岸驶来，龙椅上一身戎装的光绪帝双目紧锁问道：我睿智的顾问，这种情况下孔夫子有何教诲？赏穿黄马褂的李鸿章恨不得一头钻到地里：陛下，孔夫子已过时了，他做梦也想不到中国会遭受如此奇耻大辱！

贸易还是战争（Commerce vs. Conquest），《顽童杂志》1898年2月2日，封面。

1898年的一幅漫画里德法俄已刀出鞘枪上膛，座上的满大人一脸惊恐；而另一侧，美英抱着贸易之轮拾级而上，山姆大叔对着约翰牛耳语：别像那几个家伙一样吓着他，告诉他我们只要他开放港口和市场！虽然两方手段不同，但最终目的都是为了争夺在中国的利益。

约翰牛闯进瓷器店（The Bull in the China Shop），《顽童杂志》1898年3月9日，中心插页。

英国是最早涉足中国的西方殖民主义列强之一，《顽童杂志》以疯牛闯进瓷器店的场景尖刻地讽刺了大英帝国对中国的霸权野心。图中愤怒的约翰牛对着瓷器柜一头撞去，地上的旅顺、胶州与大连三件瓷器分别标明预留给俄、德、法；桌上的香港、广州、台湾与越南也都系着标签；美国在店外讪笑，日本手持威海卫的扇子在一旁看热闹。漫画注解：英国如果在中国得不到自由港的话，麻烦可就大了！

无权指责（No Chance to Criticize），《顽童杂志》1898年5月25日，中心插页。

《顽童杂志》1898年的漫画讽刺了19世纪末列强瓜分中国的盛宴。图中俄、法、德、日、英正在各举刀叉切分中国这块蛋糕，上面分别标注有威海卫、山西煤矿、大连湾、旅顺、海南、胶州与台湾；意大利与奥地利在后排觊觎观望。另一侧，美国正准备吃下古巴蛋糕，桌上摆着菲律宾群岛的红酒，桌边的桶里冰镇着波多黎各的香槟。约翰牛对列强言道：你们怎么还对他愤愤不平？我们在这里大吃大喝，也不要打搅了他的工作午餐！

下一步计划（The Next Thing to Do），《顽童杂志》1898年6月29日，中心插页。

《顽童杂志》1898年的一幅漫画中，列强正在拆除中国的城墙，而山姆大叔则站在高额关税的保护台后观望，反映了当时美国对于是否参与瓜分中国之盛宴的犹豫心态。

远东的拔河比赛（The Tug of War in the Far East），《顽童杂志》1898年9月14日，中心插页。

《顽童杂志》1898年的另一幅漫画表现了当时国际上两大势力在中国争夺贸易主导权的角力情形：以法德俄为代表的大陆贸易堡垒政策与美英日一方主张的门户开放政策的较量。

剪掉辫子（The Pigtail has Got to Go），《顽童杂志》1898年10月19日，封面。

在新旧世纪交替之际，《顽童杂志》1898年10月19日的封面图画表现了被抓住发辫的满大人惊慌失措，哥伦比亚女神身披文明的披肩，手持进步的剪刀，正要剪掉代表丑恶传统的辫子。

白人的负担（The Whiteman's Burden）,《法官杂志》1899年4月1日,中心插页。

1899年出版的美国《法官杂志》(Judge Magazine)刊登了一幅维克多·吉拉姆（Victor Gillam）绘制的漫画，白人种族主义色彩十分浓烈。画面上英国约翰牛的背篓里装有埃及、印度、苏丹、祖鲁与中国，美国山姆大叔身上背着菲律宾、古巴、夏威夷、波多黎各和萨摩亚，俩人气喘吁吁、汗流浃背，正一步步跨过野蛮、无知、迷信、压迫、腐败、残酷、邪恶、奴隶制、食人肉等岩石，奋力向世界文明的顶峰攀登。虽然中国并非英国的殖民地，但在画家心中，亚非拉文化无疑落后于英美白人文化，这个理念在当时也是相当一部分欧美人士的共识。

准备开庭（Ready for Business）,《顽童杂志》1899年3月8日，中心插页。

《顽童杂志》漫画里法、德、俄提起公诉，满大人反而成了国际法庭的被告，约翰牛隆重推出菲律宾群岛的保护者山姆大叔为副审法官，正式宣告中国一案开庭，十分生动地描绘了西方殖民列强在中国贼喊捉贼的强盗嘴脸。

和平之梦（A Peace Dream of Eastertime），《顽童杂志》1899年4月5日，中心插页。

1899年复活节之际，《顽童杂志》的一幅漫画反映了当时相当一部分民众渴望和平的天真梦想。图中欧洲女神手持沙皇国际和平会议的倡议书，在火药库里欣然入睡，梦中狐狸（意大利）、火鸡（土耳其）、双头鹰（奥匈）、公鸡（法国）、老鹰（德国）、北极熊（俄国）、花猫（西班牙）与飞龙（中国）等动物围着千禧女郎翩翩起舞，而野心的蜡烛就插在炸药桶里慢慢燃烧。

日本粉墨登场（Japan Makes Her Debut under Columbia's Auspices），《顽童杂志》1899年8月16日，中心插页。

《顽童杂志》漫画显示，代表美国的哥伦比亚女神在向国际大家庭里的俄罗斯、土耳其、意大利、奥地利、英格兰、西班牙与法兰西介绍日本，标志着日本已正式登上了世界舞台；而中国在世纪之交仍然左右观望，犹豫不决，只有在远处墙头上看热闹的份。

美国立场鲜明（Putting His Foot down）,《顽童杂志》1899 年 8 月 23 日，中心插页。

庚子之变前夕，《顽童杂志》以漫画形式表明美国对中国的立场。图中德意志、意大利、英格兰、俄罗斯与法兰西正准备瓜分中国，远处奥匈帝国也在磨刀霍霍。山姆大叔手持与中国的贸易条约向列强声明：先生们，你们可以随便裁剪这张地图，但我哪儿也不去，也别对我提什么势力范围！美国出于自己的利益，在中国问题上一直坚持门户开放利益均沾，反对列强瓜分中国，在客观上维护了中国的领土完整。

火中取栗（The Old Story）,《顽童杂志》1900 年 7 月 4 日，封面。

庚子年战乱将起之时，中国被《顽童杂志》描绘成一个被烧烤的栗子，戴着传教士项圈的黑猫迫不及待地火中取栗，头顶欧洲列强羽帽的猴子在一旁观望期待。图画极富象征意义，宗教的急先锋角色与殖民主义贪婪的兽性惟妙惟肖。

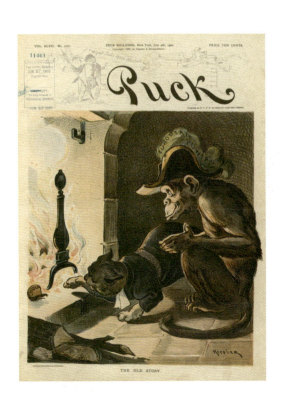

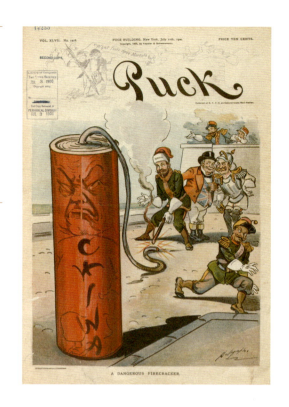

玩火（A Dangerous Firecracker），《顽童杂志》1900年7月11日，封面。

庚子年义和拳兴，北方大乱。《顽童杂志》7月11日的封面图画表现了中国面临的严峻形势，大清帝国已经走到了一个决定其命运的历史时刻。

中国山峰（A Chines Kopje：Not so Easy as It Looked from a Distance），《顽童杂志》1900年7月25日，中心插页。

1900年清廷对八国联军宣战之际，《顽童杂志》漫画显示美国山姆大叔、英国约翰牛、俄国尼古拉二世、德国威廉二世、日本明治天皇与意大利、奥地利和法兰西领袖正在仰视怒目的中国岩峰，踌躇不决。图画注解：征服中国之峰，并非易事！

首要责任（First Duty），《顽童杂志》1900年8月4日，封面。

《顽童杂志》8月4日的封面图画上，义和团被描绘成一条喷火的龙，哥伦比亚女神向懦弱的光绪帝指出：你的首要任务是屠杀这条龙，你动不了手，我来！

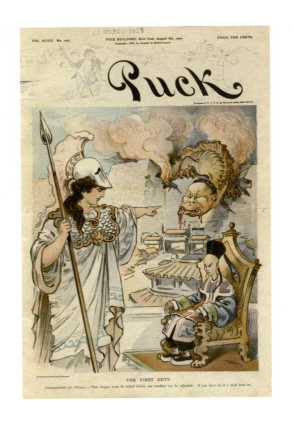

无视先知教诲（Are Our Teachings, then, in Vain?），《顽童杂志》1900年10月3日，中心插页。

庚子之变不仅仅是国家利益之争，更是中西方文化与宗教的冲突。《顽童杂志》刊登了一幅关于八国联军战争的反思作品。画面中兵戎相见的义和团与西方传教士各自引经据典，举旗呐喊，两面旗帜上分别书有孔夫子与耶稣类似"己所不欲，勿施于人"的语录，两人在云端上怒视下界的纷乱，执手相问：难道我们的教导，一无所用？

第一章 大清军政：19世纪中后期的天朝政治、军事与外交

打开门户（The World:"Talk is all right in some cases, but unless you open the gate, afraid I cannot hold these critters."）《波浪杂志》第22卷第29号，1900年，8页。

1900年八国联军已经兵临城下，北京城门紧闭。美国《波浪杂志》（*Wave Magazine*）图中世界先生手牵陆、海军两头恶犬，对惊慌失措的满大人吼道：有时候可以谈，但你再不开门，我可管不住这两头野兽了！

无计可施（At the End of His Rope），《波浪杂志》第22卷第32号，1900年，8页。

《波浪杂志》1900年的漫画显示，在列强的紧逼下，大清帝国已经是穷途末路，和平解决已无可能。

一片狼藉（Ruction Likely over the Spoils），《波浪杂志》第 22 卷第 35 号，1900 年，4 页。

《波浪杂志》漫画反映庚子之变后黄龙旗倒地，清朝帝国变成了被打倒的泥足巨人，扶着暴政的柱子苟延残喘。各列强正准备肢解中国，而美国手持星条旗在一边观望。

太多的"朋友"（Too Many Friends），《顽童杂志》1900 年 12 月 5 日，中心插页。

1900 年是多事之秋，《顽童杂志》漫画生动反映了殖民列强在中国的强盗行径与流氓嘴脸。中国被描绘成一个将要受凌辱的女子，无法挣脱北极熊的束缚；一旁的山姆大叔坐在栅栏上犹豫不决，英国与德国则怒吼道：嘿，别太自私了！要是给她留活口的话，我们人人有份！

中国迷宫（In the Chinese Labyrinth）,《顽童杂志》1901年2月6日，中心插页。

庚子之变，美国以西方领袖自居，其心态与欧洲列强也不完全相同。《顽童杂志》形容中国的形势像迷宫一样错综复杂，稍有不慎就会战端再起，后果无法预期。图中美国山姆大叔举着谨慎的汽灯小心前进，随后而行的英德俄日奥神态各异，但谁也不敢去碰地上"开战理由"的圈套。

太多的夏洛克（Too Many Shylocks）,《顽童杂志》1901年3月27日，中心插页。

夏洛克是莎士比亚在其讽刺喜剧《威尼斯商人》里塑造的一个经典形象，而《顽童杂志》将要求中国割地赔款的英德日俄比喻为唯利是图、冷酷无情的奸商夏洛克，可谓是一针见血。美国自以为在庚子事变中占据了道德高地，一旁的顽童正取出法衣，鼓励山姆大叔担任见义勇为的鲍西娅，解救中国出苦难。

难以孵化的巨卵（A Troublesome Egg to Hatch），《顽童杂志》1901年4月6日，中心插页。

八国联军虽在军事上取得胜利，但面对错综复杂的中国问题，仍是不得要领。在《顽童杂志》1901年的漫画里，列强试图改变中国的企望与其力不从心的挫折感形成了鲜明的对比。

最新的隔阂（The Latest Chinese Wall），《顽童杂志》1901年4月24日，中心插页。

《顽童杂志》1901年的漫画显示，俄罗斯在瓜分中国的问题上与列强意见相左，不惜刀兵相见。画面上北极熊手持军刀，隔着一条沟渠对着持枪列队的日本、英国、美国、德国、法国和奥匈等国咆哮，而后面的清朝大员则坐在黄龙旗下扶膝欢笑，不知何乐之有，看着列强在中国的土地上火并？清廷的弱国心态表露无遗。

来自东方的忧虑（A Disturbing Possibility in the East），《顽童杂志》1901年9月4日，中心插页。

八国联军占领北京后，中国赔款割地很快被提上议事日程。《顽童杂志》以漫画方式提醒各国谨慎处理善后事宜。餐桌上列强正准备分享赔款的盛宴，一把中国觉醒的大砍刀从天而降，联军代表顿时失魂落魄。

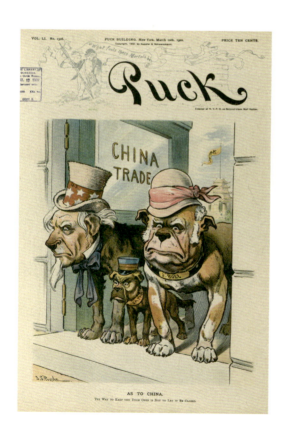

中国贸易之门（As to China），《顽童杂志》1902年3月12日，封面。

随着义和团运动被镇压，中国最后的贸易堡垒也被列强击破。美英日自封为中国贸易的看门犬，而《顽童杂志》漫画的注解说明，保持门户开放的最好办法是不让它关闭，一副十足的霸权主义嘴脸。

中国暂时安全（China Safe — for the Present）,《顽童杂志》1902年4月9日,封面。

中国沦为半殖民地后,德国霸占山东,俄国控制东北,吃得脑满肠肥。《顽童杂志》讽刺漫画里,俄国与德国心满意足地打着饱嗝自语道:我们当然需要和平,吃饱了活动有害健康！

先到先得（First Come, First Served）,《顽童杂志》1903年5月13日,封面。

俄罗斯一直视中国东北为其势力范围,庚子事变后更加紧了对该地区的渗透与蚕食。而美国对其行径非常反感,《顽童杂志》1903年5月13日的封面漫画谴责了俄国在中国的强盗逻辑。图中俄罗斯守着满洲里的佳肴暴食,满大人对着要破门而入的法兰西与德意志双手一摊,一脸无奈。

吹气泡（Bubbles），《顽童杂志》1903 年 8 月 12 日，封面。

《顽童杂志》1903 年 8 月 12 日的封面讽刺俄国开发满洲里的许诺像肥皂泡一样浮夸不实。

纸牌屋（A House of Cards），《顽童杂志》1904 年 1 月 20 日，封面。

《顽童杂志》1904 年 1 月 20 日的封面漫画上，象征俄罗斯的北极熊正在搭建一座纸牌屋，纸牌分别代表英、法、德、日、美、奥、中、意与土耳其。一只熊爪已经放在日本牌上，预示着纸牌屋将要坍塌，衔着橄榄枝的和平鸽将无处栖身。

战神沙漏（The Sands of Time），《顽童杂志》1904 年 2 月 3 日，封面。

《顽童杂志》1904 年 2 月 3 日的漫画预示和平时日无多，东亚战事将起。图中罗马神话里的火星战神正全神贯注地盯着摆在中国东北与朝鲜之间的沙漏，并喃喃自语：我马上就会给和平会议致命一击！

两强相争，中国中立（The Eastern Kilkennies — May the Knot Hold），《顽童杂志》1904 年 3 月 16 日，封面。

俄国与日本为在中国的满洲里争夺利益而剑拔弩张，其陆上战场是清朝的东北地区，不仅粗暴践踏中国领土和主权，而且使东北人民在战争中遭受了巨大的损失和人身伤亡，而清政府却被迫宣布中立。《顽童杂志》1904 年的封面漫画讽刺俄日两国像一对怒斗的恶猫，而中国的角色竟是吊在满洲里上面的一条标明中立的白手绢，十分可怜可悲。

欧洲的稻草人（The Ex-Scarecrow of Europe），《顽童杂志》1903年8月31日，中心插页。

俄罗斯对满洲的侵略与日本扩张东北和朝鲜半岛的野心相冲突，日俄战争遂于1904年到1905年间爆发。《顽童杂志》视俄国为外强中干的稻草人，认为其战争前景不乐观。

东方教官（The Drill-Master of the East），《顽童杂志》1905年8月16日，封面。

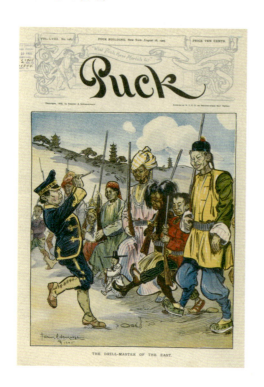

日俄战争以沙俄失败而告终，日本取得在朝鲜半岛、中国东北驻军的权利，令俄罗斯的远东扩张受挫。日俄战争除了确立了日本的强国地位之外，更重要的是，这是现代历史上第一次一个亚洲国家战胜了一个欧洲帝国。《顽童杂志》1905年8月16日的封面漫画将日本描绘成亚洲新的军事楷模。

国际亲善（Those Friendly Powers），《顽童杂志》1906 年 1 月 31 日，2 页。

帝国主义列强在对中国侵略的同时也对亚非拉其他国家和地区进行疯狂的殖民掠夺。法国一直视北非的摩洛哥为其势力范围，由于分赃不均，德国愤而出头挑战英法在北非的既得利益，最后由美国出面调停，列强在西班牙的阿尔赫西拉斯召开国际会议，才暂时化解了这场危机。《顽童杂志》于 1906 年对此报道，画面上满大人正在安慰摩洛哥国王：他们也让你门户开放了！愿孔夫子保佑你！我知道现在你心里啥滋味！

国际和平议会闭幕（The Close of the Peace Congress），《顽童杂志》1907 年 8 月 7 日，中心插页。

第一次海牙和平会议后，各国军备竞赛愈演愈烈。在同盟国和协约国两大军事集团的斗争日益加剧的情况下，第二次海牙和平会议于 1907 年在荷兰召开，包括第一次海牙会议全体参加国在内的 44 个国家的代表参加了会议。会议上通过的《海牙公约》为嗣后战争法则的制定奠定了基础，并对在战争中实行人道主义原则起了促进作用，中国清政府和北洋政府批准或加入了除未生效的第 12 公约外的其他所有公约。《顽童杂志》将会议闭幕描绘成戏剧终场，以观众蜂拥至武器存放处的场景来表明海牙会议并未达到其限制军备和保障和平的宗旨，数年后爆发的第一次世界大战就是最好的证明。

二、乱世里的风云人物

中国皇帝(The Emperor of China),《格立森画报》第 5 卷第 18 号,1853 年 10 月 29 日,276 页。

《格立森画报》于1854年刊登道光皇帝(1782—1850)的遗像,评价他是大清最后一位皇权绝对不受挑战的君主。在美国人心目中,中国皇帝是自古至今最有势力的统治者,与之相比,罗马帝国即使在其鼎盛时期,臣民也只有中国皇帝治下的三分之一。但报刊编辑随即指出,由于皇权不受任何限制,中国自伏羲至道光的二百七十位君主中自然是暴君多于明主;画报最后对当时在位的咸丰皇帝的命运十分不看好。实际上,道光年间清朝已经日益没落,道光帝为挽救清朝衰落做了一些努力,如整顿吏治、理盐政、通海运、平定准格尔叛乱、严禁鸦片,等等。1840年鸦片战争失败后,中国被迫签订丧权辱国的《南京条约》。此后道光苟安姑息,得过且过,没有任何学习西方、振兴王朝的措施,社会弊端积重难返,和西方的差距也越来越大。

大清咸丰帝（Hien-Fou, the Emperor of China），《哈泼斯周报》1860 年 11 月 10 日，708 页。

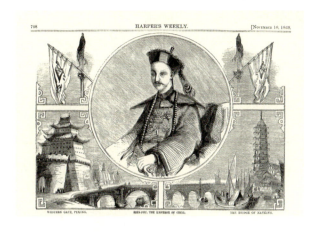

第二次鸦片战争之际，《哈泼斯周报》于 1860 年刊登了一幅咸丰帝（1831—1861）的画像，并评论指出这位在位十年的皇帝精力旺盛，意志坚强，内政上赏罚分明，却常常无视已有的司法系统；虽然不容任何裹脚的女人走上朝廷，却能平等对待自己美貌的皇后；而在外交上，则对英格兰恨之入骨，决心拼死抵抗；最后断言咸丰在位期间中国决无休养生息的可能。咸丰是中国历史上著名的苦命皇帝，面临内忧外患的统治危机。他企图重振纲纪，任贤去邪，除弊求治，全力武装镇压太平天国运动，最后在英法联军占领北京、火烧圆明园的双重打击下命丧热河。咸丰是清朝历史上最后一位掌握实际统治权的皇帝，其懿贵妃叶赫那拉氏即是后来的慈禧太后。图中左下为北京西直门城楼，右下为南京大报恩寺塔，这两个中国的标志性建筑现均已不存。

钦差大臣耆英（Kiying, Imperial Commissioner），《中国总论》第 2 卷，654 页。

两广总督兼文澜阁大学士爱新觉罗·耆英（1787—1858）为嘉庆朝东阁大学士禄康之子，以荫生授宗人府主事，曾任护军统领、内务府大臣、礼部和户部尚书等职。1842 年第一次鸦片战争之际出任钦差大臣，与英国签订了中国近代史上首个不平等条约《南京条约》，随后又代表清政府签订了中英《五口通商章程》和《虎门条约》、中美《望厦条约》，以及中法《黄埔条约》。1858 年第二次鸦片战争中因其前期欺谩误国之迹而遭弹劾，被咸丰帝赐自尽。

洪秀全：中国的"叛军"领袖（Hug-Seu-Tsene, Insurgent Chief of China），《宝楼氏画报》第11卷第2号，1856年7月20日，20页。

　　1851年太平天国事起，迅速成燎原之势。美国《宝楼氏画报》随后对太平天国运动和天王洪秀全作图文报道，特别指出中国的叛军领袖发型与欧洲人相似，有别于清朝剃头结辫的奇怪打扮，而参加太平军的第一件事就是剪掉发辫，这样至少在头发长出之前不能再投降清军。因为多名高级将领已改信基督，作者认为太平天国不仅是一部中国的浪漫史诗，更是一场剧烈的政治与宗教的革命运动，将严重威胁到清朝的统治。画报随后引用东王杨秀清致麻省药商詹姆斯·库克·艾尔（James Cook Ayer, 1818—1878）医生的一封信，称赞美国药品的疗效已得到天王的认可与太平军的欢迎，希望得到更多的供应，太平天国将以茶叶、丝绸或金子与之交换。作者最后展望，如果太平天国革命成功，中国会全面开放，因此对美国的商业发展十分有利，甚至预见在不远的将来，由美国人驾驶的美国机车将在中国的城市之间铺设的美国铁轨上奔驰。

叶名琛：广东总督（Yeh, Ex-Governor of Canton；Governor Yeh — from a Portrait by a Chinese Artist），《宝楼氏画报》1856年6月18日，369页；《哈泼斯周报》1858年3月13日，165页。

叶名琛（1807—1859）是近代中国史上的著名悲剧人物，因其镇压太平天国有功，深得咸丰宠信，长期担任广东巡抚、两广总督，并擢授体仁阁大学士、太子少保。但其未能谨慎处理1856年"亚罗号"事件，直接导致第二次鸦片战争爆发，并以"不战不和不守，不死不降不走"的策略而长期为人诟病，而叶本人也是清朝被外国侵略军俘虏的唯一封疆大吏。《宝楼氏画报》1858年对这位顶戴花翎的钦差大臣评价极低，称其虽权倾两广，但智力与逻辑思维低下，心狠手辣，不择手段，杀人如麻，并引用其被俘后在英舰"无畏号"的口述说明，叶本人直接下令屠杀的太平军民就达六万之众，实乃人类之不幸。画报描述叶被俘后像猪一样固执，痛恨英人，每日少语，饮食主要包括米饭、猪肉、鸭子和咸蛋，拒食牛肉拒饮凉水，早晚向东方遥拜。数月后叶名琛因要求面见英王陈情无望，拒绝英食而死于印度加尔各答。除了《宝楼氏画报》之外，《哈泼斯周报》与《哈泼斯月报》也分别于1858年和1868年刊登了叶名琛的画像。

恭亲王奕䜣（Prince Kung），《哈泼斯月报》1868 年 10 月，597 页；《中国总论》第 2 卷，690 页。

恭亲王奕䜣（1833—1898），清末政治家、洋务运动主要领导者，因协助两宫太后联合发动辛酉政变有功，被授予议政王之衔。在第二次鸦片战争中，奕䜣授命为全权钦差大臣，负责与英、法、俄谈判，签订了《北京条约》。从 1861 年到 1884 年，奕䜣任领班军机大臣与领班总理衙门大臣，身处大清权力中心达二十余年，至 1884 年因中法战争失利被罢黜。1868 年大清使团出访西方各国之际，《哈泼斯月报》刊文盛赞恭亲王能力卓越，思想开放，在国家危难之际挺身而出，力主与各国修好，并直接促成清廷委派原美国驻华公使蒲安臣作为中国涉外事务大臣出访西方诸国。

大学士桂良（Kweiliang，First Commissioner），《哈泼斯月报》1868 年 10 月，595 页。

清朝重臣桂良（1785—1862）曾任河南巡抚、湖广总督、闽浙总督、云贵总督、云南巡抚、兵部尚书及直隶总督。1858 年英法联军攻陷大沽炮台，直逼天津，桂良奉派与花沙纳为钦差大臣赶往天津谈判议和，先后与俄、美、英、法等国代表签订了《天津条约》。1860 年英法联军进攻北京，咸丰帝逃往热河之际，受命与钦差大臣奕䜣督办议和，签订中俄、中英、中法《北京条约》。翌年清廷设置总理各国事务衙门，出任军机大臣，协助奕䜣主持外交、通商事务。桂良在中外交涉中属于主和派，《哈泼斯月报》将其描绘成一名完美的绅士，虽年事已高，眼睛昏暗，双手苍白，但举手投足颇有修养，显得睿智可敬，波澜不惊。

清朝大员花沙纳（Hwashana，Second Commissioner），《哈泼斯月报》1868 年 10 月，595 页。

花沙纳（1807—1859）历任翰林院学士，理藩院尚书、礼部尚书等职。第二次鸦片战争英法联军攻陷大沽口、直逼天津之际，清廷派桂良与他赴天津与英、法签订《天津条约》。花沙纳生长于蒙古族官宦之家，《哈泼斯月报》描述其方脸大鼻，面相颇似英格兰护国公奥利弗·克伦威尔。

总理衙门大臣文祥（Wansiang），《中国总论》第 2 卷，715 页。

文祥（1818—1876）为道光年进士，历任太仆寺少卿、内阁学士、署刑部侍郎、军机大臣行走、礼部侍郎，兼副都统、左翼总兵。1860 年英法联军进逼北京之际，随恭亲王奕䜣留北京议和，并与奕䜣及大学士桂良等联名奏请改变清政府的外交、通商制度，设立总理各国事务衙门。咸丰帝驾崩后，与其他王公大臣疏请慈禧、慈安两太后垂帘听政，并协助奕䜣、慈禧太后发动辛酉政变。文祥任职总理衙门大臣期间倡导"新政"，为清政府中著名的洋务派首领之一。

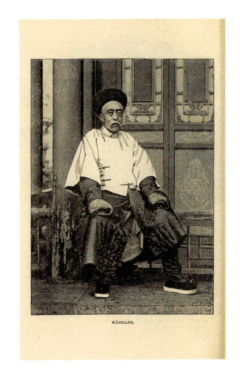

中国教育使节容闳（Mandarin Yung Wing），《哈泼斯周报》1878年5月18日，396页。

容闳（1828—1912），广东香山县人，中国近代著名的教育家、外交家和社会活动家，记载在册的第一位毕业于美国大学的中国留学生，中国留学事业的先驱，被誉为"中国留学生之父"。在中国近代西学东渐、戊戌变法和辛亥革命中，都有容闳的身影。在清末洋务运动中，他因经办了两件大事而彪炳史册：建成了中国近代第一座完整的机器厂上海江南机器制造局；组织了第一批幼童官费赴美留学。美国《哈泼斯周报》与《弗兰克·莱斯利新闻画报》在1878年对容闳促成幼童赴美留学一举均有图文并茂的报道，称赞他虽出身贫寒，但意志坚强，能力超群；他从采办机器设备与军火的过程中认识到知识和人才的重要性，从而投身于教育事业，并预言此壮举对中国日后的发展意义深远。

首任出使美国的钦差大臣陈兰彬（His Excellency Chun Lan Pin, First Ambassador of the Chinese Empire to the United States, and His Suite），《弗兰克·莱斯利新闻画报》1878年8月31日，封面；《哈泼斯周报》1878年8月31日，696页。

陈兰彬（1816—1895），晚清大臣，首任中国驻美公使。1872年以留学监督身份，与容闳率领第一批留学生30人赴美。1878年以太常寺卿身份出使美国、西班牙、秘鲁。陈兰彬在任内深入了解侨工情况，多次向侨居国交涉、抗议，以保证华侨利益。他在美期间曾被委任古巴专使，前往调查古巴华工受奴役迫害、买卖鞭笞、生活无着等情况，向清政府提出详细报告。经与古巴的西班牙殖民当局交涉谈判，签订了改善华工待遇的《古巴华工条款》，解决了华工不少人身自由与合法权益问题。1881年奉诏回国后，历任兵部及礼部侍郎等职。《弗兰克·莱斯利新闻画报》与《哈泼斯周报》在陈兰彬首次出使美国之际分别刊登其画像并专文报道。

大清出使美国钦差大臣郑藻如（Tseng Tsao Ju, the New Chinese Minister to the United States; the Retiring Chinese Minister），《哈泼斯周报》1882年1月14日，28页；1886年4月17日，250页。

郑藻如（1824—1894），清内阁侍读学士、鸿胪寺卿、通政司副使、光禄寺卿，曾任李鸿章幕僚、上海江南机器制造总局帮办、天津津海关道。1881年以三品大臣出使美国、西班牙、秘鲁三国。在任期间美国国会于1882年通过停止华工入美20年的《排华法案》，郑即向美国总统提出抗议，要求否决这一议案，积极维护华工及华侨利益；后虽改为10年，但他仍不罢休，继续再三交涉，结果美国政府同意三点：一、华工返国所需证明可由中国领事馆签发，以便华工仍可顺利回美；二、准许往返古巴的华工经美国过境；三、中国可在纽约设立领事馆。《哈泼斯周报》于其到任与四年后离任之际分别刊登画像，郑藻如1882年的胸有成竹与1886年的一脸沧桑形成了鲜明的对比。

中国驻美总领事黎荣耀（Li Yung Yew, Chinese Consul General），《哈泼斯周报》1893年6月3日，537页。

黎荣耀（1858—？）是清朝洋务运动后期涌现的专业外交人士之一，曾在三地先后任六任总领事，在弱国无外交的困境中，为维护政府利益和海外华人权益，与西方列强交涉，努力履行职责。1889年，黎随大臣崔国因出使美国，任旧金山总领事署随员、驻美公使馆随员，后任使馆参赞随使秘鲁；1891—1896年，任驻旧金山总领事；1896—1899年，调任驻古巴总领事；1899—1901年，调任驻菲律宾总领事；1907—1910年，再任驻古巴总领事；1910—1911年，复任驻旧金山总领事。民国成立后，黎荣耀又被聘为民国驻旧金山总领事。黎荣耀在旧金山任领事期间，在美国排华的不利背景下努力保护华人工商，推进华侨教育。《哈泼斯周报》在出版其画像的同时也刊登了旧金山华人学校的版画。

晚清名臣左宗棠（Tso-Tsung-Tang, Chinese Commander-in-Chief），《弗兰克·莱斯利新闻画报》1883年10月6日，100页。

左宗棠（1812—1885），军事家、政治家、著名湘军将领、洋务派首领，官至东阁大学士、军机大臣，封二等恪靖侯。晚清名臣左宗棠一生经历了湘军平定太平天国运动、洋务运动、平叛同治陕甘回乱和收复新疆维护中国统一等重要历史事件。《弗兰克·莱斯利新闻画报》称其为中国军队总司令。

晚清重臣李鸿章（Li-Hung-Chang；Chinese Prime Minister），《弗兰克·莱斯利新闻画报》1883年10月6日，100页；《大洋日报》（Daily Inter Ocean）1896年8月30日，13页。

晚清重臣李鸿章（1823—1901）是淮军、北洋水师的创始人和统帅，洋务运动的领袖之一，官至直隶总督兼北洋通商大臣，授文华殿大学士。李鸿章考取功名后先入湘军幕僚，后组建淮军，因镇压太平天国与捻军有功，被誉为中兴名臣。进入权利核心后力主"师夷长技以制夷"，积极推动洋务运动，发展出了中国现代工业的雏形，其组建的北洋水师更是中国第一支近代化海军舰队。但甲午战争的失败不仅是洋务运动的终结，也使中国的命运发生重大转折。作为19世纪美国报刊描绘最多的中国人物，早期的李鸿章气宇轩昂，踌躇满志，甲午战争后则欲哭无泪，万念俱灰。

大清皇帝光绪（The Disturbance in China：Kwang-Su, Emperor of China, Who Is Said to Be a Christian）,《哈泼斯周报》1898 年 10 月 22 日，封面；《弗兰克·莱斯利新闻画报》1901 年 1 月 26 日，94 页。

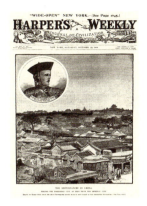

　　光绪帝载湉（1871—1908）为清朝第十一位皇帝，4 岁登基，由两宫太后垂帘听政；1889 年亲政，实际上大权仍掌握在慈禧太后手中。在中日甲午战争中，光绪帝极力主战，反对妥协，但终因朝廷腐败，而以清朝战败告终。痛定思痛，他极力支持维新派变法以图强。1898 年光绪帝实行戊戌变法，受到以慈禧太后为首的保守派的极力反对，维新历时不过 103 天，随后被慈禧太后幽禁在中南海瀛台至终。《哈泼斯周报》在 1898 年刊登光绪帝图像，对中国进行的变法维新寄予了厚望；而《弗兰克·莱斯利新闻画报》更是称之为一名基督徒。

出使美国的钦差大臣伍廷芳（Wu Ting-Fang）,《哈泼斯月报》1903 年 1 月，190 页。

　　伍廷芳（1842—1922），清末民初杰出的外交家、法学家，获英国博士学位及大律师资格，为中国近代第一个法学博士。洋务运动开始后，1882 年入李鸿章幕府任法律顾问，参与中法谈判、马关谈判等；1896 年被清廷任命为驻美国、西班牙、秘鲁公使；辛亥革命爆发后，任中华民国军政府外交总长，主持南北议和，迫使清室退位；南京临时政府成立后，出任司法总长。《哈泼斯月报》1903 年刊登伍廷芳画像，是时伍已年过花甲，其掠影更像是大清朝风烛残年的真实写照。《哈泼斯月报》同期发表伍廷芳的文章，比较孔子哲学与基督教的相似之处，向美国读者介绍修身齐家治国的儒家思想，高度评价中国的道德教育。他认为"己所不欲，勿施于人"的理念同样适用于国际关系，并特别指出中国文明的现代化进程将有别于西方。今日重读，不仅令人感叹其百年前见识之卓越。

美国驻华公使蒲安臣（Hon. Anson Burlingame, Envoy Extraordinary），《弗兰克·莱斯利新闻画报》1868年6月20日，220页。

蒲安臣是美国著名的律师、政治家和外交家，美国对华合作政策的代表人物，也是绝无仅有的既担任过美国驻华公使又担任过中国使节的一位美国人。自哈佛大学法学院毕业后，蒲安臣开始投身政治。作为一名坚定的废奴主义者，他与林肯总统一起是美国共和党的创始人之一。1861年被林肯任命为美国第十三任驻华公使，次年7月到任，成为第一批入驻北京的外国公使之一。在任期间，蒲安臣推行对华合作政策，反对英、法、俄、德等国的暴力外交，"在条约口岸既不要求也不占领租界"，"也永不威胁中华帝国的领土完整"，因此赢得清廷好感和信任，六年卸任后被总理衙门领班恭亲王奕䜣聘任为大清涉外事务大臣，于1868年率团出访美、英、法、德等国，1870年在与俄罗斯谈判任内病故于圣彼得堡，嗣后被清政府追授一品官衔。《弗兰克·莱斯利新闻画报》在其访美之际刊出图像，指出蒲安臣作为"最年轻的一个国家的儿子和最古老的一个国家的代表"，一定不会辜负中国皇帝对他的期望。

华尔将军（General Ward），《哈泼斯月报》1868年10月，598页。

19世纪中叶太平天国运动在中国风起云涌，起初各国持中立观望态度。但当太平军进攻苏州，威胁到通商口岸上海和租界的时候，列强开始与清军合作。1859年美国人华尔流浪到上海，先在清军炮艇"孔夫子"号上当大副，1860年开始受清朝官员委派，招募外国人组成洋枪队，帮助清军围剿太平军。初战松江清浦，大败而归，华尔认识到只靠外国雇佣兵成不了什么气候，决定改组洋枪队，以欧美人为军官，招募中国人为士兵，用新式武器配备，战斗力大增。因中外混合军是当时第一支经过新式训练的军队，对中国军队现代化尤其是淮军的发展影响深远，华尔因此被清政府委任为副将，洋枪队改称常胜军。《哈泼斯月报》就此特别指出，中国人只要有适当的装备和训练就能成为优秀的士兵。据称华尔有浓厚的中国情结，娶上海道杨坊之女为妻，并加入中国国籍。1862年9月，华尔在进攻慈溪时毙命。

白齐文上尉（Captain Burgevine），《哈泼斯月报》1868年10月，599页。

被《哈泼斯月报》称为兵痞的白齐文是一名法裔美国北卡罗来纳州人，曾活跃于中国晚清战场，协助华尔组建洋枪队镇压太平天国运动，也曾帮助太平军对抗清政府。华尔在慈溪作战阵亡后，白齐文由洋枪队副领队接任为第二任队长。白行事颇有美国牛仔风格，竟劫掠清兵军饷四万余银元，江苏巡抚李鸿章将其撤职，改由英国工兵军官戈登任队长。白齐文怒而劫持常胜军轮船投降太平军，未能一展抱负又转投戈登，后被驱逐回国，在被押解途中据称被李鸿章下令溺毙。

戈登少将遗像（The Late Major Gen Charles G.［Chinese］Gordon），《弗兰克·莱斯利新闻画报》1885年2月21日，5页。

查理·乔治·戈登（Charles George Gordon，1833—1885）是维多利亚时代的英国工兵军官。皇家军事学院毕业的戈登曾参与第二次鸦片战争中对北京的军事行动，后被派往华东护卫上海、反击太平军，华尔慈溪阵亡后接替白齐文任洋枪队首领。由于受过正规军事训练，戈登制下的部队纪律严明、作战凶狠，很快对太平

军构成威胁。在协助淮军占领苏州、常州后被同治授予清军提督军阶，后因反对杀降而与李鸿章反目，心灰意冷后遣散常胜军归国。戈登在19世纪殖民时代异常活跃，后期曾任英国驻苏丹的总督，1885年初战死于北非的喀土穆。《弗兰克·莱斯利新闻画报》特别刊出其遗像，称之为中国的戈登。

美国驻华公使田贝(Colonel Charles Denby, Our Chinese Minister),《马蜂杂志》1885年7月25日,封面。

田贝(Charles Denby,1830—1904)1885年出任美国驻华特命全权公使,至1898年卸任,历四届美国总统,为美国历史上任期最长的驻华使节。田贝在公使任内经历中日甲午战争,以偏袒日本侵略而为后人诟病。退休后田贝根据其在华十三年经历出版回忆录《中国及其人民》,图为《马蜂杂志》1885年封面刊登的田贝画像。

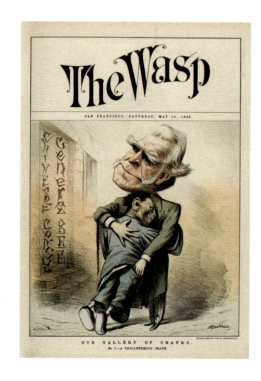

大清领事傅列秘(Our Gallery of Cranks:General Bee, Chinese Consul),《马蜂杂志》1885年5月16日,封面。

美国西部大开发时期的企业家和律师傅列秘(Frederick A. Bee,1825—1892),是一名早期坚持维护华人移民在美权益的有识之士,于1878年被清廷任命为中国驻旧金山领事。傅列秘在加州淘金热中曾雇用华工,华人的吃苦耐劳给他留下深刻印象。在随后的排华浪潮中傅列秘挺身而出,无惧于种族主义分子对他的人身威胁,代表华人打官司,在国会听证会上为华人直言。《马蜂杂志》封面漫画称之为疯子,对其极尽嘲讽之能事。

美籍华人王清福(Wong Ching Foo),《哈泼斯周报》1877 年 5 月 26 日,405 页。

政治活动家、记者和演说家王清福(1847—1898)是美国华人民权运动第一人,为了维护美国华人的尊严和荣誉做出过极大的努力,并为建设发展美籍华人的公民社会作出了重大贡献。王清福出生于山东即墨,由于家道破落而被美国浸信会传教士花撒勒(Sallie Little Holmes)收养,并资助其赴美国宾夕法尼亚州的路易斯伯格学院(University at Lewisburg,1881 年改名为 Bucknell University)就读,成为第一批获得美国国籍的中国人。在当时美国排华的大形势下,王清福致力于为美国华人争取平等权利。据《哈泼斯周报》1877 年 5 月 26 日报道,在纽约巡回演讲的王清福是位"聪明、有教养的绅士,他很轻松,很有效地使用英语,而且能让听众听得津津有味。虽然他的结论有些轻率,但他的不少观点言之有理,值得考虑"。

三、殖民主义时代的中美关系

1858 年中美会谈（Meeting between Mr. Reed, as Commissioner, and Chinese Mandarins, on May 4, 1858 — from a Drawing by a Chinese Artist），《哈泼斯周报》1858 年 9 月 4 日，573 页。

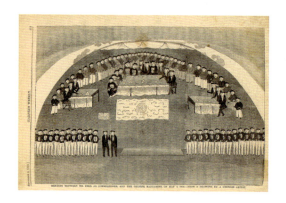

第二次鸦片战争之际，美国对原有特权不再满足，利用英、法联军给清政府造成的压力，以调停人身份从中渔利，迫使清政府谈判修约。《哈泼斯周报》图片描绘了 1858 年 5 月 4 日美国公使列卫廉（William B. Reed, 1806—1876）与直隶总督谭廷襄谈判的情景。最后，桂良、花沙纳代表清政府与美国公使签订了《中美天津条约》，使美国获得了远比以前的不平等条约更为广泛的权益。

美国公使前往北京（The American Minister Starting for Pekin），《哈泼斯周报》1859 年 12 月 10 日，788 页。

华若翰（John Elliott Ward, 1814—1902）于 1859—1860 年接替列卫廉担任美国驻华公使，随即赴北京与清政府交换《中美天津条约》。因为是英国马戛尔尼伯爵 1795 年觐见乾隆皇帝后的第三个英语使团进京，《哈泼斯周报》特派记者随团而行。三十辆大车浩浩荡荡自天津北塘向北京进发，沿途受到地方官员的设宴款待，并在暑天吃到冰镇西瓜，令记者印象深刻。美国使团一路遭遇好奇围观，中国居民大都衣衫褴褛，男人赤膊，小孩赤裸，人群里唯有一戴白帽持《圣经》之妇人让使团众人眼前一亮。

运河之旅(The Voyage on the River),《哈泼斯周报》1859 年 12 月 10 日,788 页。

因为木轮马车内既没有座椅也没有安装弹簧,路况又极差,华若翰一行受尽颠簸,后来有人宁愿走路也不再坐车,美国使团遂改乘二十六艘官船,由两百名纤夫拉纤逆流而上。《哈泼斯周报》记者不仅描述了官船的奢华,也记录了在齐腰深的泥水里纤夫拉纤的艰辛。由于河道蜿蜒,船队时速只有两英里,一百三十英里的水路竟走了五天,途中还经历了纤夫逃跑,清军抓丁的插曲。

美国使团访问顺天府衙门(Interview between the United States Minister, Mr. Reed, and the Chinese Commissioners, in the City Hall at Pekin, August, 1859)《哈泼斯周报》1859 年 12 月 10 日,792—793 页。

华若翰一行历尽千辛万苦抵达北京,清方好吃好喝接待。使团成员原打算畅游帝都,被告知先以国事为重,既不提供向导也不提供马匹车辆,形同软禁。两周后华若翰交换条约,又匆匆踏上了归程,美国人颇有上当受骗之感。《哈泼斯周报》记者未被允许参加换约仪式,只能根据他人的口述与自己的想象画图交差。他画笔下的北京顺天府衙门雄伟壮丽,具有浓郁的伊斯兰宫廷风格;仪式现场人头涌动,但身披长袍的清朝官员更像是从中世纪罗马帝国走出来的人物。

《天津条约》签约仪式（Signing the *Treaty of Tientsin*），《哈泼斯月报》1868年10月，596页。

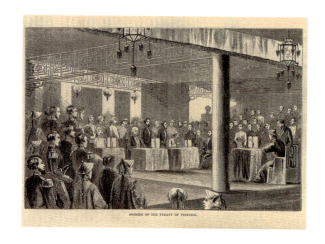

第二次鸦片战争（1856—1860）是英、法两国为了进一步扩大在中国的特权而发动的侵略战争。1858年，英法舰队在美、俄两国的支持下，攻陷大沽炮台，进逼天津，威慑北京。清政府急派大学士桂良、吏部尚书花沙纳为特命全权大臣，便宜行事，从权办理。两位钦差大臣在天津城南的海光寺与英法代表额尔金（James Bruce, 8th Earl of Elgin, 1811—1863）、葛罗（Jean-Baptiste Louis Gros, 1793—1870）谈判达成协议，并代表清政府分别与英、法、俄、美各国代表签订了《天津条约》。《哈泼斯月报》版画描绘了当时的情景，签约仪式上居中的外国使节趾高气扬，清朝官员则一脸木然。

中国外交使团（The Chinese Embassy），《哈泼斯周报》1868年6月13日，376页。

1868年2月25日，清政府第一个外交使团蒲安臣一行三十人，自上海虹口黄浦江码头乘坐"格斯达哥里"号轮船起航前往美国旧金山，海关道志刚和礼部郎中孙家谷随同出访。蒲安臣的两名副手为：左协理英国使馆翻译柏卓安（John M. Brown），右协理海关税务司法籍职员德善（E. de Champs）。其他随行人员包括英文、法文、俄文翻译各两名，一位中医和两名书记员。《哈泼斯周报》在使团访美之际刊登了一幅版画，特别指出两名中国官员均为二品，顶戴花翎，志大人六十开外，出身满族，身高五英尺八英寸；孙大人五十左右，身材魁梧，是个标准的中国绅士。两人皆孜孜好学，细心观察，不断提问，给美方留下深刻印象。

中国使团美国用餐（The Chinese Ambassadors at Dinner at the Westminster Hotel, New York City），《弗兰克·莱斯利新闻画报》1868 年 6 月 13 日，200 页。

因为是第一次接待来自遥远东方的外交访问，《弗兰克·莱斯利新闻画报》对中国使团在美国的衣食住行进行了详细的跟踪报道。一行人在纽约下榻于威斯敏斯特酒店，虽然侍者是美国人，但使团坚持用中餐。记者对每人都能灵巧地使用一双六寸象牙筷子吃饭叹为观止，并敏锐地观察到在餐桌中国官场上下次序森严，志刚与孙家谷分坐桌子两端，除了翻译偶尔出声外，只有两位官员言语，其他人皆默默用餐。

使团出行（Chi-Kuh-An and Swun-Kia-Sang, Chief Mandarins of the Burlingame Chinese Embassy, with Mr. J. M'Leavy Brown, First Secretary of the Legation, and Other Attachés of the Mission, Leaving the Westminster Hotel to Review the 7th Regiment, N. Y. N. G., May 28th, 1868），《弗兰克·莱斯利新闻画报》1868 年 6 月 13 日，200 页。

中国使团的一举一动都引起了美国民众的极大兴趣。图为《弗兰克·莱斯利新闻画报》报道一行人离开威斯敏斯特酒店时，纽约市民纷纷围观。

检阅国民卫队(Hon. Anson Burlingame and the Mandarins Attached to the Chinese Embassy, Reviewing the 7th Regiment, N. Y. N. G., at Union Square, May 28th, 1868),《弗兰克·莱斯利新闻画报》1868 年 6 月 13 日,201 页。

美国上下对蒲安臣一行非常重视,特意安排颇负盛名的纽约州国民警卫队第七团于 1868 年 5 月 28 日在纽约联合广场盛装列队接受中国使团的检阅。《弗兰克·莱斯利新闻画报》的艺术家忠实地记录了其时的庄严场景。

使团招待会(Reception of the Hon. Anson Burlingame and Members of the Chinese Embassy, by the Traveler's Club, May 30th, 1868, at the Club House, 222 Fifth Avenue, New York City),《弗兰克·莱斯利新闻画报》1868 年 6 月 20 日,216 页。

纽约各界为欢迎中国使团的到访,于 5 月 30 日在第五大道的旅行者俱乐部举行盛大招待会,盛情款待蒲安臣一行。周六晚上会所大厅张灯结彩,绅士淑女如云,中国官员举止端庄,彬彬有礼,给众人留下质朴诚恳而又睿智的印象。晚会特别安排了纽约时装舞蹈表演,宾主尽欢。《弗兰克·莱斯利新闻画报》报道指出,这场晚会是当年最受欢迎的一次社交活动。

升旗仪式（Raising the Chinese Flag of the Burlingame Embassy on the Flagstaff of the Metropolitan Hotel, Washington, D. C., June 1st, 1868），《弗兰克·莱斯利新闻画报》1868 年 6 月 20 日，220 页。

因为是清国的正式外交出访，蒲安臣意识到黄龙旗的必要。据称由于没有准确的旗样，美国人自作主张替中国使团制作了一面三角龙旗，权当中国国旗使用，对外宣传是中国皇帝亲赠。1868 年 6 月 1 日中国使团抵达华盛顿，立即在国会山附近的大都会酒店升起了黄龙旗。从《弗兰克·莱斯利新闻画报》刊登的升旗仪式可以看到蒲安臣的旗帜与大清的黄龙旗不完全一样，也没有左上角的红珠。但无论如何，这是中国旗帜第一次在美国首都飘扬，引发好奇的居民围观，而中国官员看到大清龙旗与合众花旗高高悬挂在一起，随风飘扬，绮浪迭翻，也不由得精神振奋，感觉面子十足。

观赏歌剧（The Chinese Ambassadors Witnessing the Representation of Fra Diavolo, by the Richings Opera House, at the National Theatre, Washington, D. C., June 5th, 1868），《弗兰克·莱斯利新闻画报》1868 年 6 月 27 日，封面。

中国使团于 6 月 5 日晚受邀请在美国国家大剧院观赏歌剧，一行人虽然坐在贵宾包厢内，但由于衣着鲜亮，仍然引起其他观众的注意。尽管《弗兰克·莱斯利新闻画报》记者不太确定来宾能够完全听得懂，但中国官员全场关注舞台，时而微笑，时而鼓掌。

白宫国宴（The State Dinner in Compliment to the Chinese Embassy, at the White House, Washington, D. C., June 9th, 1868），《弗兰克·莱斯利新闻画报》1868 年 6 月 27 日，229 页。

美国政府于 6 月 9 日在白宫举行国宴，欢迎中国使团到访。美国总统安德鲁·约翰逊（Andrew Johnson，1807—1875）、国务卿威廉·西华德（William H. Seward，1801—1872）、国防部长和其他政府要员出席，英国与法国驻美大使作陪，中方代表包括蒲安臣、志刚、孙家谷、柏卓安与德善等人。餐桌上鲜花盛开，美酒佳肴不断。晚宴后宾主又在白宫东翼客厅内相谈甚欢，至两点方散。《弗兰克·莱斯利新闻画报》的图片有两点很有意思：中国使团的官员们仍然坚持使用筷子；国宴上的三位服务生全为黑人。是时美国内战已经结束，奴隶制虽然已废除，但大部分黑人的社会地位依然低下。

烹制中餐（Chinese Cooks Preparing Dinner for the Mandarins and Attaches, at the Metropolitan Hotel, Washington, D. C.），《弗兰克·莱斯利新闻画报》1868 年 6 月 27 日，229 页。

蒲安臣一行抵达华盛顿大都会酒店后，《弗兰克·莱斯利新闻画报》又详细记述了四位厨师烹饪中餐的场景。中国使团携带了除炉子之外的所有厨具，主厨是位 70 岁的王姓老人，留着山羊胡，橄榄色皮肤，颧骨高高，一脸沧桑，但双目明亮，腿脚麻利，手艺超群，半小时功夫就把菜做好了，给记者留下深刻印象。

递交国书(Presentation of Hon. Anson Burlingame and Attaches of the Chinese Embassy to the President of the United States, at the Executive Mansion, Washington, D. C., June 5th),《弗兰克·莱斯利新闻画报》1868年6月27日, 232页。

《弗兰克·莱斯利新闻画报》报道中国外交使团1868年6月5日由蒲安臣率领,在白宫蓝厅向美国总统递交了大清国书。仪式上宾主简短致辞,蒲安臣介绍了随行的中国使团成员,美国总统也介绍了在场的内阁成员,随后蒲安臣一行转赴美国国务院参加欢迎餐会。

瞻仰华盛顿(The Chinese Embassy at the Tomb of Washington, Mount Vernon),《弗兰克·莱斯利新闻画报》1868年7月4日, 252页。

6月10日下午使团由美国官员和夫人们陪同,前往附近的华盛顿陵墓瞻仰祭拜。一行人乘坐悬挂两国旗帜的缉私艇顺流而下,十分拉风,河畔华盛顿炮台要塞鸣礼炮,向远来的客人致敬。《弗兰克·莱斯利新闻画报》记者观察到中国使团下船严格按照官阶次序,行至华盛顿墓并未遵从西方礼仪脱帽,但神态十分恭敬,认真仔细地观看,并索要碑文翻译以留念。一行人随后又参观了华盛顿故居,傍晚方返。

中国首任驻美公使抵达旧金山（California — Arrival at San Francisco the First Resident Embassy of the Chinese Empire Accredited to the United States. Officers of the "Six Companies" Welcoming Chin Lan Pin and Consular Corps in the Cabin of the "City of Tokio", July 25th），《弗兰克·莱斯利新闻画报》1878年8月17日，封面。

中国首任驻美公使陈兰彬乘坐"东京号"蒸汽轮船于1878年7月25日抵美，旧金山中华公所的六大会馆代表集体登船迎接大清出使美国钦差大臣到任，码头上还有不少华人的欢迎队伍。陈兰彬使团一行三十八人，其中包括任副钦差大臣加二品顶戴的容闳。《弗兰克·莱斯利新闻画报》描绘华埠各会馆堂主列队向中国使团鞠躬作揖，陈兰彬一行拱手还礼，但神色严峻，大概意识到此行的重任。是时加州的反华声浪已成气候，中国驻美公使的首要任务就是如何应对。

宫廷酒店欢迎会（Chinese Merchants of San Francisco Paying Their Respects to the Embassy in the Grand Parlor of the Peace Hotel），《弗兰克·莱斯利新闻画报》1878年8月17日，404页。

中国驻美使节抵达旧金山当天，中华公所在使团下榻的宫廷酒店举行盛大的欢迎会，当地商界名流云集，但《弗兰克·莱斯利新闻画报》的记者注意到并没有联邦与市政府人士参加。与之形成鲜明对比，华埠各处张灯结彩，黄龙旗高挂，华侨人人喜气洋洋，期望来自祖国的使节能够主持正义，为他们在美利坚打拼撑腰壮胆。

白宫接见(Washington, D.C.–Official Reception of the First Chinese Minister to the United States, by the President, in the Blue Room of the White House, September 28th),《弗兰克·莱斯利新闻画报》1878年10月19日,116页。

中国使团于1878年9月28日在白宫蓝厅受到美国总统拉瑟福德·海斯(Rutherford B. Hayes,1822—1893)的接见,陈兰彬以中文致谢辞,容闳手持国书立于一侧,然后以英文转达光绪皇帝向美国总统的问候,国务卿埃瓦茨、副国务卿西华德与其他内阁官员均出席仪式。《弗兰克·莱斯利新闻画报》报道指出,中国使团此次将本着公平的精神与美国重新修约,虽然西海岸排华浪潮迭起,但美国在中国有着广泛的利益,政府的政策不会被加州的下层暴民劫持,而无视与蒲安臣使团达成的最惠国待遇条约。

格兰特抵沪(China—Arrival and Reception of Ex-President Grant, at Shanghai, May 17th),《弗兰克·莱斯利新闻画报》1879年7月12日,317页。

美国前总统尤里西斯·格兰特(Ulysses Simpson Grant,1822—1885)1879年访问中国,于5月17日抵达上海。格兰特乘坐的远洋汽轮驶入吴淞口后,上海炮台首先鸣放二十一响礼炮,港内的英国军舰升起星条旗,也鸣炮致敬,中国炮艇纷纷响应,一时间炮声隆隆,火光冲天,像是突然爆发了海上大战。《弗兰克·莱斯利新闻画报》报道下午三时轮船在法租界外滩靠岸,格兰特总统与夫人、美国驻华总领事等徐徐而下,受到中外民众的热烈欢迎。

李鸿章会见格兰特（General Grant, and Li Hung Chang, Chinese Grand Secretary of State and Viceroy of Chih-Li），《哈泼斯周报》1879年10月4日，784页。

格兰特访问上海后转往北京，直隶总督李鸿章在天津会见了格兰特，被报刊称为世界上两个伟人的相会，《哈泼斯周报》版画反映了当时的情景。格兰特曾是美国南北战争中的北方军统帅，李鸿章则自诩为剿杀太平天国的功臣，而两场削平南方叛乱的战争都在1865年结束，两人年纪相当，后来又都成为各自国家的政治栋梁，所以李鸿章与格兰特一见如故，颇有英雄相惜之感。

从最古老的国度到最年轻的国家（From the Oldest to the Youngest Nation），《顽童杂志》1881年7月6日，封面。

中国作为火药的故乡，其烟花一直广受世界各国的欢迎，1881年美国国庆之际就进口了不少中国烟花，《顽童杂志》将其描绘成从最古老的国度飘至最年轻的国家的贺礼。图中山姆大叔欢喜雀跃，但华人形象却被丑化，嘲笑其发辫也可编成鞭炮，体现出种族歧视立场。

小心轻放(The Veto. Arthur:"It would be unreasonable to destroy it, and would reflect upon the honor of the country."),《哈泼斯周报》1882 年 4 月 15 日,236 页。

排华活动在经历了数年的鼓噪后终成气候,美国国会两院于 1882 年通过了《排华法案》。《哈泼斯周报》呼吁总统切斯特·阿瑟(Chester Arthur,1829—1886)谨慎处理,动用职权否决这项不公平法案。图中能在自由国度出入的护照已被踩在脚下,与中国的外交关系被描绘成一只大瓷瓶,上标小心轻放字样;阿瑟手持放大镜仔细观察,似乎还没有拿定主意。

石泉惨案调查团(The Chinese Commission at Rock Springs),《哈泼斯周报》1885 年 10 月 17 日,676 页。

美国《排华法案》通过后,广大华工得不到法律的保护,白人暴徒的排华行动更加肆无忌惮,1885 年在怀俄明州的石泉煤矿就爆发了大规模的排华暴乱。9 月 2 日,石泉白人区结集了大批白人矿工和流氓,聚众诉说"黄祸"之苦,随后暴徒们持枪械包围了华人区展开血腥屠杀,造成华工死亡 28 人,重伤 15 人,财产损失惨重。郑藻如大使随即派遣了中国驻旧金山领事傅列秘和中国驻纽约领事黄锡铨前往怀俄明州调查,并根据调查团的报告向美国国务卿提出强烈抗议,要求赔偿华人的损失,惩办凶手,制止以后再出现类似的排华行动。这是《哈泼斯周报》报道调查团在石泉的情景,傅列秘与黄锡铨在版画正中间位置。

中美对账（Keeping Account），《顽童杂志》1885年9月16日，封面。

石泉惨案是19世纪中美外交史上的重大恶性事件，排华不仅仅是出于经济的因素，更是对华人的种族歧视与迫害。事件发生后美国有关当局并无诚意，亦反对给予赔偿；虽逮捕16名嫌疑人，但因为华人无法出庭作证，地方法院宣判暴乱分子无罪释放。《顽童杂志》1885年9月16日的封面漫画充分体现了清朝的弱国外交心态。画面上满大人拿着一份长长的清单，只能无奈地对山姆大叔说：瞧，我死的人比你多！

中国索赔（Claims of China），《顽童杂志》1886年3月17日，封面。

石泉惨案发生后，清廷在中国社会各界的压力下开始向美国政府索赔，《顽童杂志》漫画生动地反映了当时美国朝野普遍存在的对华人的强烈种族歧视。图中清朝大臣操着洋泾浜英语向贝亚德（Thomas Bayard，1828—1898）递交索赔书，而这位国务卿则傲慢地拒绝道：别给我来孔夫子的那一套胡扯！墙上的标语注明：华人没有投票权、公民权，因此本政府也没有保护的义务。

善后赔款（If we were enough of a nation to demand, we ought to be enough of a nation now to pay），《哈泼斯周报》1886年3月20日，191页。

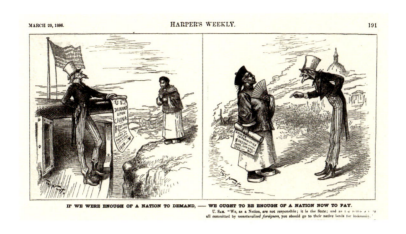

《哈泼斯周报》1886年3月20日的漫画反映了中美就石泉惨案善后赔款进行的交锋。画面上山姆大叔蛮横地对满大人说：我们作为一个国家，对此不承担任何责任；这是州政府的事情；而犯事的暴徒都是非法的外国移民，你应该去他们的本土索赔。石泉惨案发生后，不仅中国的反美呼声高涨，美国报界也谴责这种犯罪行为，最后迫于压力，由联邦政府赔偿十四万美元了事。

中国制裁（China Retaliates），《马蜂杂志》1889年10月19日，封面。

《排华法案》不仅极大地损害了华人的利益，更是严重影响了中美关系的发展。当时的清政府威胁要进行种种制裁，而加州种族主义出版物《马蜂杂志》则反映了美国西部相当一部分人的心态。在其1889年10月19日的封面漫画上，被丑化的满大人头戴标有华人罪恶的花翎帽，腰插鸦片枪，正在将美国生产的货物、机车、煤油和电线杆等扫入水中；而山姆大叔则倚靠在《排华法案》墙后心满意足地说：你的制裁对你伤害更大！

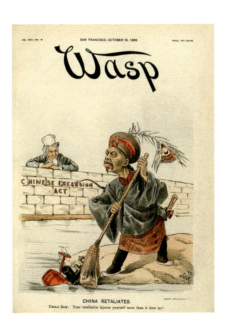

贸易封锁（Exclusion of Foreign Trade. The Adoration of the 6000-Year-Old Chinese Idea），《顽童杂志》1890 年 11 月 5 日，168 页。

19 世纪末国家开放发展已成世界洪流，但清廷中还是有人顽固地认为只要中国不出口茶叶和丝绸，洋人就会跪地求情。《顽童杂志》1890 年 11 月的彩色漫画尖刻地讽刺了清王朝闭关锁国的狭隘心态，以及一些美国政客的妥协行为，同时也对中国文化恶意攻击，污蔑嘲笑华人吃鼠肉米饭。

不受欢迎的人（The Right Man in the Right Place），《顽童杂志》1891 年 3 月 11 日，封面。

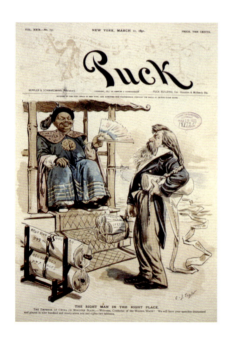

1891 年，美国第 23 任总统本杰明·哈里森（Benjamin Harrison，1833—1901）提名新罕布什尔州参议员博来尔（Henry Blair，1834—1920）出任驻华特命全权公使；清政府鉴于博来尔在国会通过《排华法案》时的角色和他一贯的反华言论，认为任命这样的人为驻华公使是对中国的污辱，于是罕见地动用国际法宣布他为不受欢迎的人，拒绝其任命。《顽童杂志》3 月 11 日的封面漫画调侃博来尔的提名与清廷的反应。

补救措施（Some Remedy Needed），《马蜂杂志》1896年2月22日，10—11页。

中美、日美贸易摩擦并非是最近几十年才有的现象，《马蜂杂志》1896年刊登了一幅漫画，希望借此影响美国的贸易政策。图中日本太郎正在越过"低关税"的木栏向美国倾倒低廉制品，代表中国的满大人在一旁笑逐颜开；而院内的山姆大叔则一脸沮丧地抱怨道：我的天！这帮东亚的家伙把我的后院当成他们的垃圾场了。看来我还要加高栅栏，才能挡住这些讨厌的家伙！

中国使节来访（The Visit of the Ambassador of China），《哈泼斯周报》1896年9月12日，893页。

1896年8月28日，前直隶总督兼北洋大臣李鸿章乘"圣-路易斯"号邮轮抵达纽约，开始对美国进行访问。次日美国总统克利夫兰（Grover Cleveland，1837—1908）在惠特尼寓所接见李鸿章，接受其转交的光绪皇帝的信件；随后李鸿章于8月30日前往格兰特墓拜祭惺惺相惜的故交。是时李鸿章虽因甲午战争失利赋闲，仍是清朝官阶最高的访美官员，不仅纽约唐人街张灯结彩欢迎这位穿黄马褂的重臣，美国媒体也对李鸿章的到访高度评价，《哈泼斯周报》称其为东方的俾斯麦、中国自忽必烈以来最伟大的人物。

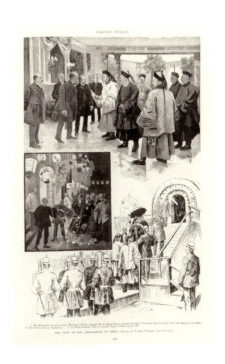

门户开放，利益均沾（A Fair Field and No Favor!），《哈泼斯周报》1899 年 11 月 18 日，封面。

19 世纪末，列强意欲瓜分中国，纷纷抢滩划分势力范围，而美国一直等到与西班牙的战争结束，在 1898 年占领夏威夷、关岛和菲律宾后才开始重新策划对华政策。1899 年 9 月，时任国务卿的海约翰（John Hay，1833—1905）照会英、德、俄三国，11 月复照会日本、意大利和法国，首次提出门户开放、利益均沾的对华政策，而中国竟然不在照会之列。《哈泼斯周报》11 月 18 日的封面漫画以"机会均等"为题，描绘山姆大叔拦在咄咄逼人的德、俄、意、法诸国之前，图下的注解为"只言商业扩张，不谈领土征服"，一旁的英国约翰牛举帽示意同意美国的建议；而代表中国的满大人正在仔细把玩美国出产的机车等物件，显得颇有兴趣。图中日本不在其列，而在 1900 年美国重申这项国策之时，唯有日本不同意保持中国领土完整这一原则。

迈向中国的跳板（And，After All，the Philippines Are Only the Stepping-Stone to China），《法官杂志》1990 年 3 月 21 日。

西班牙在与美国 1898 年的战争失利后，不仅在美洲丢掉了古巴，1900 年菲律宾也正式成为美国的殖民地和在亚洲的军事基地，《法官杂志》指出美国此举的最终目的是以菲律宾为跳板，进军中国大陆广袤的市场。如图所示，山姆大叔不仅要出口现代工业技术和各种产品，而且要输出教育和宗教。

打开中国之门的唯一途径（The Only Way to Make an Open Door in China）,《马蜂杂志》1900年7月7日，9页。

1900年中国庚子国难之际，美国《马蜂杂志》刊登的版画充分反映了西方殖民主义的强盗逻辑和以武力强迫中国开放的用心。

维护和平（How to Insure Peace in China and Protection to Foreigners）,《马蜂杂志》1900年7月28日，9页。

八国联军围攻北京之时，《马蜂杂志》刊印了一幅版画，主张美军绞杀清廷主战的端郡王载漪（1856—1922），囚禁慈禧太后，唯此才能维持和平，保护在华的外国人。

中国抵制（The Chinese Boycott），《顽童杂志》1905年6月21日，18页。

歧视华人的法案一延再延，中国的反美运动风起云涌，抵制美货呼声此起彼伏。如果一旦形成全国之势，不仅美国商品出口要受损，也将严重影响到美国在中国的传教等方方面面，罗斯福总统遂要求清政府弹压中国的抵制美货运动。《顽童杂志》1905年的漫画反映了当时中美外交对峙的情景：满大人在墙头上要求公平对待中国，携货而来的山姆大叔不能得门而入，急得满头冒汗。

剪掉你的辫子（Why You No Cuttee off Your Queue?），《顽童杂志》1912年1月31日，封面。

1911年辛亥革命胜利，清政府被推翻，民国成立，中华民族迈入新的历史纪元。《顽童杂志》1912年1月31日的封面漫画上，中国士兵已经用文明进步的剪刀剪掉了象征奴役落后的辫子，并反问山姆大叔：你什么时候也剪掉你的辫子？辛辣地讽刺了美国政治深陷两党恶斗的漩涡。

息息相关（Joined together），《顽童杂志》1913 年 7 月 2 日，封面。

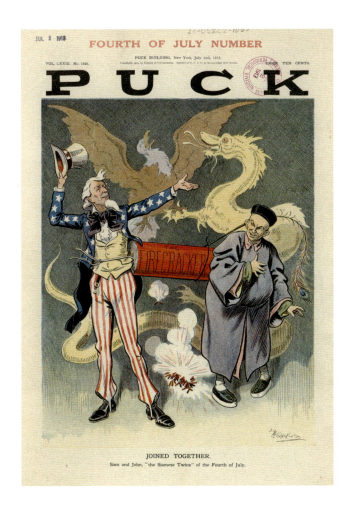

1913 年 7 月美国国庆之际，《顽童杂志》封面漫画上中国黄龙与美国秃鹰共舞，山姆大叔和中国人因系在一起的炮仗成了连体双胞胎，比喻中美两国在新的世纪里休戚相关，难以分割。

四、硝烟战火中的内乱与外患

英军搜粮队（Caricature of an English Foraging Party），《中国总论》第 2 卷，116 页。

鸦片战争是西方国家对中国发起的第一次大规模战争，以清朝失败、签订《南京条约》告终。鸦片战争打破了中国的闭关自守，标志着中国近代史的开端。美国汉学家卫三畏（Samuel Wells Williams，1812—1884）在《中国总论》中引用了一幅中国画家的作品——表现 1840 年英国远征军在广东乡下捕鸡搜粮，旨在说明中国艺术也拥有漫画讽刺的传统。

戎装持械的中国军官（Chinese Military Officers, with Uniforms and Weapons），《格立森画报》1851 年 12 月 20 日，396 页。

《格立森画报》1851 年刊登短文介绍中国的军事制度：清朝满族统治者起于游牧，虽逐渐被汉族同化，但仍保持了原有的军事建制。以蒙古为例，全境分为 135 旗，每一个 16—60 岁的男子都有服兵役的义务；王公每年都要向北京朝贡，然后获得皇帝十倍的赏赐。各省巡抚多为满人，清廷对汉人仍处处猜疑提防；中国军队的军官依然是亚洲装备，虽个个看着威武，但实在不知道在战场上能有多大用处。

英国兵舰(Curious Chinese Drawing of an English War Steamer),《格立森画报》1852年1月2日,37页。

鸦片战争以来战火不时弥漫中国沿海,一幅中国画家描绘香港英舰的作品被刊登在1852年的《格立森画报》上。编辑评论中国美术色彩鲜艳,花鸟虫鱼作品上乘,但所有图画皆缺乏立体感,世界上恐怕再也找不到如此"原始低劣"之作了。

走私鸦片(Opium Smuggling in China),《格立森画报》1853年10月22日,272页。

由于自给自足的经济模式,中国出口的茶叶、丝绸与瓷器等需要用银元支付,导致中外贸易常年失衡,鸦片才被推上了历史舞台。清政府很早就认识到鸦片的危害,于1796年即下令禁烟,但其高额利润吸引着许多中外不法之徒铤而走险,通过贿赂清朝地方官员,鸦片越禁越多。1853年的《格立森画报》报道了在南中国海域的鸦片走私活动,图中的三桅帆船即为鸦片快艇,不仅制作精美,而且人员配备整齐,装备精良。数年后的"亚罗号"走私船成了第二次鸦片战争的直接导火索。

亚洲士兵（Malay, Japanese, Chinese, Persian and Arab），《宝楼氏画报》1857年9月19日，180页。

《宝楼氏画报》1857年刊登版画描述世界各地的民族，其中亚洲包括同宗的中国与日本人、凶狠的马来人、杰出的波斯人、漫无法纪的阿拉伯人与令人望而生畏的土耳其人。虽然都曾有过灿烂的历史文化，但在新的世界潮流的冲击下正逐渐失去昔日的光辉。

清军击鼓手（Chinese Drummer, Regular Army），《宝楼氏画报》1857年4月18日，244页。

《宝楼氏画报》1857年对清军设置作了详细报道，估计清朝军事力量达百万之众，包括满旗、蒙兵、汉军、骑兵与水军等。清军重视体能与军事技能，有一套完整的考核提拔制度，战场立功受奖，阵亡有抚恤。士兵与百姓一样下穿蓝布裤，上穿勇字蓝边红背心或红边蓝背心。由于军装简单，在宁波、厦门战役中溃败的清军能够脱掉背心轻松混入百姓当中，让进攻的英军伤了不少脑筋。

太平军军官(A Chinese Insurgent Officer),《宝楼氏画报》1857年4月18日,244页。

在介绍清军的同时,《宝楼氏画报》也刊登了一幅太平军画像作对比。作者认为中国的军事冲突仍基本停留在大刀长矛的冷兵器时代,虽然也装备了火绳枪,但操作笨重,安全系数低,对自己人的威胁与对敌人的杀伤能力相似。中国人发明的火药多被用在庆祝仪式上,尽管士兵可以把刀剑舞得眼花缭乱,但如何抵御英军真枪实弹?

抢救伤员(Chinese Mode of Carrying the Wounded),《宝楼氏画报》1857年5月9日,304页。

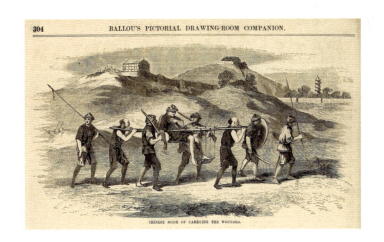

《宝楼氏画报》对太平军与清朝的战争时有报道,认为与忠于皇帝的帝国士兵相比,叛军作战更加勇猛,战场上有无发辫是区分双方的最有效办法,并盛赞太平军以滑竿运送伤员简单实用。

准备冲锋(A Group of Chinese Rebels Skirmishing),《宝楼氏画报》1857年5月9日,304页。

与《抢救伤员》同一期的《宝楼氏画报》版画描绘太平军的援兵已到达(右侧),一名军官举刀下令冲锋,前面狙击手在瞄准射击,最左侧太平军战士手擎军旗,其身旁两位士兵拔刀准备肉搏。作者虽不敢预测战争的最后结果,但断言这场冲突是对中国军事、经济与财政的重大打击。

炮击广州(Bombardment of Canton:Suburbs on Fire),《宝楼氏画报》1857年3月17日,149页。

1856年10月8日,广东水师在走私船"亚罗号"上逮捕了几名海盗和有嫌疑的水手。英国驻广州代理领事巴夏礼(Harry Parkes,1828—1885)遂致函清两广总督叶名琛,称"亚罗号"是英国船,捏造中国兵曾侮辱悬挂在船上的英国国旗的谎言,要求送还被捕者,赔礼道歉。叶名琛据理力争,态度强硬,拒不赔偿、不道歉,只答应放人。10月23日,英军开始军事行动,三天之内连占虎门口内各炮台;10月27日,英舰炮轰广州城;29日,英军攻入城内,抢掠广州督署后退出。《宝楼氏画报》版画反映了当时珠江口战火弥漫的情景。

海珠炮台（The Dutch Folly Fort, Canton River），《宝楼氏画报》1857年3月17日，149页。

"亚罗号"事件直接导致了第二次鸦片战争的爆发。珠江上的海珠炮台筑于海珠石上，建有祭祀宋朝名宦李昂英的祠庙，是古羊城八景之一，现已不存。1856年10月25日，英军攻占海珠炮台，中国五十门大炮全部落入敌手。至此，珠江内河一带的主要炮台均被英军攻占。10月27日，英军利用海珠炮台的大炮，轰击广州外城。

马赖受枷（Pere Chapdelaine in the Cangue），《哈泼斯周报》1858年4月17日，245页。

马神甫事件是第二次鸦片战争的另一条导火索。法国天主教神甫马赖（Auguste Chapdelaine，1814—1856）违反《中法黄埔条约》，擅自进入中国内地进行传教活动。广西西林县知县张鸣凤怀疑马赖与太平军有染，将其逮捕，但并未依据条约把他解送至法领事馆，而是就地处

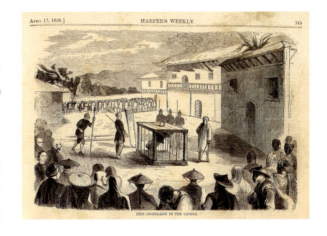

死。1857年，法国政府遂以此为借口，与英国联兵侵略中国。图为《哈泼斯周报》刊登的马赖在西林被拘囚笼受审的情景。

凌迟处死（Pere Chapdelaine Suffering the Torture of Knives），《哈泼斯周报》1858年4月17日，245页。

在马神甫事件中，马赖先受杖击，但宁死不屈。西林县知县张鸣凤以为鬼魂附体，杀狗溅血以驱之，最后将马赖凌迟处死。《哈泼斯周报》报道指出，中国人虽然在理论上拥有古老文明，但在实际行动中多与思想狭隘的野蛮人无异；而清朝官员的傲慢与不可理喻，只有把刀架到脖子上的时候才能学到温和与宽容的重要。

战前祈祷（English War Steamer at Canton — Crew at Prayer），《宝楼氏画报》1858年5月1日，288页。

像中国人遇事先拜鬼神一样，英军在珠江发动军事进攻之前由随军牧师带领将士祈祷天主保佑皇家海军旗开得胜，《宝楼氏画报》1858年的版画描绘了这一场景。

准备行动(English War Steamer Going into Action),《宝楼氏画报》1858 年 5 月 1 日,288 页。

祈祷完毕,大战在即。空气仿佛已凝固,水手脸上的冷漠、十英寸大炮的沉重,与船上绵羊对即将发生的事情的无知,均形成了强烈的对比。

阅读英军安民告示(Chinese Reading English Proclamations in Canton),《宝楼氏画报》1858 年 5 月 22 日,336 页。

英军占领广州后在城里贴出中文告示以安民,《宝楼氏画报》版画中一位双手背后的乡村秀才正在仔细阅读;一群人围在他身边全神贯注地听讲,并不注视告示,多半是不识字;大部分人赤脚,显然是下层街区居民。国难当头,人人表情凝重,而左侧小孩子张嘴凝望的表情尤其生动。

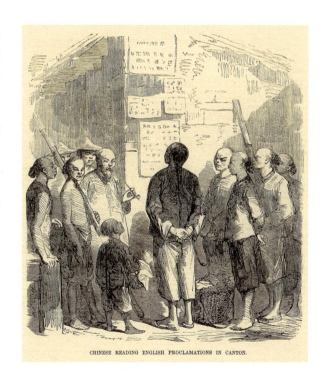

白河之役（The Battle of Pei-Ho），《哈泼斯周报》1859 年 10 月 8 日，648 页。

由于广州、上海地方官员的敷衍，英、法、俄、美四国公使遂率舰北上天津大沽口，分别照会清政府，要求指派全权大臣谈判。咸丰帝一面命清军在天津、大沽设防，一面派直隶总督谭廷襄为钦差大臣，前往大沽交涉，并把希望寄托在俄、美公使的所谓"调停"上。1858 年 5 月 20 日英法联军炮轰大沽炮台，驻守各炮台的清军奋起还击，与敌鏖战。但谭廷襄等人毫无斗志，弃守逃亡，加上炮台设施陈陋，孤立无援，大沽失陷。英法联军溯白河而上，侵入天津城郊，并扬言要进攻北京。6 月 13 日，清政府慌忙另派大学士桂良、吏部尚书花沙纳为钦差大臣，赶往天津议和，分别与俄、英、法、美签订《天津条约》。1859 年的《哈泼斯周报》的版画表现了白河战役的情景。

清军重创联合舰队（Commodore Tatnall Visiting British Admiral in the Middle of Action），《哈泼斯周报》1859 年 10 月 8 日，649 页。

《天津条约》签订后，英法联军撤离天津南下。咸丰帝甚感条约内容苛刻，遂令桂良等在上海与英、法代表交涉修约，遭断然拒绝。北京换约未果，英法联军遂于 1859 年 6 月 25 日二次进攻大沽炮台。清军在僧格林沁的指挥下，英勇抵抗，发炮反击，战斗异常激烈。直隶提督史荣椿、大沽协副将龙汝元身先士卒，先后阵亡。由于清军火力充分，战术得当，击沉击伤敌舰十艘，毙伤敌军近五百人，英法联军惨遭失败，这也是鸦片战争以来，清军唯一一次的胜利。图为英舰队司令何伯（Sir James Hope，1808—1881）受重伤，被"中立"的美国军舰救出。

联军登陆（The Storming Party Landing in the Mud），《哈泼斯周报》1859年10月8日，649页。

二次进攻大沽惨败，英、法誓言要占领京城，对中国实行大规模的报复。次年2月，英、法当局分别再度任命额尔金和葛罗为全权代表，率领英军一万五千余人，法军约七千人，扩大侵华战争。清前敌统帅僧格林沁以为敌军不善陆战，因而专守大沽，尽弃北塘防务，给敌以可乘之机。8月1日，英法联军一万八千人由北塘登陆，进占天津。

占领大沽炮台（Capture of the Pei-Ho Forts），《哈泼斯月报》1868年10月，594页。

1860年8月14日，英法联军攻陷塘沽，水陆协同进攻大沽北岸炮台。守台清军在直隶提督乐善的指挥下，顽强抗击。但清政府无抗战决心，咸丰帝命令僧格林沁离营撤退。清军遂逃离大沽，经天津退至通州。8月21日，大沽失陷。联军长驱直入，24日占领天津，威逼北京。

中英签署北京条约(Signing of the Treaty of Peking by Lord Elgin and Prince Kung),《中国总论》第 2 卷,扉页插图。

1860 年 10 月 24 日,清政府议和大臣奕䜣与英国代表额尔金签订了中英《北京条约》,规定赔款 800 万两、割占九龙半岛、开天津为商埠、允许西方传教士到中国租买土地及兴建教堂、允许外国商人招聘汉人出洋充当廉价劳工,等等。美国传教士卫三畏的《中国总论》中的插图描绘了当时在北京礼部大堂中英双方签约的场面。

天津教案(The Massacre of Sisters of Charity by the Populace at Tien-Tsin, near Pekin, Capital of China, on Tuesday, June 21, 1870),《弗兰克·莱斯利新闻画报》1870 年 9 月 10 日,封面。

1870 年 6 月 21 日天主教修女在天津被杀一案是一场震惊中外的教案。法国修道院收养中国孤儿,教他们读书识字,希望其长大成人后能广传基督福音。是年 4、5 月间,天津发生多起儿童失踪绑架的事件。6 月初,天气炎热,疫病流行,育婴堂中有多名孤儿死亡,于是民间开始传言"外国修女以育婴堂为幌子,实则绑架杀死孩童作为药材之用"等谣言。一时间群情激愤,围攻望海楼。法驻津领事现场开枪致使事态失控,失去理智的民众大开杀戒,杀死了十名修女、两名神父、两名法领馆人员、两名法国侨民、三名俄国侨民和三十多名中国信徒,并焚毁了望海楼天主堂、仁慈堂、法领事馆,以及当地英美传教士开办的其他四座基督教堂。《弗兰克·莱斯利新闻画报》封面版画描绘了民众的愤怒与修女的无助,视觉震撼十分强烈。

金陵军械所（Chinese Officer Inspecting a Mitrailleuse – a Scene in Nankin Arsenal），《哈泼斯周报》1873年7月19日，640页。

由曾国藩设立的安庆内军械所为中国最早的现代军工企业，1864年湘军攻陷南京后迁往南京成为金陵军械所，集中国技术力量制造子弹、火药、枪炮与轮船。《哈泼斯周报》版画上，清军官兵正在检查研究法国出产的多管齐射重机关枪。

中法战争（The War in Tonquin: Chinese Preparing for the Military Examination at Canton & Animate Soldiers），《弗兰克·莱斯利新闻画报》1884年1月26日，361页。

1883年12月至1885年4月间的中法战争是由于法国侵占越南并进而侵略中国而引起的一次战争。第一阶段战场在越南北部；第二阶段扩大到中国东南沿海。《弗兰克·莱斯利新闻画报》插图描绘了在广州整装准备开赴前线的清军士兵和战士进行体能训练的情景。图中清军虽已配备近代枪械，但士兵多赤脚或穿草鞋，可见补给薄弱。

马尾海战(The Franco-Chinese War: An Episode of the Bombardment of Foo-Chow),《哈泼斯周报》1885 年 3 月 21 日,180 页。

马尾海战是清代中法战争中的一场战役。在第一阶段的越南战场,双方虽在军事上互有胜负,但清廷还是与法国签订了丧权辱国的不平等条约,遭到了朝中清流派的反对,法国的要求没有实现,随即出兵台海胁迫清政府。而懦弱的清廷则命令"彼若不动,我亦不发"、"不可衅自我开";当法舰首先发起进攻时,清军主要将领弃舰而逃,福建水师各舰群龙无首,仓皇应战,最终惨败,导致中国东南沿海与台湾海峡海权拱手让给法军。《哈泼斯周报》插图表现了清军炮火命中旗舰"伏尔泰号",击毙法军驾驶员的情景。

喜闻捷报(A Surprise to Themselves),《顽童杂志》1885 年 4 月 8 日,中心插页。

1885 年 2 月,法军进占谅山;3 月 24 日,法军倾巢出动,扑向广西镇南关。老将冯子材率士卒与法军激战,击毙 74 人,杀伤 213 人。清军乘胜追击,连破文渊、谅山,将法军逐至郎甲以南。镇南关大捷使清军在中法战争中转败为胜,遏阻了法军对中国边境的窥伺。作为 19 世纪为数不多的弱国战胜强国的范例,《顽童杂志》漫画以镇南关之战与苏丹马赫迪伊斯兰军击败英国殖民主义军队为题材加以表现,画名称为"意外的惊喜"。

东方之战（The War in the Orient），《密尔沃基前哨报》1894 年 8 月 26 日，F 版。

19 世纪末的中日之战甚至引起了美国中西部地方报纸的关注，《密尔沃基前哨报》（*Milwaukee Sentinel*）于 1894 年刊登三幅插图向读者介绍中国的南口长城、清朝贵族狩猎与上海江南制造局出产的巨炮。作者指出，中国历来重视军事冲突中的外交，以不战屈人之兵为上策。

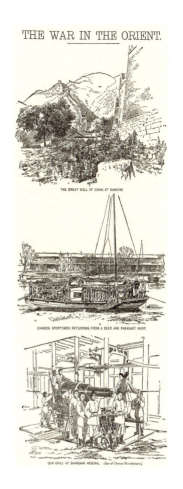

甲午海战（Gun Drill on Board of Chinese War-Ship Yung Wo.），《哈泼斯周报》1894 年 9 月 15 日，封面。

北洋水师作为清政府四支舰队中实力最强、规模最大的一支，是中国 19 世纪后期建立的一支近代化海军舰队，实力号称东亚第一，世界第六（据《美国海军年鉴》记载，排名前五的分别为英、法、俄、德、西）。由英国制造的"扬威号"快速巡洋舰于 1881 年开始服役北洋水师，首任管带邓世昌，继任管带林履中。《哈泼斯周报》1894 年 9 月 15 日的封面版画描绘了北洋水师官兵炮击训练的情景。不幸的是，两天后"扬威号"就在甲午海战中沉没于黄海水域。

拔刀相向(A Legacy of Discord),《波浪杂志》1900年第22卷29号,8页。

拳击手(The Boxers),《哈泼斯周报》1900年6月9日,544页。

《波浪杂志》1900年的漫画反映庚子拳变中义和团将士手持大刀盾牌与八国联军怒目对峙,图画注解:汝等今日屠我,明日洋鬼子将自相残杀!

19世纪末列强抢滩中国之际,美国正忙于西班牙战争,至义和团运动风起云涌,美国为了保护其在华利益,从菲律宾抽调二千五百名士兵参与了八国联军在华的军事行动。《哈泼斯周报》反映了美国当时的军事介入,图中山姆大叔对义和团民说道:我时不常也练练拳击。

帝国主义扩张?(Is This Imperialism?),《哈泼斯周报》1900年7月28日,封面。

美国的军事介入被民主党人士批评为帝国主义扩张之举,而素以人类文明之刊自居的《哈泼斯周报》在其1900年7月28日的封面上鲜明地表达了自己的立场。图中凶神恶煞般的义和拳民正杀害基督教徒,美国总统威廉·麦金莱(William McKinley,1843—1901)与山姆大叔挺身而出,星条旗上书写着:生命、自由与追求幸福的权利;图下更引用麦金莱的言语:我们将只为人类命运和自由而战!

狭路相逢（Someone Must Back Up），《法官杂志》1900 年 12 月 8 日。

《法官杂志》1900 年的插图显示，美国所谓的西方文明与代表中国的恶龙在山间狭路相逢，全体中国人民的形象被极端丑化。图中吉普车上装载着象征文明进步的电线、机车、棉花与教育计划，山姆大叔手握的重机枪上则标有"必要的武力"字样；另一侧义和拳民一手持刀一手举旗，上书"四亿蛮夷"，充分体现了当时西方盛行的大殖民主义的价值观。

教官与学员（The European Officer and His Chinese Awkward Squad），《顽童杂志》1911 年 11 月 29 日，中心插页。

从最初手持大刀长矛的乌合之众到以中学为体、西学为用的洋务运动，中国军队在其近代化的历程中经历了太多的挫折；虽然聘请了不少西方教官，但最后仍未摆脱被动挨打的命运。直到武昌首义新军振臂一呼，推翻清朝成立民国，世界才为之一振。《顽童杂志》1911 年 11 月 29 日在辛亥革命之际刊图盛赞中国军队的成长。

第二章

泱泱中华：迤逦壮观的华夏帝国

一、夕阳中的巍巍帝都

皇城鸟瞰(General View of the City of Pekin, Capital of China),《哈泼斯周报》1858 年 10 月 16 日,664—665 页。

1858 年美国公使进京之际,《哈泼斯周报》向美国读者隆重介绍帝都:北京城历史悠久,在耶稣出生之前已经存在,但多灾多难,在清初的两次地震中就有四十万人死亡。因此,城建限高一层,百姓前门不得建有立柱,文人可立三根,官员五根,王公七根,皇家九根;对房屋颜色也有严格规定:皇家金黄,王公翠绿,百姓蓝灰。全城人口二百万,但至少有十万人露宿街头。虽然达官贵人多住内城,但北京最好的商铺、戏院、赌场都位于南城,古玩市场里买卖双方用手指谈价。画报同时刊登了两幅双页北京紫禁城鸟瞰图。上图应是在景山之上自北向南俯视帝都,但除了神武门与御花园之外,其他建筑皆似是而非;下图估计是从正阳门北望皇城,依稀可辨认出午门、护城河、太和殿、内城角楼、中海、北海、景山等。可以推断,画家多半未亲临现场,而是根据他人口述作画,其笔下的皇城更像是欧洲中世纪的城堡。

北京地图（Plan of the City of Peking），《哈泼斯周报》1860年11月10日，708页。

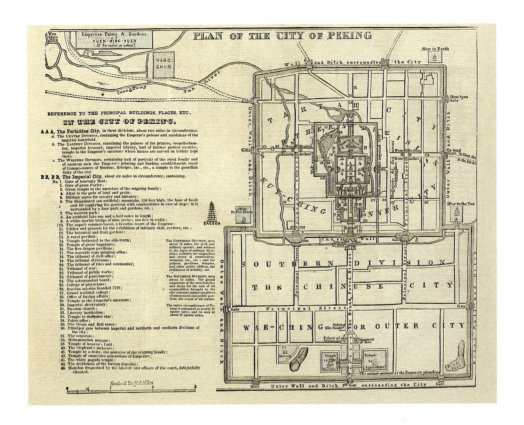

第二次鸦片战争之际，《哈泼斯周报》于1860年刊登了一幅北京地图，向美国民众更为详细地介绍了当时帝都的建筑格局。记者报道，北京城区面积达二十七平方英里，分为满族达官贵人居住的内城（十二平方英里）和下层汉人居住的外城或南城（十五平方英里）。紫禁城周长两英里，为皇帝办公与居住之所。这份地图比例准确，标注详细，天安门、景山、中南海、北海、内城九门，以及南城的天坛和先农坛均一一画出。城区西北侧为尚未被焚毁的圆明园，内城其他三角分别标明地坛、月坛和日坛。画报特别指出，由于战乱导致粮食供应紧张，北京的人口已从鼎盛时期的二百万锐减。北京的街道由于经常地震，只有一层楼，并不特别壮观，但记者对北京高大的城墙叹为观止，估计英法联军将要有一场恶战。

鸟瞰北京（The City of Pekin, China），《宝楼氏画报》1859年2月5日，93页。

据美国《宝楼氏画报》1859年介绍，中国京城位于北直隶，面积达二十平方英里，城区建有高三十英尺、宽二十英尺的城墙，分为外城与内城，辉煌的紫禁城即位于内城的中心。城区主要街道宽达一百英尺，城内除了久负盛名的翰林院、上佳的天文台与庄严的喇嘛寺，其他寺庙、教堂、清真寺与学馆亦鳞次栉比。全城总人口约二百万，主要出产瓷器、宝石与彩色玻璃等。

华若翰一行抵达北京城门（Mr. Ward and His Suite at the Gate of Pekin），《哈泼斯周报》1859年12月10日，789页。

美国公使华若翰赴京换约之际，《哈泼斯周报》记者随行，使团历尽千辛万苦于1859年7月抵京。自朝阳门入城后，几十辆大车络绎而行，一行人感叹北京城墙的巍峨、箭楼的高大，以及街头的人山人海；而对见多识广的北京市民来说，花旗国公使到访帝都，也是难得一遇的场面。

皇家宫殿（The Imperial Palace，Pekin，China）,《宝楼氏画报》1859年2月5日，93页。

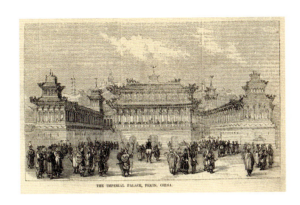

有感于神秘的中国将向西方世界敞开大门,《宝楼氏画报》图文介绍了北京城内的紫禁城：宫殿规模庞大，造型别致，装饰精美，色彩华丽；国事大厅（太和殿）高大宽敞，整洁凉爽，室内吊挂着红黄色的装饰物，家具闪耀着金色的光芒，巧夺天工的玉器、瓷器与远古的青铜器玲珑满目。宫殿由八百红衣卫士镇守，个个膀大腰圆，武艺高强。图为皇宫午门广场，宫殿后面的景山清晰可见。

弧形大街（Circular Street，Pekin，China）,《哈泼斯周报》1866年4月7日，216页。

因为沿城墙大门修有瓮城，绕瓮城而建的大街也呈弧形。《哈泼斯周报》记者不仅对此叹为观止，更是感慨于城内商业的繁华。大街上商铺鳞次栉比，家家幡旗高挂，好像舰队悬挂彩旗庆祝盛典，或者天朝的居民们正在举行盛大的博览会。北京城内的弧形大道后来随着城墙的拆除而消失。

北京城墙（Part of the Wall of Peking），《中国人的社会生活》第 2 卷，445 页。

卢公明初访帝都，在城墙上漫步，眺望皇宫以及城内宽阔的道路与绵延的民居，盛赞北京城宏伟壮观。

安定门（The An-Ting Gate，Wall of Peking），《中国总论》第 1 卷，63 页。

安定门在元朝时称安贞门，据传为出兵征战得胜而归的收兵之门。八旗官兵进驻北京以后，清廷下令圈占内城的房舍给旗人。内城以皇城为中心，由八旗分立四角八方，与德胜门内的正黄旗遥相呼应，镶黄旗驻安定门内；以前在内城的汉民、回民等一律被驱赶到外城居住。卫三畏盛赞北京城墙的宏伟，图为《中国总论》里刊登的安定门版画，高大的城楼与低矮的民居形成了鲜明的对比。

咸丰祭天（Imperial Worship of Shangti on the Altar of Heaven at Peking），《中国总论》第 1 卷，扉页插图。

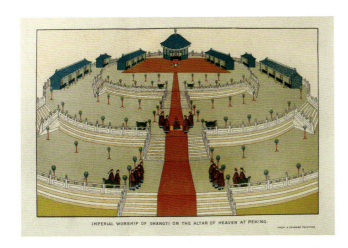

始建于明永乐年间的北京天坛，是明清两代帝王冬至日祭皇天上帝和正月上辛日行祈谷礼的地方，19世纪早期来华的美国传教士卫三畏曾对咸丰祭天的情景记述颇详。由于外国人不得参与这一隆重的皇家仪式，因此卫三畏在其1882年版的《中国总论》中采用了一幅中国画家的作品。图中祭天陈设十分讲究，在圜丘坛共设七组神位，每组神位都用天青缎子搭成临时的神幄。上层圆心石北侧正面设皇天上帝主神牌位，咸丰在诸大臣的陪伴下正对天跪拜。由于祭天时辰为日出前七刻，圜丘坛上烛影摇曳，给人以一种非常神秘的感觉。

天坛祈年殿（Dome in Imitation of the Vault of Heaven），《中国人的社会生活》第 2 卷，453 页。

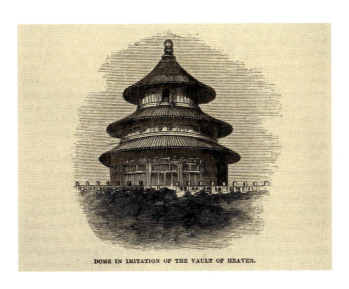

祈年殿始建于明永乐十八年（1420），是天坛最早的建筑物，也是天坛的主体建筑，为明清两代皇帝孟春祈谷之所。汉学家卢公明在其1865年专著《中国人的社会生活》中也对天坛祈年殿进行了详细的描述。

北京西黄寺（Monument, or Tope, of a Lama, Hwang Sz, Peking），《中国总论》第 1 卷，79 页。

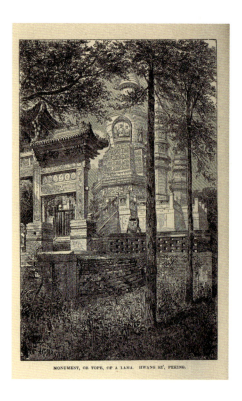

北京西黄寺始建于顺治九年（1652），为五世达赖喇嘛当年进京时的住所，因格鲁派僧人着黄色僧袍、戴黄帽，所以该派又称黄教，黄寺（有东黄寺和西黄寺）因之得名。乾隆四十五年（1780），班禅额尔德尼六世来京，清高宗指定把五世达赖曾经住过的西黄寺作为他的安禅之所，卫三畏在《中国总论》里对清朝民族关系史中这一重要的历史事件亦有记载。寺内的清净化城塔是乾隆四十七年（1782）为缅怀六世班禅而奉诏命建造的衣冠塔，堪称清代佛塔建筑艺术的杰作。

贡院（Interior of Kung Yuen, or "Examination Hall", Peking），《中国总论》第 1 卷，551 页。

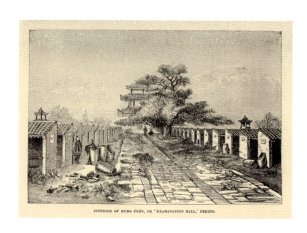

贡院是古代会试的考场，即开科取士的地方。中国的科举制度起于隋而兴于唐，历经一千余年，一直延续到光绪三十二年（1906），卫三畏在其《中国总论》中对清朝这种公开选拔官吏的制度描述颇详。图中显示的北京贡院初建于明永乐十三年（1415），是全国会试的考场，后方的明远楼前为明朝所载的槐树，称文昌槐。贡院建筑布局严谨，墙垣高耸，考棚却十分简陋，计有九千多间，考生每人一间，另外配置一盆炭火、一支蜡烛，院内的大缸盛水以备救火之用。

国子监辟雍殿(Pih-Yung Kung, or "Classic Hall", Peking),《中国总论》第1卷,730页。

国子监是自隋朝以后的中央官学,为中国古代教育体系中的最高学府。北京国子监辟雍殿是清代太学的主体建筑,位于城内东北部国子监的中心,乾隆四十九年(1784)建成。图为《中国总论》中刊登的国子监辟雍殿版画,卫三畏对这座精美的建筑赞叹不绝。

北京孔庙(Portal of Confucian Temple, Peking),《中国总论》第1卷,74页。

北京孔庙是中国元、明、清三朝祭祀孔子的场所,元大德六年(1302)建成,清顺治、雍正、乾隆时重修,并亲谕孔庙使用最高贵的黄琉璃瓦顶。这座皇家古建筑浓缩了千年儒家文化精髓,为中国统治者尊孔崇儒、宣扬教化、主兴文脉的圣地,也是众多志在功名的读书人顶礼膜拜的殿堂。图为卫三畏的《中国总论》中描绘的孔庙大成门。

颐和玉带（Bridge in Wan-shao Shan Gardens, near Peking），《中国总论》第 1 卷，754 页。

颐和园修建于清朝乾隆年间，以人工建筑与自然山水巧妙结合的造园手法著称于世，是中国皇家园林艺术顶峰时期的代表。玉带桥是西堤六桥中唯一一座拱券结构的石桥，桥下原为通往玉泉山的水路。过去清宫帝后由颐和园乘船至玉泉山，便由此桥下通过。

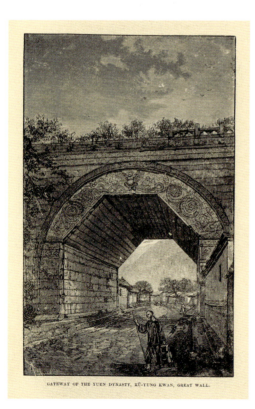

居庸关云台（Gateway to the Yuen Dynasty, Ku-Yuen Kwan, Great Wall），《中国总论》第 2 卷，176 页。

外国人到中国总会惊叹长城的雄伟壮丽，不惜浓墨重彩描绘这一人类历史上的伟大建筑工程。图为《中国总论》刊登的居庸关城内的云台，始建于元代，为大型过街喇嘛塔的基座。卫三畏对云台的元代石雕艺术尤其印象深刻，但从图中可以看出云台上杂草丛生，已经年久失修。

北京八景（Peking — Places of Interest in and about China's Capital），《哈泼斯周报》1898 年 10 月 22 日，1028 页。

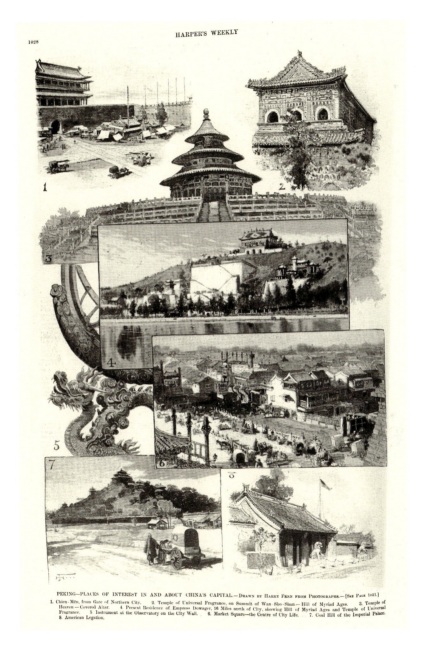

1898 年光绪帝戊戌变法，遥远的中国再次进入了美国人的视线。《哈泼斯周报》描绘了北京前门、万寿山、天坛、颐和园、天文台、露天集市、景山与美国公使馆；并说明景山实际上是朝廷为防长期围城的战略储煤之地，而前朝皇帝就吊死在景山之上。画报对中国的前途表示忧虑，指出慈禧太后坐镇城北的颐和园遥控朝政，光绪帝已被软禁，岌岌可危。

二、秀丽多姿的南国门户

中国香港(View of Hong Kong, China),《格立森画报》1852 年 5 月 15 日,309 页。

因为缺乏了解和交往,遥远的中国一直被美国人视为浪漫神秘之地。鸦片战争后,中国的大门被西方的坚船利炮强迫打开,美国更加积极地关注中国。香港作为中国的重要通商口岸,也是美国人最初认识中国的窗口。《格立森画报》版画描绘了香港开埠之初的荒凉,并评论中国作为火药、指南针、造纸、雕版印刷、丝绸与瓷器的故乡,其科学与工业却十分落后,农业更加原始,人民生活极度贫困。

香港维多利亚军营(A View of Victoria Barracks, Hong Kong, China),《格立森画报》1853 年 4 月 2 日,212 页。

第一次鸦片战争之后,香港被割让给英国,《格立森画报》1853 年刊登了英国维多利亚军营的版画,并详细介绍了香港的地理环境,以及岛上恶劣的生存条件,称香港历来被中国人视为不适久居的蛮荒之地。报道特别指出,靠近热带的香港阳光毒烈,而雨季则瘴气弥漫,虽不至于夺命,却使人身心疲惫;岛上流感、痢疾流行,士兵一年平均生病四次,三年损失一团,1400 名士兵只有一半能够正常服役。1841 年 1 月英军接手时岛上人口有 7800 人,多为流民,主要包括走私犯、石匠与流浪汉;两月后增至 12360 人;1845 年 7 月达 19000 人。虽然英国制定了鼓励移民的政策,但没有一个"有头有脸儿"的中国人愿意生活在英军的殖民统治之下。

黄埔琶洲塔（Summer House and Pagoda, Island of Whampoa），《宝楼氏画报》1856 年 10 月 4 日，224 页。

琶洲原称琵琶洲，位于珠江南岸，黄埔镇西北。琶洲塔建于明万历年间，初为风水宝塔，至清琶洲砥柱名列羊城八景之一，塔旁原有海鳌寺，现已不存。琶洲塔是广州海上丝绸之路的重要标志，而广州作为中国的南大门，对众多的外国人来说，看到琶洲塔才意味着来到了中国。《宝楼氏画报》1856 年以广州宝塔为题，向美国读者介绍了中国独特的建筑美学与文人墨客的潇洒人生，以及严格遵循官阶地位的房屋建筑规范。

广州老城（Street within the City Walls, Canton, China），《宝楼氏画报》1857 年 4 月 25 日，272 页。

自乾隆年起广州即为中国唯一开放的通商港口，史称一口通商，由广州十三行垄断全中国的对外贸易。《宝楼氏画报》1857 年的版画描绘了广州老城的情景：街道上有穿长衫者，也有持杆的打工仔，而有身份地位的人士则乘轿而行；街道两侧设有开放的商铺，货物摆放整齐，顾客一目了然。店里张贴

着花花绿绿的标语，大抵为"货真价实，童叟无欺""概不赊账""莫谈国事""严防欺诈"等，作者最后反问：不知有哪位欧洲高手在金钱问题上能够骗得了精明的中国人？

珠江海盗（A Chinese Pirate Boat at Canton），《宝楼氏画报》1857年4月18日，252页。

随着广州商业的发达，明火执仗的强盗生意也兴盛起来。《宝楼氏画报》1857年的版画描绘了在珠江流域的海盗快船。海盗不光打劫商船，而且走私鸦片。船上水手个个狡猾机敏，凶猛残忍；而海盗们则装备精良，不仅备有长钩、短刀和火枪，还有手雷与火箭等进攻武器。鉴于清廷对海盗问题束手无策，各国只能自行保护自己的商业利益。美国海军就在南中国水域数次截击海盗，并未引起任何外交冲突。

广州洋行（Foreign Factories，Canton），《宝楼氏画报》1857年5月9日，封面。

广州是清朝期间外商在华的贸易基地，在其对外贸易特区内设立洋行的包括英国、美国、奥地利、普鲁士、丹麦、法国、瑞典、葡萄牙等国商人。初期洋行备受限制：外商与中国官府交涉，必须由广州十三行做中介；外商不得在广东省过冬，番妇不得来广州，外商不得坐轿，不得学汉文等。随着中国其他口岸的开放，广州丧失了在外贸方面的垄断优势。广州洋行建筑华丽，多为三层楼结构，底层作货仓，二三层为漂亮公寓。在《宝楼氏画报》1857年的版画中，中国苦工正在装载外销的茶叶，正中的三座洋行建筑上分别插有美国、法国与英国的旗帜，图左侧为外商货轮，右侧是中国花船。

广州地图（Plan of the City of Canton），《哈泼斯周报》1858 年 3 月 20 日，181 页。

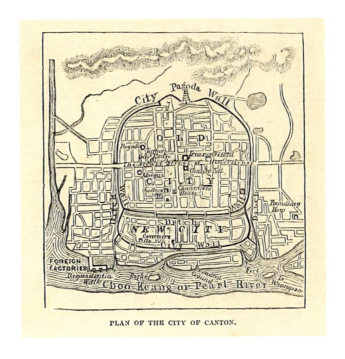

广州位于西江、北江、东江三江汇合处的珠江三角洲，地理位置优越，是中国南方最大、历史最悠久的对外通商口岸。从地图上看，广州有新旧城区之分，而洋行则建于城墙之外的珠江边上。广州被英法占领后，《哈泼斯周报》刊登地图向美国读者介绍华南重镇广州，并希望联军能够颁布温和开明的政策，一改叶名琛的独断专横，促使中国走上自由开放的道路。

远眺广州（General View of Canton），《宝楼氏画报》1858 年 5 月 15 日，320 页。

第二次鸦片战争之际，《宝楼氏画报》图文介绍了南国羊城。广州城临江而建，街道多狭窄弯曲，犹如迷宫，既没有高大教堂，也没有伊斯兰尖塔，倒有不少具有东方韵味的佛塔。临江房屋多建有漂亮的阳台，江里商船渔船密布，从珠江远眺广州，房屋鳞次栉比，挂有大大小小形状各异的灯笼，十分美丽。图画右侧即为英法联军炮击广州的海珠炮台。

羊城街景（View of a Street in Canton），《中国总论》第 1 卷，168 页。

美国传教士卫三畏对广州城区的描绘不厌其烦，称之为"中国南方最具影响力的城市"。从《中国总论》刊登的版画可以看出19世纪中叶广州商业发达，街上人来人往，房屋为三层结构，上居下店，民众晾晒衣物的细节也被如实地反映出来，十分具有生活气息。

广州城墙（Wall of Canton City），《中国总论》第 2 卷，523 页。

在《中国总论》中，美国传教士卫三畏引用英国人的记录，对中英第一次鸦片战争进行了详细的描述，图为英军侵占广州后的情景，城头上持枪守卫的英军士兵清晰可见。

澳门概观（General View of Macao），《宝楼氏画报》1858 年 4 月 3 日，220 页。

列强聚集的澳门也引起了美国人的注意。据 1858 年《宝楼氏画报》报道，葡萄牙人于 16 世纪中叶以协助明朝剿灭海盗的名义，取得在澳门的居住权。东西方文化的融合共存使澳门成为一个风貌独特的亚洲城市，岛上教堂、城堡林立，中式与欧式建筑交杂，居民有两到三万，绝大多数为华人。澳门港的轮廓颇似西班牙的加迪斯，平时并不繁忙，主要经营葡萄牙、西班牙与中国的贸易生意。

珠江龙舟会（A Chinese Gala Day on Canton River），《宝楼氏画报》1858 年 10 月 23 日，261 页。

《宝楼氏画报》1858 年的版画生动描绘了广州珠江赛龙舟的盛况，称之为中国人的狂欢节。是日全城无论达官贵人、平头百姓、妇孺老少皆倾城而出，江面上大小船只穿梭游弋，两岸呐喊声震天，爆竹、火箭与锣鼓齐鸣，热闹非凡；入夜更有花灯与焰火燃放，让作者不由得想起了美国的国庆节。

珠江炮台（Chinese Fort on the River Hong-Kiang），《宝楼氏画报》1859年5月28日，341页。

珠江上的各炮台曾多次出现在欧美19世纪的绘画作品中。《宝楼氏画报》1859年版画描绘的是大黄滘炮台。因大船行驶至此，需侧身驶入珠江航道，故又名车歪。该炮台始建于嘉庆年间，位于珠江中流的沙洲岛上，位置险要，扼珠江咽喉。炮台工程浩大，建筑坚固，也是现在保存得最好的一座古炮台。

香江港口（Among the Junks and Boat in the Harbor），《哈泼斯月报》1900年4月，712页。

美国记者与作家毕格罗（Poultney Bigelow，1855—1954）1898年访华，在《哈泼斯月报》上发表了一系列中国游记。首站香港即给其留下深刻印象，惊叹香港五十年的发展已远超西班牙、葡萄牙对菲律宾与澳门三百多年的经营，不但人口增至二十五万，其中包括二十三万多华人与一万多外籍人士，港口的繁忙更是直追纽约。而码头上的工作人员绝大多数为华人，白人雇员只有百分之一，华人的聪明勤恳被充分肯定。

天主教孤儿院（In the Garden of "Asile de La Sainte Enfance"），《哈泼斯月报》1900年4月，721页。

香港不仅是中外贸易基地，而且是西方传教士拓展中国的前哨。毕格罗走访了香港的法国天主教育婴堂，据在港工作近三十年的费莉西亚修女称，该修道院五十年间共经手三万多名弃婴，但绝大多数发现时已经夭折，勉强活下来的也多有病残，生存率仅有十分之一，而少数幸运的孤儿长大成人后均受洗成为虔诚的基督徒。殖民当局的统计显示，当时香港有2107名天主教徒，其中1777名为华人。

坐轿巡游（On the Way Home from Business），《哈泼斯月报》1900年4月，723页。

坐轿出行是香港达官贵人主要的交通方式，毕格罗感叹香港的苦力轿夫在任何时间都愿意提供服务，不论平地和丘陵皆健步如飞，而每次的报酬只有三美分。《哈泼斯月报》图中坐轿与抬轿的神态对比鲜明，十分具有殖民地色彩。

香港马会(Gymkhana Sports at the Hong-Kong Races),《哈泼斯月报》1900 年 4 月,724 页。

英国对香港的殖民影响不仅反映在政治经济制度上,也体现在生活方式上。在香港的各种社交俱乐部里少数上层白人享尽奢华,《哈泼斯月报》插图表现的是 19 世纪末香港马会的盛况。

台风过后(After a Typhoon),《哈泼斯月报》1910 年 8 月,399 页。

《哈泼斯月报》十年后又刊登了美国陆军战地画家威廉·艾尔沃德(William Aylward,1875—1956)访问香港后创作的一系列作品,弥足珍贵。图为台风过后香港的惨状,中国的木质帆船多被摧毁,损失尤为惨重。

维多利亚港口（The Edge of the Harbor），《哈泼斯月报》1910年8月，401页。

艾尔沃德图文盛赞香港应有尽有，优雅迷人。维多利亚港口桅杆如林，西式建筑在阳光下闪耀着光芒，香港的繁华跃然纸上。

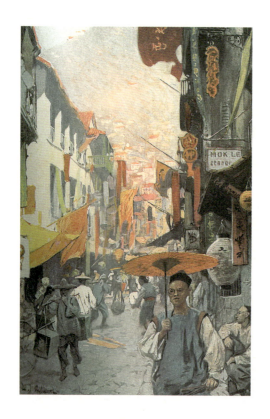

华人街区（A Street in the Native Quarter）,《哈泼斯月报》1910 年 8 月, 392 页。

　　几十年的经营使香港日趋繁荣, 而内地频繁的战乱使更多的人选择移居香港。从艾尔沃德作品中可以看到华人街区多为楼房, 蜿蜒至半山腰, 街上行人熙熙攘攘, 中英文招牌交杂。

中西交汇（Where East and West Meet）,《哈泼斯月报》1910 年 8 月, 403 页。

　　香港作为东西方文化交汇的十字路口, 在中国历史上具有独特的地位。阴影里中国帆船的破旧与阳光下西方舰艇的夺目形成了强烈的对比, 画家的世界观与用心一目了然。

三、风景如画的江南水乡

镇江金山寺（Jin Shun, or the Golden Island），《宝楼氏画报》1855 年 8 月 18 日，100 页。

江南众多的河流湖泊、丰茂的植被、美丽的自然风光，以及历史悠久的人文景观均给初访中国的欧美人士留下深刻印象。《宝楼氏画报》中镇江的金山还是长江中的一个岛屿，尚未与南岸相连。岛上的寺庙宝塔引人入胜，而人工与自然的完美结合更是令人叹为观止。

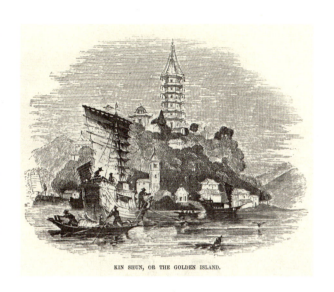

上海开埠（Island of Shanghai），《宝楼氏画报》1856 年 9 月 20 日，181 页。

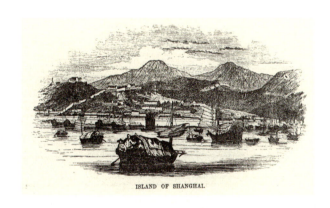

《宝楼氏画报》报道上海在 1843 年 6 月 19 日曾被英军侵占；作为五口通商的城市之一，1853 年上海的对外贸易已近 2700 万美元。上海不仅是连接中国南北的货运枢纽，也是重要的工业基地，出产丝绸、铁器、玻璃、纸张、金银制品等。据称当时上海已有 20 万居民，与中国其他大城市一样，人口拥挤，街道狭窄肮脏。

黄浦江景（The American "Bund" and the United States Consulate, Where Ex-President and His Party Were Quartered during Their Visit），《弗兰克·莱斯利新闻画报》1879 年 7 月 12 日，317 页。

仅隔二十多年，上海已迅速发展为亚洲的国际大都市。《弗兰克·莱斯利新闻画报》报道美国卸任总统格兰特 1879 年 5 月 17 日访问上海，下榻于美国驻沪总领事馆。图中黄浦江里舰船穿梭，十里洋场已颇具规模，对岸洋房上隐约可见星条旗。

中国渔船（A Chinese Fishing Boat），《宝楼氏画报》1857 年 11 月 7 日，300 页。

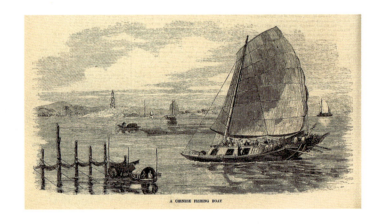

帆船在中国已有近两千年的历史，对许多欧美人士而言，中国帆船即是东方的象征。《宝楼氏画报》评论中国的大帆渔船虽然看着笨重，却做工精巧；中国渔民不仅利用沉网捕鱼，更是世界上唯一训练鱼鹰捕鱼的民族。

淡水捕鱼（Chinese River Fishing Boats），《宝楼氏画报》1858 年 1 月 9 日，21 页。

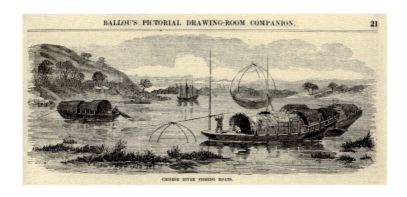

水产是中国重要的食物来源之一，《宝楼氏画报》版画描绘了江南的渔夫在淡水捕鱼的情景。一侧的渔民正在拖网，另一侧渔夫利用杠杆吊起沉网，而渔妇则在船头洗漱，显示这是一个以捕鱼为生的水上人家。

福州闽江（Fou-Chow-Foo, on the River Min, China），《宝楼氏画报》1858 年 10 月 9 日，233 页。

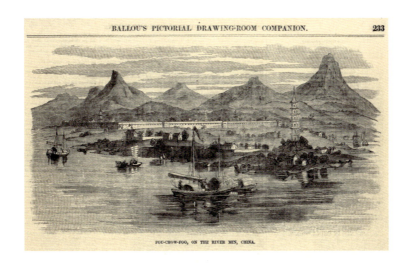

《宝楼氏画报》1858 年图文报道福州闽江：福州是五口通商的另一个城市，依山傍水而建，距闽江出海口二十五英里；福州府当时已有六十万人，城内驻有清军兵营与英国领事馆。福州出产大批量蓝染布与棉制品，并有五百座烧窑制作瓷器，而当地的红茶比广州更物美价廉。

太湖山水（View on Lake Thai-Hou，China），《宝楼氏画报》1859 年 9 月 10 日，169 页。

《宝楼氏画报》1859年向美国读者详细介绍了江苏太湖的自然环境与历史传说，特别指出不仅历代的文人墨客在此汲取灵感，乾隆皇帝也曾吟诗赋词；如果还有任何人要质疑中国山川的美丽，太湖的山奇水秀一定会让他改变初衷。

宁波妈祖庙（Temple of Goddess Ma Tsu-Pu，Ningpo），《中国总论》第 1 卷，123 页。

妈祖文化发源于福建，由海上丝绸之路传播至宁波，而元代宁波兴盛的海上漕运更是将其传播到各地。在《中国总论》中，美国传教士卫三畏盛赞这座清朝宁波妈祖庙建筑精美，装饰豪华。

闽江风景（Scenery of the Min, West of the Southern Suburbs of Fuh-chau），《中国人的社会生活》第 1 卷，8 页。

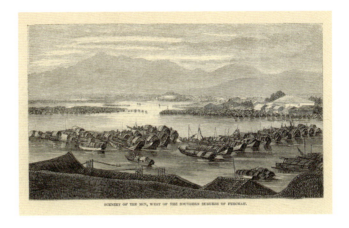

美国人卢公明在福州传教多年，对当地社会进行了翔实的观察与描述，其 1865 年的专著《中国人的社会生活》为美国汉学发展史上的一部经典之作。图为当时卢氏目睹的福州西南闽江上的风景。

闽江洪山石桥（Bridge of the Cloudy Hills, Seven Miles Northwest of the Bridge of 10000 Ages），《中国人的社会生活》第 1 卷，26 页。

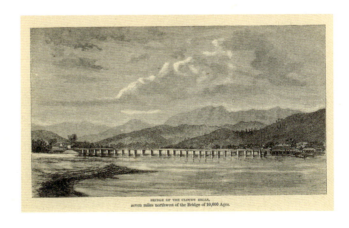

由于闽江水深江阔浪大，受财力、物力与技术的限制，福州闽江段只有两座古桥，卢公明描述的洪山石桥为简支石梁石板桥，位于福州西城洪山镇，横跨闽江北港，始建于明万历六年（1578），后又于清乾隆三十七年（1772）重建，共二十七孔，长四百余米，颇为壮观，可惜今已不存。

福州市容(View of the Southern Suburbs of Fuhchau, from a Hill on Southern Bank of the River),《中国人的社会生活》第 1 卷,29 页。

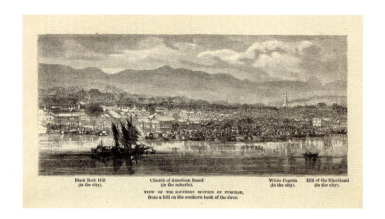

《中国人的社会生活》中的插图真实地记录了 19 世纪中叶福州的市容,图左侧为福州三山之一的乌山,右侧为于山(九仙山),中间远处建有美国教会,市区内的白塔清晰可见。

远眺鼓山(Distant View of Kushan, i.e. Drum Mountain),《中国人的社会生活》第 1 卷,238 页。

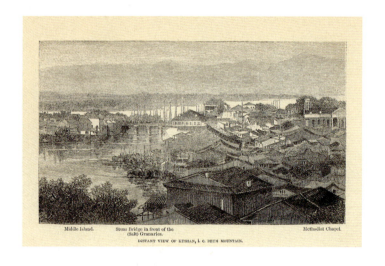

中洲岛原为闽江中的一个沙洲,后来洲上建有许多历史建筑,被誉为南台明珠,是福州十大景观之一,万寿桥为跨越闽江的另一座古桥,将中洲与市区连接起来,图右侧为美以美教堂,远处为福州鼓山。

水乡嘉定（An Ancient Pagoda in Ka-Din），《哈泼斯月报》1895 年 6 月，10 页。

《哈泼斯月报》在 19 世纪末刊登了美国记者与作家朱利安·拉尔夫对中国江南地区的一系列详细报道，图文并茂，引人入胜。图中上海嘉定的法华塔与石拱桥交相呼应，极富水乡韵味。

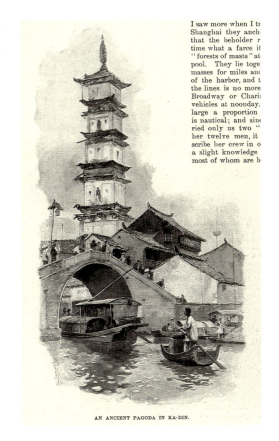

房船起帆（The House-Boat "Swallow"），《哈泼斯月报》1895 年 6 月，5 页。

拉尔夫与他的画家朋友乘坐燕子号游船自上海驶向苏州，十一名仆人随船，极尽奢华，而两人每天的费用仅为五美元，图为一行人启程的情景。

吊网捕鱼（Such a Net as Is Seen on Every Stream），《哈泼斯月报》1895 年 6 月，6 页。

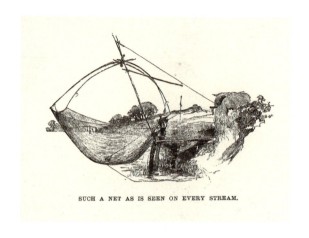

中国南方河渠纵横、水流清澈，给美国记者留下深刻印象，而拉尔夫观察到在每一条小溪与支流里都有渔夫架网捕鱼。

相遇官船（How a Mandarin Travels），《哈泼斯月报》1895 年 6 月，7 页。

一行人途中遇到一艘华丽的官船，估计为清朝地方官员携家眷赴任。船上高挂红色风幡，不仅雕梁画栋，色彩亮丽，而且鸣锣开道，十分排场。

河畔磨坊（A Miller's House on a Private Canal），《哈泼斯月报》1895年6月，8页。

因为是第一次进入中国内陆，小河旁的农家磨坊也引起了美国记者的兴趣。

水乡古镇（A Water-Side Town），《哈泼斯月报》1895年6月，9页。

民居依河筑屋，依水成街，江南水乡以其清丽婉约的风貌让拉尔夫一行流连忘返。

单人快船（An Express Boat），《哈泼斯月报》1895 年 6 月，11 页。

拉尔夫目睹水面上各种船只穿梭往返，不仅有帆船、货船、渔船、游船、轮船、汽船，而且有船屋、舢板、筏子、缉私艇与巡逻艇，等等，其中还包括图中这种手脚并用的小型快船。

水牛车水（An Irrigation Shed），《哈泼斯月报》1895 年 6 月，13 页。

除了水乡村镇，沿途两岸多为望不到边的稻田，偶尔有翠绿的竹林点缀其间。中国农业精耕细作，作为江南水乡劳动力的水牛在画家笔下悠然地呈现出来。

到达苏州（The Wall of Soo-Chow），《哈泼斯月报》1895 年 6 月，16 页。

迤逦而行，终于到达苏州。拉尔夫早听说过"上有天堂，下有苏杭"的赞誉，亲眼看到，感觉有不少水分。

河畔憩息（A Water-Side Resting-House），《哈泼斯月报》1895 年 7 月，191 页。

《哈泼斯月报》1895 年 7 月继续刊登拉尔夫的中国游记。画家注意到在江南的河流道路旁边不时建有凉亭。这种带有公益性质的设施不仅能让劳作的农夫遮阳避雨，也为路过的行人提供不少方便。

苏州石拱桥（A Typical Stone Bridge），《哈泼斯月报》1895年7月，192页。

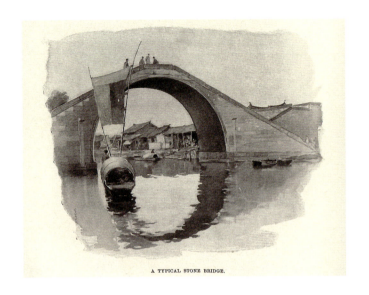

画家笔下的苏州石拱桥，应为大名鼎鼎的寒山寺北之枫桥，是一座横跨于古运河上的单孔石拱桥。

诱陷捕鱼（Passing through a Fish-Snare），《哈泼斯月报》1895年7月，201页。

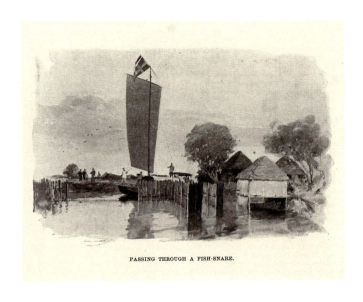

图为渔夫诱捕河鱼的陷阱圈套，美国记者对中国渔民捕鱼方法的多样叹为观止。

河岸鞋树（Drying Shoes, a Frequent Sight along the Banks of Rivers after Rain），《哈泼斯月报》1895 年 8 月，361 页。

江南地区多雨，大雨过后在岸边晾晒的布鞋成了美国人从未见过的独特风景。

大运河（A Reach of the Grand Canal），《哈泼斯月报》1895 年 8 月，361 页。

京杭大运河是世界上里程最长、工程最大的古代运河，也是最古老的运河之一，画家笔下的苏州大运河颇具诗情画意。

运河上的货船（Freight-Boats on the Grand Canal），《哈泼斯月报》1895年8月，363页。

大运河沿线是中国最富庶的农业区之一，运河的贯通将全国的政治中心与经济重心连接在一起。大运河江南段由于河宽水深而尤其繁忙，图中满载的货船已接近吃水警戒。

打捞水草（Boat-Loads of Fertilizing Weed），《哈泼斯月报》1895年8月，365页。

图为大运河里的水草船。打捞水草不仅能够疏清航道，而且可以用来沤肥，是地地道道的有机农业。

拱桥残迹（Ruins of a Stone Bridge），《哈泼斯月报》1895 年 8 月，368 页。

苏州地区河渠密布，所以历代皆建有大量各式各样的桥梁。画家笔下的这座石拱桥已年久失修，虽已成危桥，但仍在使用，可见当时的地方政府财政已相当紧张。

运河寻幽（A Private Canal），《哈泼斯月报》1895 年 8 月，369 页。

江南水乡家家枕河的风情让拉尔夫等流连忘返，一行人决定去支流上的私家运河寻幽探密。

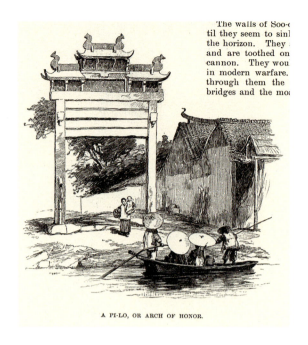

石牌坊（A Pi-Lo, or Arch of Honor），《哈泼斯月报》1895年8月，370页。

牌坊是汉族传统建筑之一，最早见于周朝，为旌表节孝或表彰、纪念某人或某事的建筑。拉尔夫称之为牌楼，而其英文直译为荣誉拱门，估计是当地为表彰某义妇而立的贞节牌坊。

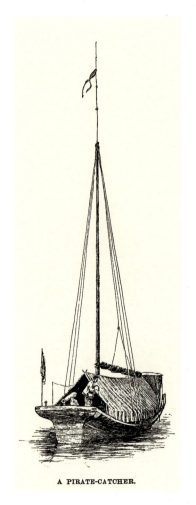

巡警船（A Pirate-Catcher），《哈泼斯月报》1895年8月，373页。

由于河道上水匪猖獗，清廷设有水上巡逻队缉拿强盗，维持治安。但据拉尔夫判断，警匪多半是一家。巡警船每次出行均先鸣笛示警，总是事态平息后才姗姗来迟。

船泊上海（Old Junks in Shanghai Harbor），《哈泼斯月报》1895 年 10 月，693 页。

图为拉尔夫等人目击的在上海港停泊的两艘福船。福船是福建、浙江一带沿海尖底海船的通称，船体高大，两头上翘，操纵性好，适合于海上航行，为中国古代著名远洋运输船和战船。

运河摆渡（Little Ferry-Boats），《哈泼斯月报》1895 年 10 月，697 页。

江南河流纵横，摆渡业应运而生，拉尔夫特别注意到河上有不少摆渡女，有些甚至是十几岁的小姑娘。

杭州城外（Hang-Chaw's Low Gray Wall），《哈泼斯月报》1896年1月，195页。

杭州是大运河的起点，河道拥挤不堪。船老大因为载有洋人，底气十足，对其他船只吆五喝六，让拉尔夫心里隐约不快；后来因为船老大的霸道，发生了撞船事故，只能赔钱消灾。

水乡童趣（A Garden Balcony），《哈泼斯月报》1896年5月，858页。

粉墙高耸，瓦屋倒影，戏鸭窗下，绿波荡漾。画家笔下水乡的魅力、童趣的天真，让人心醉神迷。

河畔茶坊(A Water-Side Tea-House),《哈泼斯月报》1896年3月,623页。

因为从没有见过洋人,一行人受到村民的围观。男人们在前排咧嘴笑着,穿开裆裤的孩子追逐着,女人在后面远远地望着,而拉尔夫则对百姓的纯朴善良心生感动。

船家少女(In Shanghai Harbor),《哈泼斯月报》1896年5月,862页。

上海港里的船家少女,不知是渔家姑娘还是摆渡女郎,生活的艰辛已写在脸上。

四、五湖四海的中华景观

长江瞿塘峡（Qukan Gorge, Yangtsz River），《中国总论》第 1 卷，146 页。

瞿塘峡是三峡中最短的一个，却最为雄伟险峻。两岸断崖壁立，高数百丈，宽不及百米，形同门户，人在谷底仰视碧空，云天一线，峡中水深流急，波涛汹涌，奔腾呼啸，令人惊心动魄，素有"夔门天下雄"之称。在《中国总论》中，美国传教士卫三畏将其描述为"也许是全世界最壮观的自然风景"。

西陵峡风光（Coal Gorge on the Yangtsz），《中国总论》第 1 卷，306 页。

卫三畏在《中国总论》中引用英国探险家托马斯·布雷基斯通（Thomas Blakiston，1832—1891）的描述，将长江西陵峡称为"煤峡"。一行人逆水而上，惊叹于中国人不仅能够在悬崖峭壁上开掘出煤矿，而且用缆绳和滑轮将矿石下滑至水面，然后装船运走。

黄土高原（A Road-Cut in the Loess），《中国总论》第 1 卷，38 页。

黄土高原是世界上黄土覆盖面积最大的高原，也是中国古代文化的摇篮之一。19 世纪的晋陕两省为西方传教士在中国北方重点发展的一个区域，图为卫三畏在《中国总论》中的插画，道路之艰险令人望而生畏。

A Road-Cut in the Loess.

山西高壁岭（View over the Loess-Clefts from the Han-sing Ling Pass, Shansi），《中国总论》第 1 卷，97 页。

灵石县位于山西省中部，晋中盆地南端，素有"秦晋要道，川陕通衢"之称。县南的高壁岭因岭上有韩信墓，故又名韩信岭，为南北要隘。

View over the Loess-clefts from the Han-sing ling Pass, Shansi. From Richthofen.

灵石窑洞（Facade of Dwelling in Loess Cliffs，Ling-shi Hien），《中国总论》第 1 卷，301 页。

窑洞是中国西北黄土高原上居民的古老居住形式，已有数千年历史。卫三畏在《中国总论》中盛赞窑洞不仅冬暖夏凉，而且经久耐用，有的窑洞竟然传六七代之久，图为书中有关山西灵石窑洞的插图。

中俄边界（Boundary Line between Russia and China），《宝楼氏画报》1858 年 11 月 20 日，328 页。

俄罗斯在中国与英法的第二次鸦片战争中标榜中立，以"调停人"身份从中渔利，强迫清政府签订了《中俄天津条约》，使俄国势力深入到黑龙江流域，为沙俄以勘界为名进一步割占中国领土埋下了伏笔。图为《宝楼氏画报》描绘的中俄边界上的一个集市。

华人剃头师傅（Bengal Sepoys Being Shaved in the Street of Calcutta），《宝楼氏画报》1858年8月28日，封面。

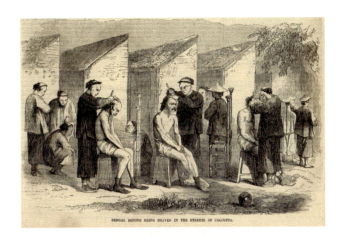

《宝楼氏画报》1858年的封面版画描绘几位华人正在印度加尔各答街头为孟加拉士兵剃头，显然很胜任自己的工作，被作者誉为《塞维利亚的理发师》里灵巧的费加罗。而据《伦敦新闻画报》报道，实际情况却是第二次鸦片战争期间华人剃头师傅在广州贡院为英属印度士兵提供服务。

望加锡的中国寺庙（Chinese Temple at Macassar, Celebes），《宝楼氏画报》1859年3月19日，189页。

望加锡坐落于印度尼西亚苏拉威西岛的西南部，《宝楼氏画报》1859年的图画描绘了望加锡城市的中国寺庙，显示华人下南洋谋生的足迹已遍布东南亚各地。南洋概念与西洋、东洋、北洋相对应。西洋指马六甲海峡以西的印度洋地区，还包括欧洲或更远的地方，清朝一度特指欧美国家；东洋特指日本。中国古代汉族已开始移民南洋，明清时期大量汉族移民涌入该区域谋生、定居，被通称为下南洋。

龙腾西贡（Idol Worship in Cochin China — Annual Procession of the Dragon at Saigon），《哈泼斯周报》1866 年 4 月 21 日，252 页。

1866 年《哈泼斯周报》评论指出偶像崇拜是人类宗教迷信的表现，并以西班牙的圣女崇拜和华人西贡舞龙为例，说明世界各地只是道具不同而已。是时南越已沦为法国的殖民地，水面上停泊着西式舰艇，观众群里也有法国水手。从图中可以看出越南的华人社区已经颇具规模，场面热闹红火，人气旺盛。

新加坡华人寓所（A Chinese House, Singapore），《哈泼斯月报》1900 年 2 月 21 日，447 页。

新加坡是一个华人众多的多元文化的移民国家，在 19 世纪为英国的殖民地。《哈泼斯月报》1900 年的图画描绘了新加坡富裕华人的家居生活，图中主人一副读书人打扮，帽子辫子一应俱全，与当地妇女的热带装束形成鲜明对照。

青岛渔村(Tsin-Tao Village, Capital of Kiao-Chau, Showing the Government Landing),《哈泼斯月报》1900年3月,577页。

　　青岛市位于山东半岛东南部,东滨黄海,在19世纪末仍为偏僻渔村,后因地理位置优越而受到重视,1891年清廷驻兵建置。1897年德国租借建设港口和铁路,青岛遂因"一港一路"而兴,继而成为德日在华商业的中枢,迅速完成了从偏远渔村到商贸城市的演变。《哈泼斯月报》图画显示青岛开埠之初的荒凉。

德国总督府(Palace of German Governor, Where Prince Henry Resided),《哈泼斯月报》1900年3月,578页。

　　在列强进行殖民主义扩张、企图瓜分中国的形势下,德国希望在东亚建立一个经济和军事扩张的桥头堡。1897年11月1日曹州教案发生,两名德国传教士在山东巨野被杀,德国趁机派军舰于11月14日占领胶州,逼迫清廷签订《胶澳租借条约》,强行霸占了胶州湾。图为青岛德国首任总督府,也是德国远东舰队司令亨利亲王的官邸,20世纪初又修建了高大坚固的西式建筑,至今保存完好。

德军士兵与中国囚犯（German Sailor Guarding Prisoners, Kiao-Chau），《哈泼斯月报》1900 年 3 月，579 页。

德国占领胶州湾后，决心投入巨资将青岛建设成所谓的"模范殖民地"。因此大兴土木，统一规划，统一施工，迅速修建了行政机构、医院、学校、教堂、港口、车站、店铺以及工业区，而巨大的工程基本上是由中国的苦力完成的。图为德军士兵监督所谓的"囚徒"做土方，画面的前后、高低、虚实，步枪与镐锛，均形成了强烈对比。

青岛大街（The Main Street of Tsin-Tao），《哈泼斯月报》1900 年 3 月，581 页。

美国记者毕格罗 1898 年走访胶州湾之际，青岛的渔村面貌尚存，但已有一千五百名德军进驻。《哈泼斯月报》图画中，德意志帝国海军官兵在青岛的街头上骑着高头大马，中国百姓侧立让道。

独轮车队（A Wheelbarrow Caravan Arriving at Kiao-Chau），《哈泼斯月报》1900年3月，582页。

德国李希霍芬男爵（Ferdinand von Richthofen，1833—1905）实地考察后，认为山东汉子是中国男人的最佳代表，只要进行适当的训练，就会成为最可靠的劳动力。因此德国殖民当局在当地招募了大批苦力进行基础建设，而一名苦工一天的酬劳只有七美分。图为中国劳工用独轮车运货的情景。

调笑休闲（Sport and Recreation at Tsin-Tao），《哈泼斯月报》1900年3月，584页。

据毕格罗报道，由于青岛的荒凉、工程的繁重，驻扎山东多被德军视为苦差，酗酒、自杀时有发生。《哈泼斯月报》图画反映当时工余休闲的情景，图中高大的德军士兵正与一名小脚中国妇女调笑，而躲在身后的老汉则一脸冷漠，三人的表情都十分生动。

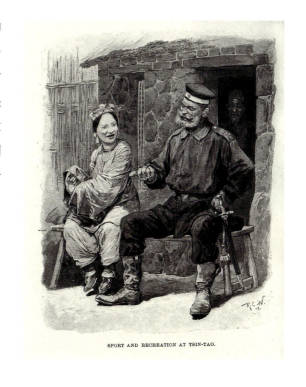

降下龙旗（Hauling Down Chinese Flag at Wei-Hai-Wei），《哈泼斯月报》1900 年 10 月，647 页。

19 世纪末俄国占领旅顺，德国租借胶州，为了平衡列强对中国北方的影响，英国胁迫懦弱的清政府签订了《订租威海卫专条》，强租威海卫为英国海军训练基地。交接仪式于 1898 年 5 月 24 日举行，图中英军水手趾高气扬，清朝官员则垂头丧气。威海卫在 1930 年由民国政府收回。

远眺威海（View of Wei-Hai-Wei, Showing Drill-Ground），《哈泼斯月报》1900 年 10 月，649 页。

由于 1898 年租借威海卫，英国轻而易举地获取了中国北方的一个重要军事基地，使华北门户渤海湾的控制权完全落到了列强控制之下，对北京形成的严重威胁在两年后的庚子之变中完全体现出来。图为英军哨兵，背景为英军操练的情景。

中国军团（Drilling the First Chinese Regiment at Wei-Hai-Wei），《哈泼斯月报》1900 年 10 月，653 页。

初期英军只有少数士兵进驻威海，有鉴于戈登常胜军的经历，遂于 1899 年组建中国军团，仍由英军现役军官担任指挥。中国士兵不仅服从纪律，任劳任怨，而且具有优良的吸收能力，让英国人觉得他们比英伦本土的新兵学得还快。

煤炭苦力（Chinese Coolie Coal Stacking — Portable Kitchen in Foreground），《哈泼斯月报》1900 年 10 月，655 页。

由于火车、轮船都需要燃煤驱动，煤炭不仅是生活必需品，也是重要的战略物资。与德国殖民当局一样，英军也依赖中国农村大量的廉价劳动力来维持基地的正常运转。图为威海苦力在英军的监视下堆煤的情景，简易的野外送餐装置是为了缩短休息时间、提高工效而设计。

第三章
市井人文：晚清的经济社会与文化生活

一、平民百姓的衣食住行

工作便餐(Chow-Chow at Hong Kong, China),《宝楼氏画报》1857年9月5日,149页。

《宝楼氏画报》1857年的版画显示香港码头三名华人用餐的情景,甲板上放着小火炉,左侧的行李箱上有菠萝和茶具,两男一女皆赤脚,显然是劳动阶层,而且妇女也加入在外谋生的队伍当中。

香港茶会(A Hong Kong, China, Tea Party),《宝楼氏画报》1857年12月5日,368页。

《宝楼氏画报》向美国读者介绍香港的粤式茶会:除了餐桌上的瓷器眼熟外,无论是餐厅家具、桌上食品,还是人们的服饰打扮,均见所未见;但饭局上的闲言碎语,对他人丑闻的津津乐道,与世界上任何民族并无二致。从图中七对男女的着装与耳环判断,应属有闲人士,而茶楼外两名白人正饶有兴趣地观看。

街头食贩(Chinese Street Cooks, at Canton),《宝楼氏画报》1858 年 6 月 26 日,409 页。

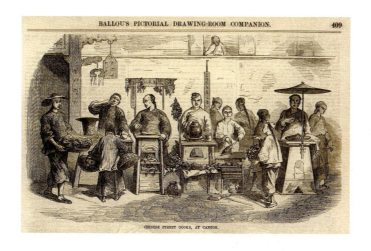

《宝楼氏画报》版画反映了 19 世纪中叶广州商业的繁荣,画面上商贩一字排开,气势俨然食品一条街。画报告诫如果一定要购买的话,鸡蛋与新鲜水果应该没有问题,鱼也可以考虑,但对煲汤千万小心,因为只有上天知道汤里炖了什么东西!

海边吃饭(Along the Praya),《哈泼斯月报》1910 年 8 月,394 页。

《哈泼斯月报》在报道香港的文章中刊登了几幅下层人士劳动生活的画面,图中赤膊的苦力正蹲坐在地上吃饭,码头的繁忙、生活的艰辛尽在不言之中。

梳头（A Lesson in Hair-Dressing; Superfine Gold Hairpin），《哈泼斯月报》1896年1月，197页；1896年7月，276页。

拉尔夫在《哈泼斯月报》的作品里描述了中国江南富裕家庭的生活场景，左图中女仆正在为主人梳头，主人的丝绸与仆人的布衣、裹脚与天足，均形成鲜明对比；另一张图为上层女士用的龙鱼发簪，堪称艺术品。

金妙（Superfine Gold），《哈泼斯月报》1896年7月，277页。

这位叫金妙的女子不仅家境优裕，生活悠闲，而且显然受过良好的教育。

诗书传情（A Note over the Wall），《哈泼斯月报》1896年5月，863页。

美国作者想象中的中国才子佳人诗书传情的画面。

村姑（A Village Girl），《哈泼斯月报》1895年7月，189页。

图为拉尔夫在苏州附近碰到的一位做女红的年轻女子，从穿着打扮来看，应该来自殷实之家。

乡村少女（A Country Girl in Summer），《哈泼斯月报》1895 年 8 月，359 页。

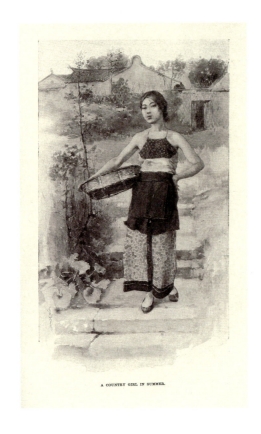

拉尔夫在水乡河畔遇见一位十四五岁的美貌少女，不仅容貌美丽，而且举止大方，对一行人启齿微笑，招手致意，不像其他的中国女子一见洋人马上躲避。但双方言语不通，一个岸边，一个船上，只能手势比画。拉尔夫对这位"终生难忘"的姑娘进行了详细的描述：只见她牙齿雪白，眼含笑意，举手投足优雅美妙；上着黑白背心，下穿蓝花裤子，头发梳得一丝不苟，鬓边还插着叫不出名字的黄花。如此种种，仿佛浣纱西施再世，即使今天看来也是出水芙蓉般纯美无瑕。

梅花放牛（Plumblossom's Time Was Taken up with Attending the Buffalo），《哈泼斯月报》1895 年 11 月，949 页。

这位河边放牛的年轻女子名叫梅花，赤脚天足，但看起来显得心事重重。

农家幼童（Boy of the Lower Class），《哈泼斯月报》1895 年 7 月，190 页。

拉尔夫在运河之旅中也观察接触了不少中国的小孩子们，感觉世界各地的儿童都是一样地天真无邪，对新鲜事物好奇。拉尔夫认为这个瞪着眼睛打量世界的男孩来自下层之家，但小孩子看起来营养不错，衣袜俱全，应非赤贫之子。

围观游船（Natives Inspecting the House-Boat），《哈泼斯月报》1895 年 8 月，365 页。

拉尔夫一行人深入中国内地，所到之处常常引起好奇围观。图为乡民们在河畔观望美国人的游船，就连村里的家犬也仿佛嗅到了洋人的气味而狂吠不止。

水乡昆山（One House in Quin-San），《哈泼斯月报》1895年6月，15页。

美国记者花费了大量笔墨描绘中国江南水乡的风韵，只是不知船上这位男士正在向依窗而立的女子说什么。

花园粉墙（A Stucco Garden Wall），《哈泼斯月报》1895年7月，193页。

苏州园林是中国古典建筑的精华和典范，图为美国画家记录下来的园林花墙与太湖石。

园林花门(Ornamental Court-Yard Door),《哈泼斯月报》1895年7月,195页。

中国园林讲究"步移景异",转过花门就是另一番景致,构筑精致的苏州园林让美国人叹为观止。

ORNAMENTAL COURT-YARD DOOR.

茶舍一角(Corner of a Tea-Garden),《哈泼斯月报》1895年7月,196页。

庭院里鲜花盛开,月门前裹足的女子衣着华丽,楼上的客人一边临窗饮茶一边欣赏风景,这间茶舍也许是当时苏州的一家高档会所。

CORNER OF A TEA-GARDEN.

清朝官邸(A Mandarin's Garden),《哈泼斯月报》1895年8月,372页。

明清两朝为苏州园林的鼎盛时期,富豪权贵纷纷营造私家园林,只是从文中无法得知拉尔夫造访的是哪位官员的花园。

姑苏小巷(Yellowish-Brown Walls in an Alley),《哈泼斯月报》1895年11月,945页。

美国画家笔下粉墙黛瓦的江南小巷,不知作者在雨后能否遇到一个丁香一般的结着愁怨的姑苏女子?

花园山石(A Bit of Typical Garden),《哈泼斯月报》1896年3月,627页。

大概走到这里,拉尔夫已经产生了审美疲劳,只是简单地称之为典型的花园设计,大抵如此云云。

道台衙门(The Tao-Tai's Yamen),《哈泼斯月报》1896年3月,628页。

清朝的道,是省以下、府以上的地方政府机关。道的长官,官方称为"道员",民间尊为"道台"。道台衙门是道员处理政事、主持审判的厅堂,也是举行重大典礼、迎接上级官员的地方。

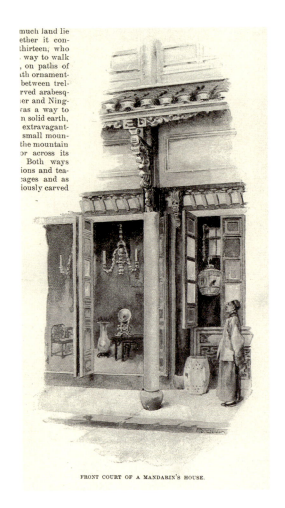

FRONT COURT OF A MANDARIN'S HOUSE.

官邸前庭（Front-Court of a Mandarin's House），《哈泼斯月报》1896年5月，857页。

明清大户人家修建宅子都会讲究几出几进，《哈泼斯月报》插图描绘的是一名清朝官员府邸的前院，不仅房屋高大，而且屋檐下还挂着鸟笼，显然生活悠闲。

IN A MANDARIN'S HOUSE.

府邸中堂（In a Mandarin's House），《哈泼斯月报》1896年5月，859页。

中国旧时的客厅也称"堂屋""客堂"，一般说来，客厅的上方为北，两头分别摆放着茶几和椅子，而客人则以官阶、辈分和年纪依次在客厅就座。从图中的太师椅、红木茶几、雕花烛台和大理石屏风来看，应是殷实之家。

旧式客厅（A Chinese Gentleman's Reception Room），《宝楼氏画报》1859年9月10日，173页。

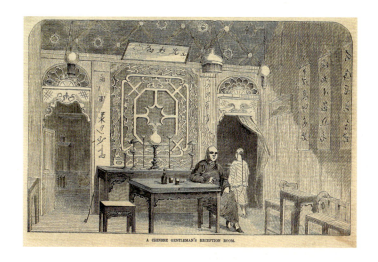

《宝楼氏画报》版画对中国古代的客厅进行了更详细的描绘：房屋正中一般摆放着长条横案，称之为香敬，供奉神位与祖先；横案的上方挂有中堂，两旁配挂以对联，表明对天、地、君、亲、师的尊敬和对幸福的祈望。横案的下方多放置八仙方桌，两旁摆以方形或者圆形的太师椅，是为男主人待客之位。

山地滑竿（Chinese Mountain Traveling Chair in the Tea District），《宝楼氏画报》1856年11月8日，293页。

滑竿是中国旧时常见的交通工具，《宝楼氏画报》图中一名洋人端坐于固定在两根竹竿之间的木板上，多半是走访山区茶乡的一位外商。只见他抽着烟卷，脚置踏板，一手扶竹伞，另一侧还挂着饮料，神态颇为惬意。

游途小憩（Europeans Traveling in China），《宝楼氏画报》1859年6月11日，381页。

《宝楼氏画报》1859年的版画显示两名欧洲白人乘坐简易竹轿在中国南方内地旅行，一行人在树荫下纳凉休息，引来了村民的好奇围观。

涉水过河（Traveling Inland in China），《宝楼氏画报》1859年11月5日，297页。

鸦片战争后中国的大门逐渐向世界打开，各种西方人士开始深入中国内地，或传教或考察。图为中国向导背负西洋人涉水过河。

四人轿子(Palanquin Bearers; Sedan Chairs; Gentleman Riding in a Sedan, with a Servant on Foot),《宝楼氏画报》1856年7月26日,53页;《哈泼斯月报》1868年10月,603页;《中国人的社会生活》第1卷,32页。

在交通不发达的19世纪,轿子不仅仅是代步的工具,更是一种身份的象征,不仅清朝官员如此,来华洋人亦多乐此不疲。由于路况极差,加上人工便宜,因此乘轿风行,而乘坐四人轿子才会被人看得起。

骡马大车(Cart Drawn by Bullocks or by Mules; Cart or Cab Drawn by a Mule or Pony),《中国人的社会生活》第2卷,441、446页。

美国传教士卢公明1863年3月由天津乘大车赴北京,72英里的路程走了两天,途中身为汉学家的卢公明对骡马大车这种中国农业社会的主要生产运输工具进行了仔细的观察与描述。

山区骡轿（China — Traveling in a Mule Litter — a Mountain Pass），《哈泼斯周报》1873年5月10日，404页。

《哈泼斯周报》刊登的版画显示了中国北方山区的骡马轿子，图中的行人正在通过北京附近的长城南口关隘，路途艰辛十分，塞北的骆驼在后面跟随。

独轮车夫（Peddler's Barrow），《中国总论》第2卷，8页。

据卫三畏观察，中国南方河流纵横的地方，运输以船为主，少有北方的骡马大车。由于道路条件限制以及丰富的人力资源，独轮车成了农村常用的运输工具，这名小贩的独轮车还装了一幅风帆以助前行。

运河纤道（On the Tow-Path of the Grand Canal），《哈泼斯月报》1895年8月，367页。

图为1895年《哈泼斯月报》描绘的中国南方运河沿岸的风景，独轮车上的小媳妇不知是要去赶集还是回娘家，小车另一侧放着包裹以保持平衡；两人身后是运河拉纤的队伍。

租界剪影（A Sketch in Bubbling-Well Road），《哈泼斯月报》1895年10月，691页。

上海南京西路1862—1945年间原称静安寺路（Bubbling Well Road），为上海公共租界第一批越界筑路而开辟，正式划入租界后，成为东西横贯公共租界西区的主干道。《哈泼斯月报》1895年的插图显示了租界里两名华人贵妇乘坐西式马车的情景，与前面的独轮车形成鲜明对比，以至于拉尔夫感慨上海不像是在中国。

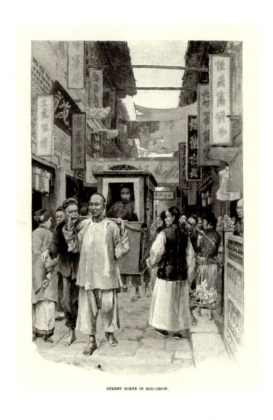

STREET SCENE IN SOO-CHOW.

苏州街景（Street Scene in Soo-Chow），《哈泼斯月报》1895年8月，374页。

苏州不仅是历史文化名城，也是中国东南商业重镇。《哈泼斯月报》插图忠实记录了19世纪末苏州的繁华，图中一顶轿子正穿过摩肩接踵的街道，行人纷纷驻足观看，街上招牌密布，生意兴隆。

A MANDARIN'S STREET PAGEANT.

官员出行（A Mandarin's Street Pageant），《哈泼斯月报》1896年3月，621页。

清朝官员出行，不仅要鸣锣开道，而且还有手擎旌旗、华盖、回避肃静牌子的队伍，十分排场，让拉尔夫一行眼界大开。

二、农耕传统下的经济民生

波士顿茶党与茶商(Americans Throwing Cargoes of the Tea Ship into the River at Boston),《北美历史》,1789 年,58 页。

中国是茶叶的故乡,但有多少人了解中国出产的茶叶在世界历史和美国革命中扮演的角色? 18 世纪 70 年代英国东印度公司从中国进口茶叶,在向北美殖民地销售的过程中,由于税收冲突直接导致了波士顿茶党的兴起,以及

反英独立革命的爆发。左图为库珀(W. D. Cooper)所著、1789 年出版的《北美历史》(*The History of North America*)中波士顿茶党在港口倾倒茶叶的情形,另一幅为波士顿茶商 1810 年的招贴广告,产品商标上的图画旨在说明他们的产品是来自中国的正宗茶叶。

茶叶广告(George Livemore, Wholesale & Retail Dealer in Teas & West-India Goods;Palmer & Keith Choice Teas),波士顿茶叶广告,1810 年;美国茶商广告,1840 年。

1840 年美国中西部的克利夫兰已有商人在经营中国茶叶生意,虽然广告上的面孔更像是白人,但扁担和斗笠绝对是中国特色。

采茶姑娘(Chinese Girl Gathering Tea)，《宝楼氏画报》1857年4月18日，244页。

美国报刊报道采茶主要由年轻姑娘负责，中国的茶树并非生长在悬崖峭壁上，只能靠悬挂吊索或由猴子采摘，一名训练有素的姑娘一天能够采集四五十磅新鲜茶叶，但需戴手套，不得徒手采摘，采摘两周之前限食鱼腥，以免呼吸玷污了嫩叶，采茶季节更需每日沐浴两三次，以保持清洁云云，颇有传闻的成分。

生产过程(Watering Tea, Picking Tea, Tea-Picking, Packing Tea, Marking Tea & Tea Carrier)，《宝楼氏画报》1858年2月6日，88页。

《宝楼氏画报》1858年刊登组图介绍茶叶从育苗、采茶、制茶到包装、运输的全部生产过程。中国上好的红茶、绿茶主要出产于南方的广东、福建、浙江、江西、江苏、安徽等省；茶树属于常青白花灌木，一般高三到六尺，栽种两三年即可收获，一年三到四季，尤以头茶为佳。而中国农业讲究精耕细作，堪为世界典范；不仅任何废料均回收沤肥，其成熟的制茶技术与便宜的人工更使他国难以模仿。

茶叶发展，《哈泼斯月报》1859 年 11 月，765 页。

《哈泼斯月报》1859 年刊登专文向美国读者详细介绍茶叶文化，图为中国茶农在晾晒烘干新采摘的茶叶。自 1664 年东印度公司高价购买两磅中国茶叶进献国王后，英国人开始饮茶。初时物以稀为贵，1678 年全国消费量只有四五千磅；至 19 世纪中叶，英国年进口茶叶已达七千万磅，而美国也每年有三千万磅之需。

揉捻，《哈泼斯月报》1859 年 11 月，765—766 页。

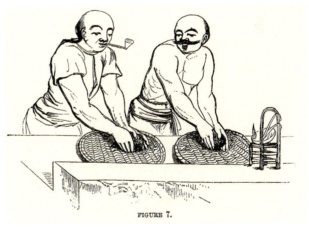

茶叶初传西方之际，也闹过不少笑话。据《哈泼斯月报》称，不仅有人误以茶叶为干果而直接入口，还有一位乡村女士收到城里朋友送的一磅茶叶，以为是最新引进的蔬菜，遂把烹煮后的叶渣端上了餐桌。图为茶农在揉捻茶叶。

炒茶,《哈泼斯月报》1859 年 11 月,766—767 页。

《哈泼斯月报》不仅盛赞饮茶的益处,而且仔细描述了茶树的特性、生长周期以及对地理环境的要求,特别提到美国南卡罗来纳已经开始引进种植茶树。图为炒茶情景。

制茶,《哈泼斯月报》1859 年 11 月,767—768 页。

中国茶叶分类众多,各种制作工序烦琐,《哈泼斯月报》对制茶工艺的说明也是不厌其详。

后期工序,《哈泼斯月报》1859 年 11 月,768—769 页。

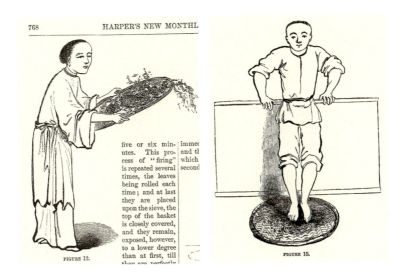

《哈泼斯月报》介绍中国最好的茶叶并不出口,大概是留着上贡或自己消费。中国人从来不在茶叶上掺假,但是由于贩茶的高额利润,英国和美国的市场上已经开始出现了伪劣假货。

抽茧缫丝(Process of Reeling Silk from the Cocoons of Silkworm, as Practiced by the Chinese),《弗兰克·莱斯利新闻画报》1857 年 4 月 4 日,269 页。

传说黄帝之妻、西陵氏之女嫘祖,教民育蚕制丝,以供衣服。《弗兰克·莱斯利新闻画报》1857 年详细介绍了从养蚕、结茧到缫丝的过程与辛苦,指出中国以养蚕、缫丝和织绸技术闻名世界,他国唯有模仿,难以超越。

农夫装束(Husbandman's Dress),《宝楼氏画报》1856 年 7 月 26 日,53 页。

《宝楼氏画报》1856 年的插图介绍了南方农民雨季的打扮,认为身披蓑衣的中国农夫更像是《鲁滨孙漂流记》里在野外顽强生存的汉子。

水利灌溉(Chinese Irrigation; Agricultural and Domestic Matters: Irrigation by Means of an Endless Chain Pump),《宝楼氏画报》1856 年 7 月 26 日,53 页;《中国人的社会生活》第 1 卷,54 页。

 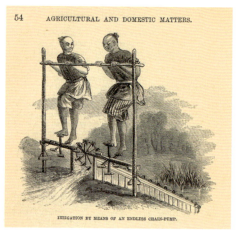

作为古老的提水灌溉工具,踏板水车在中国农村已经使用了千百年,但美国人看来还是颇为新奇,同时也感慨对人力的需求和务农的艰辛。除了《宝楼氏画报》的报道外,卢公明在其 1865 年的《中国人的社会生活》中也对中国南方的水车有详细记载。

谷物加工（Chinese Mill；Hulling Rice），《宝楼氏画报》1856年7月26日，53页；《中国人的社会生活》第1卷，52页。

石臼是古代人类生活的必需品和生产工具，用以砸、捣、研磨谷物等。《宝楼氏画报》上的石臼利用杠杆原理以脚操作，简单实用；而卢公明在其书中则图文描述了福建地区稻谷脱粒的过程。

稻米磨坊（Rice Mill），《宝楼氏画报》1856年7月26日，53页。

《宝楼氏画报》在介绍石磨时指出中国人在很早就有各种各样的发明，其聪明智慧毋庸置疑，却故步自封，少有进一步的改进，对中国将如何面对西方文明的冲击拭目以待。

竹弓弹棉（Bowing of Cotton），《宝楼氏画报》1856 年 7 月 26 日，53 页。

弹棉花是中国的一项传统手工艺，但在美国人看来却是新鲜有趣和不可思议。

远洋帆船（Chinese Trading Junks），《宝楼氏画报》1856 年 7 月 26 日，53 页。

清廷开放海禁后，尽管仍以自给自足的农业经济为立国之策，至 19 世纪中叶对外贸易还是有了长足的发展。图为《宝楼氏画报》描绘的中国远洋帆船，主要用于南洋贸易，1846—1848 年间一艘中国福船曾抵达纽约和伦敦，引起轰动。

内河货船（China and the Chinese: Cargo Boat），《宝楼氏画报》1856 年 7 月 26 日，53 页。

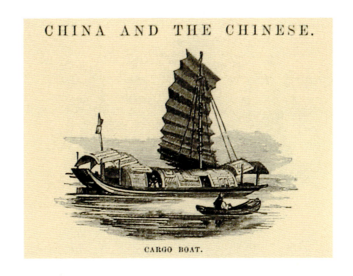

《宝楼氏画报》显示的内河货船主要用于运河漕运，因河道水浅，船皆平底，每艘载重达一百吨，至清后期由于河道阻隔才改道海运。

花船（Flower Boat），《宝楼氏画报》1856 年 7 月 26 日，53 页。

花船自然是达官贵人饮酒对歌、消闲取乐的场所，《宝楼氏画报》图中船头隐约可见三位盛装女子。

香港女佣(Chinese Nursery Maids on the Parade Ground, Hong Kong),《宝楼氏画报》1857年12月5日,361页。

《宝楼氏画报》1857年的版画生动描绘了香港民众观赏游玩的场面,香江的国际都市地位已隐约成形。图中多位广东女仆正在照顾一群白人儿童,大人孩子夹杂着英语、汉语交流;而西女无论大小,多着维多利亚时期的烦琐装束,一旁的中国苦力蹲在地上抽旱烟,右后侧印度士兵在维持秩序。

收割稻谷(Chinese Rice Harvesting at Hong Kong; Carrying Bundles of Grain, & Threshing Grain),《宝楼氏画报》1858年12月11日,53页;《中国人的社会生活》第1卷,376页。

《宝楼氏画报》1858年版画显示了香港收割水稻的情景,是时香港虽已开埠,仍保留相当部分的传统农业。由于男人出海捕鱼,稻田里还有带孩子的妇女在干活;一旁的耕牛在犁地,稻子收获后还要再种一季红薯。在1865年的《中国人的社会生活》中,卢公明也详细描述了中国南方福建地区收获稻谷的过程。

骡马大车（Specimen of Chinese Country Carts），《哈泼斯周报》1859年12月10日，789页。

两轮单轴骡马大车是中国古代的主要生产运输工具，图为美国《哈泼斯周报》记者目睹的中国北方农村用大车拉草运货的场面。

祭春典礼（Part of Procession in Honor of Spring, in Which a Mock Buffalo Is Carried through Streets），《中国人的社会生活》第2卷，20页。

汉学家卢公明在其著作中对福州的春祭仪式做了详细描述。大约从汉朝开始，各州、县官府均会于立春日组织祭春活动，典礼只有文官没有武将与士兵参与，游行队伍中的耕牛像由代表天地五行的五色彩纸与竹条糊制而成，祭春结束后将焚烧入天，借以象征春天来临，提醒农民准备春耕，祈祷当年丰收。

水牛耕田（Plowing with the Domesticated Buffalo），《中国人的社会生活》第 1 卷，50 页。

卢氏观察到当地农户不像英美一样使用任何机械，只是使用水牛耕田，而且田野里天足的妇女与男人一起并肩劳作。

钉马掌（Manner of Shoeing Horses），《中国总论》第 2 卷，4 页。

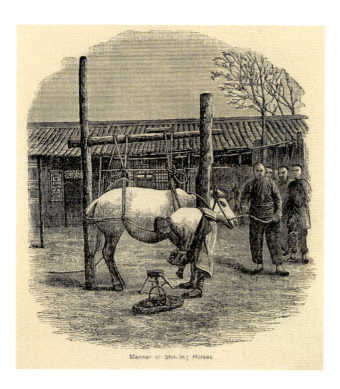

卫三畏在《中国总论》中也详细介绍了当时的农业状况。据其观察，中国的大牲口不多，对骡马使用过度，钉马掌的习俗与欧洲相似。

皮匠修鞋（The Cobbler and His Movable Workshop），《中国总论》第2卷，38页。

据卫氏记载，中国的毛皮市场需求小，质量低劣，主要包括水牛皮和马皮等，图为走家串户的修鞋皮匠，为居民提供方便服务。

铁匠作坊（Traveling Blacksmith and Equipment），《中国总论》第2卷，57页。

卫氏在书中也描述了四乡巡游的铁匠铺子，对风箱火炉简单实用的设计尤为赞叹。

铜匠补瓷（Itinerant Dish-Mender），《中国总论》第2卷，58页。

由于瓷器使用普及，铜匠也就成为了一个行当，卫氏对中国的手工艺人能用金刚钻和铜钉修盘补碗叹为观止。

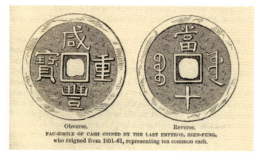

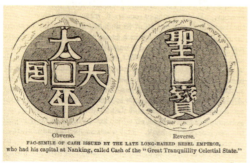

大清货币（Fac-simile of Cash Coined by the Last Emperor, Hien-Fung, Who Reigned from 1851-61, Representing Ten Common Cash；Fac-simile of Large Peking Cash［worth about 400 to a Dollar］；Fac-simile of Cash Issued by the Late Long-Haired Rebel Emperor, Who had His Capital at Nanking, Called Cash the "Great Tranquility Celestial State"）《中国人的社会生活》第2卷，139、459、141页。

卢公明的《中国人的社会生活》对大清的货币制度也做了详细介绍，插图分别为咸丰通宝、同治通宝和太平圣宝。

北方饥馑（Famine in China — A Mother Selling Her Children to Procure Bread），《哈泼斯周报》1877 年 10 月 20 日，835 页。

19 世纪 70 年代末由于连年干旱，粮食歉收，中国北方发生大规模饥荒，饿殍遍野，美国新闻界也对这一人间惨剧进行了报道。《哈泼斯周报》图中山东乡村的一位母亲欲哭无泪，正准备出卖自己的儿女，小车上孩子眼里的默默哀求、路旁行人脸上的无助与悲戚，让读者刻骨铭心。

古玩店铺（Curio-Shops），《哈泼斯月报》1895 年 10 月，695 页。

相对于北方的天灾人祸，鱼米之乡的江南就幸运多了。《哈泼斯月报》插图为在上海专为富贵有钱人士开设的古玩收藏品店铺。

洋人购物（Foreigners Buying Curios），《哈泼斯月报》1895 年 8 月，371 页。

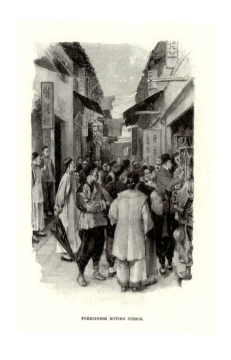
FOREIGNERS BUYING CURIOS.

《哈泼斯月报》描述美国记者在热闹的苏州商业街头购买纪念品的时候，引起了好奇的市民围观。

锯木为板（Sawing Logs — the Usual Way in China），《哈泼斯月报》1895 年 8 月，362 页。

SAWING LOGS—THE USUAL WAY IN CHINA.

图为美国作家拉尔夫在他的运河游记中，记录下来的当时中国工匠锯木为板的情形。原始的手工操作费时费力，而为了工作方便，工人们都盘起了发辫。

鸬鹚捕鱼(Fishing with Cormorants),《哈泼斯月报》1895 年 6 月,12 页。

美国人对中国训练使用鸬鹚(鱼鹰)这一捕鱼方式尤为好奇,不厌其详地记述描绘,连鸬鹚能自动分站小船两侧以保持平衡也观察到了。

运河养鸭(Acres of Ducks),《哈泼斯月报》1895 年 8 月,373 页。

河塘养鸭在中国南方十分普遍,拉尔夫的游船在途中曾遭遇大批鸭阵,正担心着不知道有多少只鸭子要惨死船下,鸭群自行分开,待船队通过后又汇合一处,让美国人目瞪口呆。

农家女孩(She Was a Farmer's Daughter),《哈泼斯月报》1895年11月,947页。

拉尔夫一行在运河旁遇到的农舍女孩,从图中看应是小户人家,但至少衣食无忧。

香港花市(A Flower Market),《哈泼斯月报》1910年8月,395页。

岭南花市在中国久负盛名,《哈泼斯月报》插图为美国画家艾尔沃德描绘的香港花市的情景。图中的花贩不知是否是一家人,但一位母亲要带着年幼的孩子在外奔波谋生,生活的艰辛可想而知。

修鞋匠（The Shoemaker），《哈泼斯月报》1910 年 8 月，397 页。

美国报刊有关中国的报道中经常可以看到民众赤膊光脚劳作之图，显示中国南方当时有相当一部分民众属于赤贫阶层，从这幅艾尔沃德作品中可以感受到香港修鞋匠脸上的苦涩神情。

THE SHOEMAKER

海港小贩（Bumboats），《哈泼斯月报》1910 年 8 月，396 页。

远洋的船舰进港后，会有不少小舢板围着向甲板的客人兜售当地的新鲜水果特产等，成为旧时香港的一道风景。艾尔沃德作品中三四位洋人在高大的轮船上俯视着下方拥挤的小舟与上擎的竹篮，构图对比强烈，象征意味明显。

BUMBOATS

三、风俗习惯与宗教信仰

宗教偶像（A Chinese Idol），《格立森画报》1853年10月29日，277页。

　　《格立森画报》1853年向美国读者介绍中国的宗教信仰状况：佛教在汉朝时传入，成为中国最主要的宗教；天朝各城市均有高大的寺庙，建筑风格类似，只是装饰豪华的区别。广州的海幢寺为当时对外商开放的一所寺庙，建有高大的围墙与琉璃瓦顶，寺内佛像众多，各有职守，司管前朝今世来生，等等。

观音菩萨（Kouan-Yn，A Chinese Goddess），《格立森画报》1853年10月29日，277页。

　　观世音菩萨是佛教中慈悲和智慧的象征，《格立森画报》称之为中国的女神，并记述了一个佛教中国化的故事：据传说，观音原名妙善，是四川一个强盗头子的小女儿，由于阴差阳错命丧寺院大火，观音乃仙化成佛，世受后人尊崇。

**战神塑像（A Chinese War God）,
《格立森画报》1853 年 10 月 29 日，
277 页。**

　　《格立森画报》描绘的中国战神，没有进一步文字说明，既不是手持青龙偃月刀的关云长，也不像垂钓的武成王姜太公，不知是武庙里哪一位古代将军的形象。

寺庙香炉（A Chinese Vase for Burning Incense）,《格立森画报》1853 年 10 月 29 日，277 页。

　　广州海幢寺依山傍水，风景似画，香客游人如云。寺内有僧人百余，香火旺盛。《格立森画报》认为佛教的仪式与天主教的繁文缛节颇为相似，连单调的诵经声听起来都差不多。中国人多迷信，遇事喜求签问佛；而寺庙总是利用人们的心理弱点择吉言示之，与世界其他地方的算命先生并无区别。

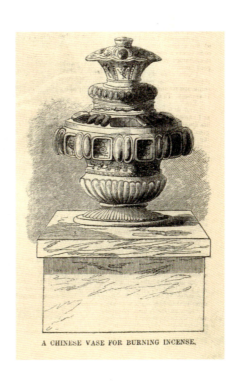

盘古开天地（Pwanku Chiseling out of the Universe），《中国总论》第 2 卷，139 页。

盘古是中国传说中开天辟地、创造人类世界的始祖，正所谓"天地混沌如鸡子，盘古生其中。万八千岁，天地开辟，阳清为天，阴浊为地"。卫三畏在《中国总论》亦有描述，但他认为与埃及和希腊相比，中国的神话传说相形见绌，只显示了"儿童般的想象力"。

焚香救日（Mandarin Saving the Sun When Eclipsed），《中国人的社会生活》第 1 卷，309 页。

中国古人因为缺乏科学知识，认为日食是不祥之兆。接到天文学家的预报后，朝廷官员就要在日食之际焚香祭祀，然后打锣敲鼓以驱"天狗"，卢公明在《中国人的社会生活》中详细记载了清朝这种官方组织的迷信活动。

佛教三宝（The Three Precious Ones），《中国人的社会生活》第 1 卷，245 页。

佛教三宝是佛教的教法和证法的核心，包括佛宝、法宝、僧宝。而卢公明在《中国人的社会生活》中却将之简单解释为佛在前世、今生与来世的轮回。

道教三清（The Three Pure Ones），《中国人的社会生活》第 1 卷，249 页。

道教三清即玉清、上清、太清，分别指元始天尊、灵宝天尊和道德天尊。三清乃道教诸天界中最高者，是世界创造之初的大神，故号称三清道祖。据卢公明记载，当地教徒对三清偶像知之甚少，认为只是老子的不同化身。

五谷之神（God of Five Grains），《中国人的社会生活》第 2 卷，53 页。

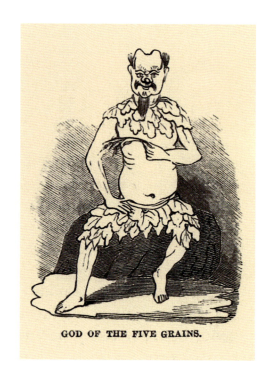

卢氏在其书中描绘了清朝官员在春耕之际对五谷之神三叩九拜的大礼，但并未指明这是哪位圣贤，从图画判断八成是遍尝百草的神农氏。

雷神崇拜（Thunder），《中国人的社会生活》第 2 卷，301 页。

雷神起源于古代先民对于雷电的自然崇拜，卢氏认为雷公是中国人最古怪的信仰理念之一。在国人心目中雷神是惩罚罪恶之神，人如果做了坏事或违背誓言，就有可能遭五雷轰顶。

魁星点斗（Kue Sing, a God of Literature），《中国人的社会生活》第 1 卷，268 页。

　　读书人信奉魁星的风俗起于宋代，魁星点斗、独占鳌头的瑞图在江南地区非常流行。而在卢公明的描述中，毛笔变成了铅笔，鳌头成了鱼头。

KUE SING, A GOD OF LITERATURE.

武圣关公（Kuan-Ta, Chinese God of War），《中国人的社会生活》第 1 卷，267 页。

　　三国时期历史人物关羽去世后逐渐被神化，被民间尊为关公，明代开始被称为关圣帝君，清代尊其为武圣人。在卢氏笔下关羽不仅大胆勇猛，而且忠诚正直，为中国之战神。

KUANG TÄ, CHINESE GOD OF WAR.

妈祖文化（Ma Chu, the Goddess of Sailors, and Her Two Assistants），《中国人的社会生活》第 1 卷，262 页。

流行于中国东南沿海地区的妈祖文化，始于宋而成于元，兴于明而盛于清，是中国海洋文化史中最重要的民间信仰。卢公明观察到在福州一带妈祖崇拜十分兴盛，有如基督教徒虔诚信仰圣母玛丽亚一般。

慈航真人（Goddess of Midwifery and Children Sitting on a Tiger），《中国人的社会生活》第 1 卷，290 页。

佛教传入中土后，道、佛二教互相渗透，互相吸收，共同信仰，常有把对方的神当作自己神明的倾向，中国民间一般把慈航真人和观世音菩萨附会等同。卢氏笔下的慈航真人也是一名助产和保护儿童的女神，因为她善于救助妇女儿童，助人孕产，为道教奉为进子娘娘。

送子张仙射天狗（One of the Nine Genii Shooting a Dog in the Heavens），《中国人的社会生活》第 1 卷，291 页。

中国古代神话将天狗当作月中凶神，阻挡了天上的星宿下凡投胎，而张仙则为道教传说中一个能够赐给世人儿女后嗣的男性神祇。卢氏记载福州地区已婚未育妇女多祈求张仙射天狗以顺利得子。

ONE OF THE NINE GENII SHOOTING A DOG IN THE HEAVENS.

盗神孝子（God of Thieves），《中国人的社会生活》第 1 卷，274 页。

19 世纪中叶福建地区民生艰难，卢公明观察到不少人信奉盗神，而这位当地的贼圣竟然还是位孝子。卢氏指出倒不是人人打算做偷鸡摸狗之事，而是祈求横财来改善生活。

GOD OF THIEVES.

钟馗驱鬼（Charm to Ward off Evil Spirits from a Bride），《哈泼斯月报》1865年9月，437页。

　　铁面虬髯、相貌奇异的钟馗是中国民间传说中能打鬼驱邪的神，旧时中国民间常挂钟馗的像辟邪除灾。《哈泼斯月报》1865年报道中国南方的婚俗，婚后三日新娘子回娘家之时要在轿子上挂钟馗骑虎驱鬼图，以保佑全家一生平安无事。

赌博之神（Tiger Grasping a Large Cash：A God of Gambling），《中国人的社会生活》第1卷，289页。

　　卢公明观察到当地人们多喜赌博，因而信奉手持"天下太平"大币的老虎赌神，赌场不仅悬挂室内以求好运，而且以之为标志在大街上张贴引客。

中华瑞兽（The Ki-lin, or Unicorn; The Fung-hwang, or Phoenix），《中国总论》第 1 卷，342—343 页。

　　瑞兽是华夏先祖对于原始保护神的一种图腾崇拜，是人类历史上最早的一种文化现象。卫三畏在《中国总论》中图文描绘了传说里的中华瑞兽麒麟与凤凰。

牛郎织女（Fable of the Herdsman and Weaver-Girl），《中国总论》第 2 卷，77 页。

　　作为中华民族最早的关于星辰的故事，牛郎织女是民间广为流传的一个爱情传说。卫三畏认为中国人虽然对天体的观测不尽科学，但牛郎织女的故事却浪漫动人。

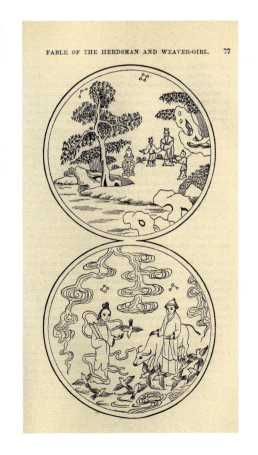

福禄寿（Symbol of Happiness and Old Age），《中国总论》第 2 卷，112 页。

福禄寿三星属于道教神仙，象征幸福、吉利、长寿，起源于汉族远古对星辰的自然崇拜，卫三畏在书中记述了这种古代民间对世俗生活的美好理想，并特别指出中国文化中的符号化现象，比如图中的五蝠飞舞代表着五福临门。

清明祭祖（Ancestral Hall and Mode of Worshipping the Tablets），《中国总论》第 2 卷，251 页。

清明缅怀先人、祭祀先祖是中华民族敦亲睦族、行孝品德的具体表现，卫三畏对中国延续数千年的祭祖民俗颇感兴趣，对祖先神龛的描写也是不厌其详。

先祖牌位（Worshipping Ancestral Tablet in Its Niche；Ancestral Tablet Representing One Person），《中国人的社会生活》第 1 卷，223、219 页。

祖先牌位是用以祭奠列代圣贤祖先的木牌，上书先人或亡者的名讳，象征其神灵附着于此，接受后代子孙的香火膜拜。

漂放莲灯（Floating off the Water Lamps），《中国人的社会生活》第 21 卷，104 页。

卢公明在其著作中描绘了江南地区漂放莲灯的情景。放莲灯为中国民间古老的祭祀活动，旨在敬神追远、求得上天保佑，人们通过放莲灯抒发对美好生活的憧憬，寄托对平安与幸福的祈求。

求神拜佛（Offering Incense；Casting Lots），《中国人的社会生活》第 2 卷，107、109 页。

中国古人多迷信，卢公明在《中国人的社会生活》中对求签拜佛这种民间习俗进行了详细的描述。

扶乩占卜（Writing with a Forked Pen an Oracle on Sand），《中国人的社会生活》第 2 卷，113 页。

扶乩是中国道教的一种占卜方法，信徒通过这种方式与神灵沟通。在扶乩中据称神明会附身在鸾生身上，写出一些字迹，以传达神明的想法，图为卢氏描绘的扶乩占卜的情形。

孔子画像（Traditional Likeness of Confucius），《中国人的社会生活》第 1 卷，360 页。

卢氏称儒教为清朝"国教"，据其记载，仅福州就有三座孔庙。1851 年有一座毁于火灾，由社会各界募捐，很快在原址上重新修建起一座富丽堂皇的庙宇。

祭祀灶神（God of the Kitchen；Offering Sacrifice to the God of the Kitchen），《中国人的社会生活》第 2 卷，82、84 页。

灶神又称灶王爷、灶君，民间祭祀灶神的历史十分悠久，寄托了古代人民一种祛邪、避灾、祈福的美好愿望。卢公明在《中国人的社会生活》中对祭灶神进行了详细的描述。

黑白无常（Tall White Devil，Short Black Devil），《中国人的社会生活》第 1 卷，158 页。

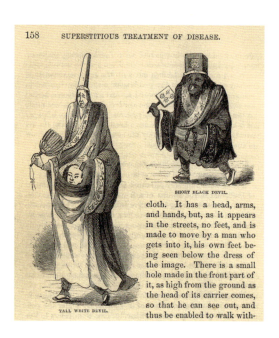

黑白无常是汉族传统文化中的一对神祇，也是最有名的鬼差，为阎罗王、城隍爷、东岳大帝等冥界神明的部将，专管缉拿寿满的人的灵魂入地狱。图为卢氏在福州街头游行队伍中看到的黑白无常，虽然面目狰狞恐怖，但本意却是劝诫向善。

牛头马面（Buffalo-Headed Assistant，Horse-Faced Assistant），《中国人的社会生活》第 1 卷，285 页。

鬼魂崇拜是中国民间古老的信仰之一，而牛头马面则是迷信中阴曹地府的鬼卒，手持兵器专司捉鬼拘魂。与黑白无常相比，卢公明觉得牛头马面并不恐怖可恶。

八卦图（Eight Diagrams, with Representation of the Male and Female Principles of Nature in the Centre），《中国人的社会生活》第 2 卷，311 页。

八卦图衍生自古代的《河图》与《洛书》，传为伏羲所作。古人认为世间万物、世界的变化与循环皆可分类归至八卦之中，而据卢公明记载，福州地区的居民多在大门悬挂八卦图以避邪。

大秦景教碑（Head of Nestorian Tablet in Si-ngan），《中国总论》第 2 卷，276 页。

汉学家卫三畏在《中国总论》里对基督教在中国的早期传播进行了考证，图为书中刊载的大秦景教流行中国碑，石碑立于初唐建中二年（781），明天启三年（1623）出土，现存于西安碑林。

打鬼烧书图（Kill the Devils and Burn the Books!），《马蜂杂志》1891年11月28日，10页。

《马蜂杂志》1891年刊印周振汉创作的《打鬼烧书图》，这类反洋教版画反映了清末中西方文化的激烈冲突、民众对外来宗教的抵制和对洋人的仇恨，为数年后义和团的兴起埋下伏笔。漫画中以猪代替"主"，称天主教为"猪叫"；羊代表"洋人"，画两旁有对联："猪精邪叫自洋传，欺天地，灭祖宗，万箭千刀难抵罪；狗屁妖书如粪臭，谤圣贤，毁仙佛，九州四海切同仇。"

迎亲（Part of a Bridal Procession en Route to the House of Brideg-room on the Wedding-Day），《中国人的社会生活》第1卷，81页。

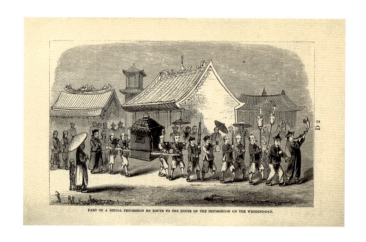

美国公理会教士卢公明在福州传教之余，对19世纪中叶的福州社会进行了仔细的观察与描述。图为其专著中记录的当地居民的迎亲场景。

拜天地（A Chinese Wedding at Shanghai），《哈泼斯周报》1868 年 9 月 5 日，574 页。

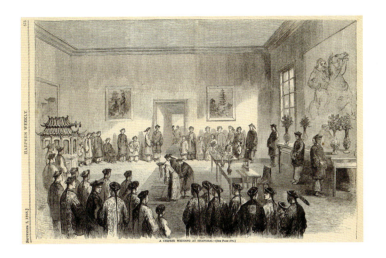

《哈泼斯周报》1868 年版画描绘了上海一对新人拜天地的情景，新郎三十五岁，是洋行的一名代办，已有两房妻室；新娘是上海商人的女儿，年方二十。图中男宾女眷分列两旁，婚礼大厅为西式建筑，高大宽敞，显然新郎的家底殷实。

祭祖（Bride and Bridegroom Worshipping the Tablets of His Deceased An-cestors），《哈泼斯月报》1865 年 9 月，434 页。

卢公明在文中对中国人的婚俗描绘尤其仔细，从对八字、下媒定亲、置办嫁妆，到拜天地、喝喜酒、回娘家，等等，面面俱到，图为新婚夫妇一起祭拜祖先。

合卺（Bride and Bridegroom Drinking Samshu together），《哈泼斯月报》1865年9月，435页。

图为新郎新娘在婚礼上喝合欢酒的情景，希冀一生相亲相爱，幸福美满。19世纪的卢公明已经准确认识到中国幅员广大，各地风俗习惯并不完全相同。

婚筵（Bride and Bridegroom Taking Their Wedding Dinner），《哈泼斯月报》1865年9月，429页。

《中国人的社会生活》出版后，《哈泼斯月报》1865年转载了卢公明的长文，详细介绍晚清中国人的生活习惯，图为夫妻新婚的第一次晚餐。

新娘子（A Bride's Dress），《哈泼斯月报》1896 年 7 月，281 页。

《哈泼斯月报》的插图为盛装打扮的新娘，头戴凤冠，身穿龙凤和鸣的大红绸缎，裙下隐约可见三寸金莲，应是大户人家的女儿。

哭婚诉嫁（Friends Calling on a Prospective Bride），《哈泼斯月报》1896 年 7 月，282 页。

新娘出嫁前的哭嫁场景，依依难舍父母多年的养育之恩、兄弟姐妹的同胞亲情。

装点新房（Front of a Chinese House Decorated for a Wedding），《哈泼斯月报》1896年5月，864页。

为迎娶新娘，新郎家自然是张灯结彩，喜气洋洋，引起了邻里的好奇关注。

花轿（A Flower Chair；Bridal Sedan），《哈泼斯月报》1896年5月，867页；《中国人的社会生活》第1卷，78页。

花轿是传统中式婚礼上使用的特殊轿子，一般装饰华丽，以红色来显示喜庆吉利，因此俗称大红花轿。图为南方地区流行的硬衣式木制花轿，造型类似四方四角出檐的宝塔顶形，轿帏上大多绣着"禧"字、金鱼闹荷花、丹凤朝阳、麒麟送子、富贵牡丹等喜庆吉祥的图案。

满月(Shaving a Child's Head When One Month Old),《哈泼斯月报》1865 年 9 月,438 页。

根据卢公明的记述,新生婴儿满月后母亲才被允许走出卧室,家里还要设宴邀请亲朋好友答谢母亲,并共同见证孩子的第一次剃发仪式。

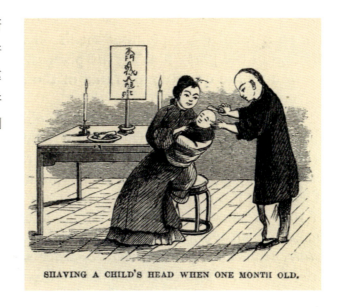

百日(Child Sitting on a Chair When Four Months Old),《哈泼斯月报》1865 年 9 月,439 页。

新生儿百日之际,家里一定会大摆宴席感谢先祖荫德,庆贺新的生命,乞求神灵保佑。

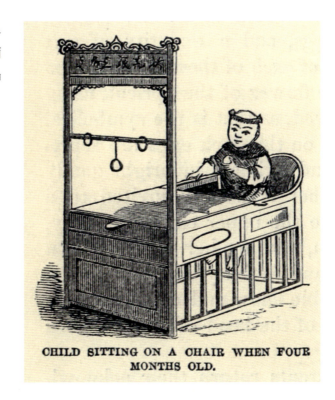

周岁（Grasping Playthings When One Year Old），《哈泼斯月报》1865年9月，439页。

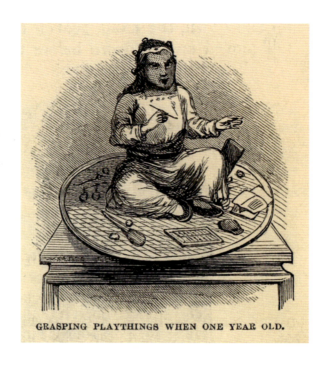

抓周是中国古代常见的一种预卜婴儿前途的习俗。新生儿周岁时，将各种物品摆放于小孩面前，任其抓取，传统上常用物品有笔、墨、纸、砚、算盘、钱币、书籍等。

教子认宗（Father Teaching His Child to Worship），《哈泼斯月报》1865年9月，439页。

在中国传统的父权社会里，忠孝仁义是华夏文化的核心内容。子不教，父之过；教导孩子认祖归宗、祭拜先烈是父亲的一项重要责任。

过门关（Passing through the Door），《哈泼斯月报》1865 年 9 月，440 页。

卢公明注意到中国人多迷信，孩子生病，父母会认为是犯了关煞，于是请道士设道场化解。图中法师手持宝剑口吹号角忙着做法驱鬼，一旁的帮手敲锣念咒助阵，前面的儿童焚香以敬，抱着孩子的父亲正准备跨过关口。

上刀山（Priest Ascending a Ladder of Knives），《中国人的社会生活》第 1 卷，153 页。

上刀山又叫爬刀梯，为中国古代的一种祭祀、祈福、驱邪的仪式，卢公明在书中描述病人家庭雇用一名法师手持宝剑拾阶而上，其助手则敲锣念咒，希冀以锋利的刀刃驱吓病魔。

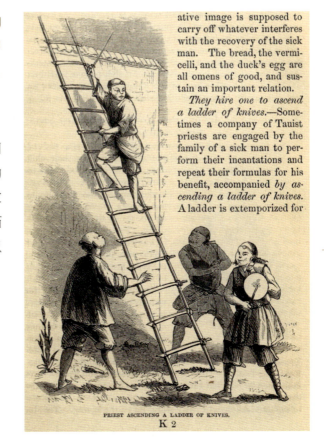

招魂（Bringing back the Soul of the Sick into His Clothes on the Bamboo），《中国人的社会生活》第 1 卷，150 页。

卢公明还观察记录了当地招魂仪式，病人咽气之际由家人持一根带绿叶的竹竿挑着死者的衣服，领空处挂一铜镜，随着巫师的咒语不停地摇晃，为鬼魂指引升天的道路。

吊唁（Chinese Mourning for the Dead），《宝楼氏画报》1859 年 11 月 19 日，328 页。

《宝楼氏画报》图文介绍香港一位商妇的葬礼场景，从发丧到出殡，不厌其详。图中女眷在后排悲楚哭泣，孝子贤孙们则披麻戴孝，伏地叩首；最让作者惊讶的是不仅贡桌上摆有洋商的图像，而且一侧厢房里还为来宾提供餐食与大烟服务。

发丧（Part of a Funeral Procession；White Cock on a Coffin Luring Home One of the Spirits of the Dead），《中国人的社会生活》第 1 卷，201、214 页。

在《中国人的社会生活》中，卢公明对福州当地的丧俗进行了详尽的描绘，由于财力的不同，贫富人家的丧葬习俗也多有区别。与殷实之户的八抬大轿形成鲜明对照，贫民只能在薄棺木上放一只白公鸡作引魂之用。

陵墓（Horse-Shoe, or Omega Grave），《中国人的社会生活》第 2 卷，46 页。

汉族历来讲究入土为安，卢氏在著作中记载描述了当地大户人家修建的马蹄形陵墓。

出殡（Funeral Party Waiting for a Boat），《哈泼斯月报》1895 年 8 月，360 页。

《哈泼斯月报》插图显示南方运河地区理丧的一家身穿孝服，个个神情悲戚，在河畔等候船只运送灵柩到墓地下葬。

弃棺（A Poor Peasant's Tomb），《哈泼斯月报》1895 年 8 月，364 页。

《哈泼斯月报》图画标题为贫困农民的坟墓。中国传统文化讲究入土为安，死后弃棺荒野，无钱下葬，无人送终，可谓命运悲惨。

四、民间休闲与娱乐

天朝艺人(The Greatest Novelty in the World! Unrivalled Success of the Chinese Artists!),演出广告,1853 年。

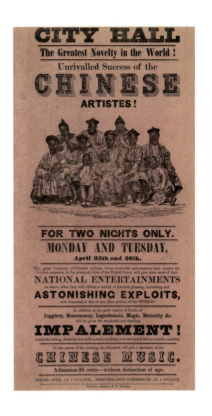

中国杂技蜚声世界,但恐怕大多数人不知道在 19 世纪 50 年代已经有江湖艺人在闯荡美利坚了。图为一个华人班子 1853 年 4 月的商业广告,许诺中国艺术家无与伦比的表演将为观众提供来自另一个奇异世界的全新体验,无论年纪,门票一律二十五美分,只演两场!表演项目包括杂耍、魔术、戏法、巫术、柔术和武功穿刺,等等。招贴画上有男有女,有大有小,但人人一脸漠然。

街头卖艺(A Chinese Juggler),《格立森画报》1852 年 5 月 1 日,277 页。

《格立森画报》不时向美国读者介绍"奇特民族异乎寻常的本领",言下之意是华人与众不同。作者在中国街头目睹艺人将两尺长的竹签一根根扔进头顶的瓷瓶里,惊人的平衡技巧让美国人叹为观止。

杂耍艺人(Juggler Spinning a Plate Around),《中国人的社会生活》第 2 卷,280 页。

卢公明在福州目睹杂耍艺人舞刀弄剑,转盘子,玩坛子,变魔术,街头上人山人海,给他留下深刻印象。

瞎子看灯(Buddhist Priest Leading a Blind man to See the Show of Lanterns),《中国人的社会生活》第 2 卷,288 页。

卢氏对中国的传统戏曲也做了介绍,认为一般群众尤其喜欢欣赏滑稽喜剧,图为地方戏《瞎子观灯》的剧照。

木偶剧（A Chinese Puppet Show），《宝楼氏画报》1857年3月20日，185页。

木偶剧又名傀儡戏，由艺人操纵木偶来表演故事，娱乐观众。图中一人操纵木偶，演唱解说，另一人演奏笛子配乐，并以双脚来操纵鼓钹，台前观众无论男女老幼、官员贩夫等均如醉如痴。《宝楼氏画报》特别说明中国人节假日尤喜户外演出，皮影戏、走马灯、变戏法、拉洋片，等等，都能吸引大批观众，上演的剧目不仅机智风趣，而且具有道德说教的意义。

霸王别姬（A Chinese Official Receiving the News of Defeat），《宝楼氏画报》1857年7月25日，53页。

《宝楼氏画报》刊登了一幅根据传统戏曲而来的图画，题名为"一名中国将军收到战败的消息"，却张冠李戴，将场景解释为北方蛮族入侵，汉军战败，将军将要被皇帝斩首，如此等等。

斗鹌鹑（Canton Boatmen Fighting Quails），《宝楼氏画报》1857年9月5日，156页。

斗鹌鹑在唐朝自西域传入中土，后逐渐从休闲娱乐演变成赌博的手段，类似于英国的赛马和西班牙的斗牛。但与其他国家不同，赌博在中国的平民阶层尤为盛行。《宝楼氏画报》图为广州船民在街头斗鹌鹑，参与双方与观众都十分投入。

斗蟋蟀（Boys Gambling with Crickets），《中国总论》第1卷，826页。

斗蟋蟀为中国一项古老的娱乐活动，流行于全国多数地区，每年秋末举行。卫三畏在《中国总论》中对这种民间娱乐亦有记载，并感慨清朝民众对赌博的痴迷。

赛龙舟（Dragon Boat on Canton River, China），《宝楼氏画报》1858年1月16日，48页。

被《宝楼氏画报》称为宗教仪式的龙舟会，最早当是古越族人祭拜水神或龙神的一种祭祀活动，可能始于原始社会末期，在中国南方十分流行，已流传两千多年。赛龙舟多在喜庆节日举行，是端午节的一项重要活动，图中龙舟上锣鼓齐鸣，河畔旌旗招展，呐声如雷，场面精彩热烈。

端午龙舟会（Racing with the Dragonboats on the First Five Days of the Fifth Month），《中国人的社会生活》第2卷，57页。

汉学家卢公明对福州端午赛龙舟的记述颇详，不仅介绍其两千余年的历史渊源，而且详实记录了闽江当时的盛况。仅福州一地就有三四十条龙舟，另外还有附近村镇参赛，每条船上均配有舵手与锣鼓手，而旗手攀龙头这一习俗在中国其他地方并不多见。

香港赛马（Hong Kong Races, China: the Start of the Celestials），《宝楼氏画报》1858 年 8 月 14 日，112 页。

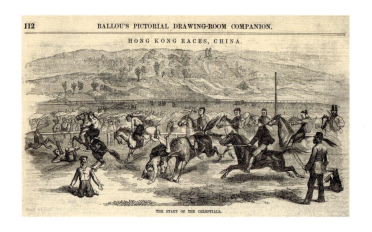

随着香港成为英国殖民地，赛马运动开始于 19 世纪 40 年代。由于香港缺乏其他娱乐活动，而赛马又可以赌博，因此受到了中外人士的热烈追捧，一年一度的赛马会也迅速成为香江的嘉年华盛会。图为马会第三天举行的国产马种的比赛项目，共有十三匹马参赛，其中第四、五名骑手意外落马，场面十分热闹。

马会观众（The Spectators' Stand），《宝楼氏画报》1858 年 8 月 14 日，112 页。

《宝楼氏画报》1858 年版画描绘香港维多利亚港口附近的欢乐谷跑马场观众席上人头攒动，不仅有英国的军官与水手，还有抽雪茄的美国佬与其他外国人，更有穿西装或华服的中国人和相当比例的女性，显示当时并无华洋分坐的观众席。而华人对这项活动的狂热丝毫不输英人，只是没有英伦本土马会上的酗酒而已。

上海马会盛况（Going to the Derby at Shanghai），《哈泼斯周报》1879年6月14日，468页。

《哈泼斯周报》1879年版画显示了上海民众赶赴跑马厅的场景，是时上海商业已十分繁华，街道上热闹非凡，无论洋人华人、绅士淑女，乘车或坐轿，骑马或步行，均向跑马场方向涌去。上海跑马厅由英国商人于19世纪中叶建立，收入除门票以外，主要靠赛马时博彩抽成，跑马场老板依靠赛马赌博聚敛了大量财产。

放风筝（Amusement of the Chinese），《宝楼氏画报》1858年2月27日，140页。

风筝起源于中国，被称为人类最早的飞行器，至今已有两千余年的历史。《宝楼氏画报》盛赞这一汉族民间的传统游戏，不仅风筝制作精美，而且全民参与，由此认定中国人是一个追求娱乐的民族。

工余自乐（Music Entertainment in Manilla），《宝楼氏画报》1857年12月5日，361页。

《宝楼氏画报》1857年版画显示了华人在菲律宾马尼拉工余休息的场景，几位华人在吹笛弹琴娱乐，窗台上鸡在打盹，地上猪崽觅食，非常富有生活气息。画报还特别指出煲汤与饮茶是华人长寿的诀窍。

踩高跷（Walking on Stilts in a Public Procession at Tientsin），《中国人的社会生活》第2卷，248页。

　　踩高跷是汉族传统民俗活动之一，多在一些民间节日里由舞蹈者脚上绑着长木跷进行表演。由于踩高跷技艺性强，形式活泼多样，深受群众喜爱。卢公明《中国人的社会生活》中的插图记载的是一次在天津与宗教有关的庆祝活动。

烟枪（Opium Pipe），《宝楼氏画报》1857年7月26日，53页；《中国人的社会生活》第2卷，350页。

 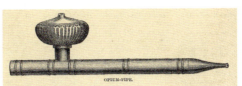

《宝楼氏画报》上的清朝官员顶戴花翎，烟枪装饰精美，面前还摆有一整套吸食鸦片的用具，一脸陶醉的神情。由于大小官员吸食成瘾，因而清朝鸦片屡禁不绝。

抽大烟（Opium Smoking），《格立森画报》1853年10月22日，272页；《中国人的社会生活》第2卷，351页。

自1796年清廷开始禁烟以来，鸦片越禁越多，数十年后《格立森画报》对中国瘾君子的保守估计为三百万，实际数字可能会高出许多，并明确指出鸦片已成为中国19世纪积贫积弱的一个重要因素。

广州烟馆(Chinese Opium Eaters, Canton; Manner of Smoking Opium)，《宝楼氏画报》1859年1月29日，53页；《中国总论》第2卷，385页。

《宝楼氏画报》版画描绘了广州街头一家烟馆的内景，室内张贴着吉祥如意、大吉大利之类的祝词，床上两位瘾君子双目半掩，一脸疲懒，正飘飘然陶醉于鸦片的麻痹催眠中；一旁坐着位盛装的女子，应是欢场中人。当时的烟馆一般都另设有赌局以吸引顾客，黄赌毒一条龙服务周全。卫三畏在其《中国总论》中也对鸦片之害进行了详细的描述。

轮盘赌(Gambling with a Revolving Pointer)，《中国人的社会生活》第2卷，286页。

卢氏注意到当地人嗜赌，不仅赌馆林立，而且各种赌博游戏与用具也花样百出，图为街头轮盘赌的摊位，有八到十六倍的赔率。

澳门赌场（Life in China: Gambling House at Macao），《哈泼斯周报》1873年6月14日，517页。

澳门赌场历史悠久，1848年赌博合法化后，澳门向以赌城、赌埠著称。《哈泼斯周报》1873年版画中的澳门赌局内华洋混杂，居中的庄家正在数钱，左侧抽旱烟的汉子掂量着手里仅有的几块钱犹豫不决，右侧的账房在对账，一位年轻女子正要抵押手镯以换取赌资，最让人惊讶的是竟然还有一名儿童踮着脚尖观战。

香港赌局（The Races at Victoria, Hong Kong — A Sketch in the Crowd Opposite of the Grand Stand），《哈泼斯周报》1876年8月19日，686页。

记者观察到大清臣民痴迷于各种形式的赌博，《哈泼斯周报》1876年8月19日版画描绘了香港华工席地而设的赌局，英国与印度士兵饶有兴趣地观战。

饮酒划拳（Guessing-Finger Is the Favorite Game），《哈泼斯月报》1895年11月，952页。

划拳又叫猜枚、猜拳、拇战，起源于汉代，是中国饭局交际中一种即兴娱乐的游戏。划拳不仅斗智斗勇，增添酒兴，烘托喜庆，且因玩时须喊叫比划，极易让人兴奋。《哈泼斯月报》插图描绘了酒席上中外人士酒酣耳热，吆五喝六，气氛十分热烈，一旁还有数名女子斟酒奏琴相陪。

江南戏园（In a Chinese Theatre），《哈泼斯月报》1896年5月，861页。

《哈泼斯月报》描绘的中国剧场应是江南的丝竹演奏，台上艺人手持琵琶自弹自唱，吴音婀娜，轻清柔缓，弦琶琮铮，抑扬顿挫，十分悦耳动听；而演唱内容则多为儿女情长的传奇小说和民间故事，台下的观众一般均为长袍马褂、富裕有闲的乡绅老爷们。

外滩盛会（Military Music on the Water-Front at Shanghai），《哈泼斯周报》1900年7月21日，674页。

《哈泼斯周报》插图显示上海外滩的嘉年华会上绅士淑女如云，长袍马褂的华人夹杂其间，并有看护小孩的女仆与维持次序的印度士兵，20世纪之初上海已跃然成为亚洲的国际化大都市。

上海会所（The Chinese Club at Shanghai），《哈泼斯周报》1900年9月8日，844页。

《哈泼斯周报》图中的上海会所是一所具有相当规模的西式建筑，是时上海的服务业已十分发达，而会所的顾客均为衣冠楚楚的达官贵人。

五、三教九流，芸芸众生

清朝官员（A Chinese Mandarin），《格立森画报》1852 年 5 月 1 日，277 页。

清代的官制体系分为京官和地方官两大系统，沿用了自汉魏六朝以来的九品十八级基本制度，每一品有正、从之别。《格立森画报》图为坐便轿的一名南方地方官员，随从手里还拿了一把雨伞。

清朝官员夫妇（Mandarin and His Wife in Robes of State），《中国人的社会生活》第 1 卷，296 页。

卢公明在《中国人的社会生活》中对福建地区的官员设置从总督巡抚至府台盐道一一介绍，插图表现了一对清朝官员夫妇的正式着装，包括礼帽、补服外衣、朝珠和朝靴，虽然无法从补子上辨认出官阶，但应是清廷地方大员无疑。

贵族妇女（A Party of Chinese Ladies），《格立森画报》1852年5月1日，277页。

《格立森画报》图中三名聚会的贵族妇女均衣着华丽，其中一位弹奏琵琶，其他两人在倾听，一人手持烟杆，另一人摇着扇子，身旁还有女仆伺候，显得生活十分优越。

华人全家福（A Chinese Family），《宝楼氏画报》1856年9月20日，192页。

《宝楼氏画报》刊登了一幅华人全家福版画，报道一位名叫钟阿泰（Chung Atai）的三十岁茶商携两位妻子，还有自己的弟妹及一名女仆游历欧洲引起轰动，于1851年曾受到英国维多利亚女王的接见。钟先生双眼明亮，平时喜欢推牌九与吸食鸦片；三位女士皆衣着华丽，发髻高耸，且工于刺绣，有着象征身份的三寸金莲；其中少夫人年仅二十，曾演奏琵琶为女王献歌。作者然后话锋一转，对中国的多妻制和视妇女如财产的丑陋思想进行了谴责。

文人墨客（A Literary Coterie），《格立森画报》1852 年 5 月 1 日，277 页。

文人是指儒家文化圈中传统的知识分子，一般具备一定的知识学问与文学艺术修养，兼通琴棋书画等，又称为墨客、读书人、书生、雅士等。《格立森画报》在说明中特别指出中国的文人阶层对传统经典的尊崇和对现代科学的轻视。

学童与先生（School-Boy with Fan and Parcel of Books；Pupil "Backing His Books", i.e., Reciting His Lesson），《中国人的社会生活》第 1 卷，377 页。

 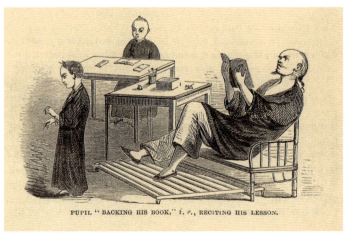

据卢氏观察，当地没有免费的学校，政府既不收税也不补助教育，所有费用完全由学童家庭负担。女童绝少入学就读，而学堂并不教授科学，专注于孔孟经典，图为学童向先生背书的情景。

秀才举人（Literary Undergraduate or Student；A Kujin, or Literary Graduate of the Second Degree），《中国人的社会生活》第 1 卷，385、415 页。

卢公明在其著作中详细地记录了清朝的科举制度，以基于四书五经的八股文章举士，数学与科技均被视为末学，不被读书人重视，图为当地的秀才举人画像。

武举考生（Military Candidates Competing with the Bow and Arrow），《中国人的社会生活》第 1 卷，440 页。

武举是中国科举考试制度中的武科，考试内容包括箭、弓、刀、石等，以步射、马射、技勇和默写武经选拔军事人才。尤其让卢公明奇怪的是在火药的故乡，基本的枪炮技术却不在考试之列。

母女梳头（Chinese Head-Dressing），《宝楼氏画报》1859 年 10 月 1 日，216 页。

《宝楼氏画报》报道清朝女士喜梳后耸的云髻发式，不仅烦琐费时，不能一人完成，而且还需要涂抹特制的胶液才能定型。因脑后的发型像壶把手，画报戏称为茶壶型，对这种夸张的打扮不敢恭维。尽管如此，在简陋的闺房里母女两人的亲情看起来还是蛮感人的。

华人母女（A Chinese Woman and Child），《宝楼氏画报》1857 年 6 月 13 日，373 页。

《宝楼氏画报》1857 年版画描绘了一对华人母女，特别说明两人是澳门船民的妻女。由于常年在水上讨生，岁月的风霜已刻画在脸上。

华人众生相(Tea Vender, Flower Peddler, Picture Seller, Chinese Conjuror, Ferryman, and Chinese Procession),《宝楼氏画报》1858年2月6日,89页。

《宝楼氏画报》1858年刊登"中国与中国人"系列向美国读者介绍中国文化,其中的一组插图包括走村串乡的茶贩子、卖鲜花的小花贩、兜售字画的中年汉子、舞刀的杂耍艺人、撑竹筏的船夫和为官府开道的差役等,构图虽然简单,却十分传神。

算命先生(A Street Fortune Teller),《格立森画报》1852年5月1日,277页。

中国人自古多迷信,为大众提供命运咨询的服务业应运而生。算命先生多为号称懂八卦、会看手相面相、能解灾避祸之人,凭着三寸不烂之舌经营生意赚钱为生。《格立森画报》里的算命先生长得仙风道骨,张挂着卦命与测字如神的招牌,生意应该不错。

算卦先生（Blind Fortune-Teller；Fortune-Telling by Means of a Bird and Slips of Paper；Fortune-Telling by Dissecting a Chinese Character），《中国人的社会生活》第 2 卷，332、334—335 页。

卢公明在其著作中记载了当时流行的八字、面相、算命鸟、古钱、测字和风水等六种算命方式，图为走街串巷的盲人卦师、小鸟算命与测字的情形。

江湖相士（A Chinese Fortune-Teller），《哈泼斯周报》1878 年 12 月 8 日，1041 页。

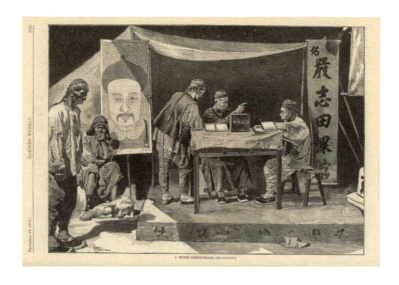

算命占卜一般包括面相、八字、测字、卜卦、风水等，是中国传统文化的一部分。《哈泼斯周报》1878 年版画生动描绘了一位名叫严志田的江湖相士在街头摆摊算命的情景，算命先生的胸有成竹与求卦人的六神无主形成了鲜明的对比。

修鞋匠（Chinese Cobbler），《格立森画报》1852年5月1日，277页。

《格立森画报》图为广州街头的修鞋匠，走街串巷、摆摊谋生的修鞋匠是中国旧时城镇的一道风景，随着经济的发展，这一靠手艺吃饭的行当已逐渐消失。

CHINESE COBBLER.

码头苦力（Chinese Coolie），《哈泼斯周报》1858年1月30日，68页。

据《哈泼斯周报》介绍，苦力大约占香港人口的一半，主要从事码头装卸、抬轿运货和其他重体力劳动。有一些码头工人体格强健，面孔英俊，但大部分苦力面色苍白，衣衫褴褛。在码头上工作的苦力一天可以挣二十美分，但绝大多数收入都花费到抽大烟和赌博上了。

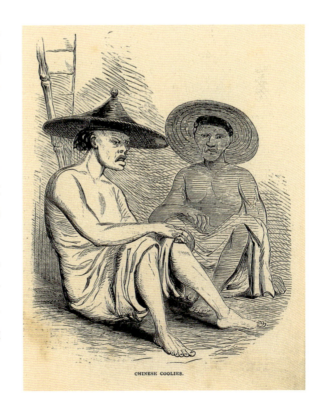

CHINESE COOLIES.

第三章 市井人文：晚清的经济社会与文化生活

剃头匠（A Chinese Barber-Boy at Hong Kong; A One Piece Barber-Man），《宝楼氏画报》1857 年 6 月 13 日，373 页；《哈泼斯周报》1858 年 1 月 30 日，68 页。

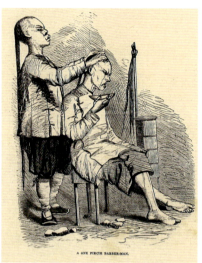

理发师是人类最古老的手工行业之一，而中国的剃头师傅能将包括火炉在内的所有行当挑起来走街串户，《宝楼氏画报》记者不禁赞叹华人心灵手巧；而《哈泼斯周报》1858 年版画则描绘了一名全能的剃头师傅在街头摆摊，不仅剪发刮脸洗头，还按摩推拿，舒筋活血。

中医大夫（A Chinese Doctor），《宝楼氏画报》1859 年 10 月 1 日，216 页。

《宝楼氏画报》版画显示一名广州中医大夫刚给病人开完处方，正在抽水烟休息。作者描述了大夫号脉的情形，认为中医内科内行，外科外行，看个头疼脑热的还可以，如果真有什么大病，自己宁愿听天由命。

水上疍家（Chinese Tanka Boat），《宝楼氏画报》1855 年 11 月 17 日，313 页。

疍家是我国沿海水上居民的统称，泛指广东、广西、福建、海南和浙江一带以船为家的渔民。疍家人主要从事沿海港湾的渔业和水上运输，他们祖祖辈辈浮家泛宅，与水为伴，《宝楼氏画报》版画描绘的是一对水上摆渡的疍家夫妇。

舢板姑娘（Sampan Girl on Canton River, China），《宝楼氏画报》1858 年 3 月 27 日，196 页。

1858 年《宝楼氏画报》版画介绍广州珠江上的舢板姑娘不仅容貌美丽，而且手脚灵活，驾小舟如履平地。画报评论指出中国女性社会地位低下，妇女多被视为男性的附属品、奴隶和玩偶，而下层妇女的命运则更加悲惨。

船姑（Chinese Boat Girls, Rowing and Steering），《哈泼斯周报》1858年3月20日，181页。

据《哈泼斯周报》观察报道，中国妇女从事几乎所有的劳动，从犁地捕鱼、购物卖货，到采茶制茶、摇橹撑船、做鞋制伞等等，因此中国尤其需要像露西·斯通（Lucy Stone，1818—1893）一样的妇女权益保护人士。图为广东珠江的女船民，船艺高超，颇有女汉子气魄。

劳动妇女（Large or Natural-Footed Woman at Fuh-Chau；Woman Carrying a Present），《中国人的社会生活》第2卷，202、221页。

尽管在福州的街道上经常可以见到大脚的劳动妇女，在田里劳作的农妇皆为天足，但卢公明认为裹脚并不绝对是财富的象征，更多是身份地位的符号。与其他西方人士一样，卢氏在文中谴责了中国古代这一残害女性的恶劣习俗。

敬神队伍（Carrying the Happy Buckets；Carrying Instruments of Punishment and of Torture），《中国人的社会生活》第 1 卷，282 页。

　　祭祀五方天神是中华传统里极为重要的宗教仪式，而这项祭祀活动也成了卢氏观察中国社会的窗口，图为游行队伍里两名负责挑猪血与刑具的敬神人员。

衙役（Bearer of Fan of State；Bearer of Umbrella of State），《中国人的社会生活》第 1 卷，300—301 页。

　　衙役为清代地方州县衙门内供驱使奔走的人等，开庭时站立大堂两侧，维持纪律，押送罪犯，执行刑讯及笞杖刑。卢氏观察到清朝官员出巡，其随行人员编制与场面均有严格规定，插图为两名负责举牌擎伞的差役。

隶卒（Lictor with Whip in Hand；Lictor Dragging along the Half of a Bamboo），《中国人的社会生活》第 1 卷，299、301 页。

卢氏笔下隶卒为外班皂隶，手持皮鞭或竹杠，负责跟随长官左右护卫开道，不仅衣服肮脏，而且"心狠手辣。"

刽子手（Executioner），《中国人的社会生活》第 1 卷，302 页。

据卢氏记载，由于沿海地区海盗匪患猖獗，福建督抚因而拥有先斩后奏之权，其随行队伍包括一位刽子手，身披红衣，头挂双羽，肩扛大刀，威风十分。

送货郎（Two Men Carry a Present of a Large Jar of Spirits），《中国人的社会生活》第 2 卷，235 页。

卢氏在其著作中对中国人赠受礼物的习俗进行了详细的记录，图为当地两名负责送烧酒的货郎。在诸如结婚生子之类的喜庆之日，受邀的亲朋好友要么给红包，要么送合适的礼物，包括珍珠丝绸、人参燕窝、牛羊肉、甜点与新鲜水果等；逢年过节，下级向上级、学生向先生、店家向客户也要分别送礼答谢。

渔翁（The Old Man Who Tends the Net），《哈泼斯月报》1896 年 3 月，625 页。

中国传统的山水画里不时可以看到渔翁的孤独身影，代表文人墨客心中渴望的那种遗世独立、回归自然、无拘无束、自由自在、自食其力、自得其乐的理想生活境界。而美国画家笔下的赤脚渔翁则斗笠披风，衣衫褴褛，显然更接近残酷的现实。

BEGGAR WITH A PIECE OF OLD MATTING THROWN OVER HIS SHOULDERS.

乞丐（Beggar with a Piece of Old Matting Thrown over His Shoulders），《中国人的社会生活》第 2 卷，260 页。

据卢公明记载，福州街头乞丐众多，有的身有残疾，有的则四肢健全，只是厌恶劳动，而把乞讨作为谋生的职业。丐帮按街区分有丐头，对店铺和农户常有敲诈勒索之举。

BOY DRESSED LIKE A FEMALE IN ACTING A THEATRICAL PLAY.

艺人（Boy Dressed Like a Female in Acting a Theatrical Play），《中国人的社会生活》第 2 卷，295 页。

卢公明观察到当地人对戏曲演员像偶像一样狂热，戏班艺人从十到近百人不等，学艺要与师傅签约，生死由命，富贵在天，而且所有女性角色均由男性扮演，图为男扮女装的少年艺人。

孝子（Eldest Son Dressed in Mourning and Carrying the Filial Staff），《中国人的社会生活》第 1 卷，189 页。

卢氏对中国人婚丧习俗的描述不厌其详，图为逝者的长子身披孝衣、手持哭丧棒，在头七的仪式上迎送吊唁的亲朋。

ELDEST SON DRESSED IN MOURNING AND CARRYING THE FILIAL STAFF.

麻风病人（Leper），《中国人的社会生活》第 2 卷，257 页。

由于缺乏对麻风病的科学了解，病人得不到及时有效的救治，反而被社会和家庭抛弃，只能沿街乞讨，生活十分悲惨。

LEPER.

恭请香灰的信徒（Bringing Home Representative Incense Ashes），《中国人的社会生活》第 2 卷，129 页。

古人多迷信，在出远门之际，会到庙里的神龛前请一束香灰回家，以便随身携带，祈求神灵保佑，街头上信徒虔诚的神情给卢公明留下深刻印象。

和尚尼姑（Buddhist Priest；Buddhist Nun with a Cap and Rosary；Buddhist Priests）《中国人的社会生活》第 1 卷，240、254 页；《中国总论》第 2 卷，256 页。

据卢氏记载，福州佛教兴盛，有大小近三十座寺庙，数百名和尚，最大的几座均有方丈住持，并拥有田地，与西方中世纪的修道院颇为相似。和尚有时上街化缘，尼姑则相对少见。

西南苗族（Miaotsz' Types），《中国总论》第 1 卷，179 页。

卫三畏在其《中国总论》中记述云南、贵州、四川、湖南与两广等地山区有八十二个少数民族部落，数种不同的方言，其生活习惯和风俗信仰与汉族大相径庭，倒是与缅甸、老挝和泰国的居民相似，图为苗族的服饰。

广州船民（Group and Residence of Fishermen near Canton），《中国总论》第 2 卷，15 页。

卫三畏在其著作中对广州沿海的渔民亦有记载。据其描述，这些船民十分勤劳，却并不安分，有时也做打劫的勾当。当船只老旧不能出海以后，船体就成了他们陆上的家园。

六、难以想象的千奇百怪

"耆英号"访美（Chinese Junk），商业广告，1847年。

"耆英号"原为清朝在中英鸦片战争之后重新改良设计的战船，由英商秘密购买后，于1846年至1848年期间从香港出发经好望角及美国东岸到达英国，创下中国帆船航海最远的纪录。"耆英号"停泊纽约、波士顿期间引起轰动，每日参观人流不断。图为当时张贴的广告，声称这艘中国帆船是西方世界所能看到的最大的珍奇之物，门票仅二十五美分。

华女阿芳（Chinese Lady，Afong Moy），商业广告，1842年。

广州人士梅阿芳（Afong Moy）据称是抵美的第一名华人女性，经由卡恩兄弟安排，于1834年10月17日乘"华盛顿号"抵达纽约，随即被冠以中国女人奇珍秀巡展美国。1842年路易斯安那州新奥尔良市的展览广告不仅列举梅氏服装语言奇特，她的四英寸"小脚丫"更是异乎寻常地夺人眼目。

假冒金莲（Celestial Ladies），《哈泼斯周报》1858 年 1 月 30 日，68 页。

据《哈泼斯周报》1858 年报道，因为香港居民多数为劳工阶层，女性少有裹脚。有一位裁缝的妻子，早过了裹脚的年纪，只是由于丈夫为洋人裁衣收入不薄，因此过上了阔太的生活。图为这名华妇由女仆搀扶，穿着假冒的金莲鞋招摇过市，以彰显自己家境优裕。

缠足习俗（Feet of Chinese Ladies；Shape of a Lady's Shoe；Appearance of the Bones of a Foot When Compressed；Bare Foot and Shoe of a Chinese Lady），《中国总论》第 1 卷，768—769、767 页；《哈泼斯月报》1895 年 3 月，368 页。

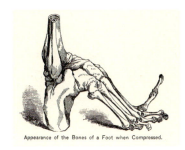

缠足是中国古代的一种陋习，由于三寸金莲一度成为中国古代女子审美的一个重要条件，许多女性从幼时起便开始裹脚，这种畸形的审美心理导致妇女身心都遭受到严重摧残，汉学家卫三畏与美国记者拉尔夫访华时均对这种恶习进行了谴责。

水上勇士（A Chinese Water Brave），《格立森画报》1852年12月18日，400页。

道听途说的《格立森画报》1852年刊登了一幅中国水勇的插图，图中的兵士一手持火枪，一手执带响环的三叉戟，跨下骑着充气的猪皮囊蹼行。作者由此认为中国人是个古怪的民族，并希望到加州采金的华人能带一只猪皮囊来让美国人民开开眼界。

鱼鹰捕鱼（Fishing with Birds；Fishing with Cormorants；The Fishing Cormorant），《宝楼氏画报》1856年7月26日，53页；《中国人的社会生活》第1卷，56页；《中国总论》第2卷，16页。

西方人对中国用鱼鹰捕鱼情有独钟，几乎所有的画报都反复地报道。鸬鹚虽然遍布全球，但唯有中国人饲养训练用于捕鱼，着实让美国人叹为观止。三图分别为《宝楼氏画报》《中国人的社会生活》与《中国总论》中的插画。

宝座（A Chinese Throne），《格立森画报》1853年10月29日，277页。

宝座本指神佛或帝王的座位，一般只有宫廷、府邸和寺院中才有。宝座多由名贵硬木制成，施以云龙等繁复的雕刻纹样来显示统治者的无上尊贵。《格立森画报》描绘的是广州海幢寺内的雕花龙木椅，给人一种威严、沉稳、大气的感觉。

A CHINESE THRONE.

宫灯（A Chinese Lantern），《宝楼氏画报》1856年9月20日，181页。

宫灯又称宫廷花灯，是中国彩灯中富有特色的民族传统手工艺品之一。《宝楼氏画报》在介绍宫灯时盛赞中国人心灵手巧，灯笼制作精美，色彩艳丽，而中国的元宵灯会更是无与伦比地精彩壮观。

A CHINESE LANTERN.

碗筷（Rice Bowl and Chopsticks），《宝楼氏画报》1856 年 7 月 26 日，53 页。

中国制造出口的瓷器历史悠久、工艺精湛，一直广受世界各国人民的欢迎，以至于以瓷器国而扬名世界。图为《宝楼氏画报》描绘的中国碗筷，华人不用刀叉，仅用两根筷子进食，尤其让美国人士觉得不可思议。

骨杯（Drinking-Cup Formed from a Human Skull），《弗兰克·莱斯利新闻画报》1862 年 12 月 3 日，188 页。

《弗兰克·莱斯利新闻画报》1862 年刊登一幅骨杯图画，杯座由纯金打造，上面镶嵌着大大小小的珍珠宝石，价值连城，而杯身据称是中国先贤孔夫子的头颅，另一说是献给皇帝的叛军首领的头骨。作者以此暗喻中国人的古怪和野蛮，与印第安人以白人臂骨钻孔做笛异曲同工；而骨杯由代表世界文明力量的英法联军士兵在第二次鸦片战争中从圆明园盗出，更为绝妙的讽刺。

中国巨人（Chang, the Chinese Giant, and His Companions.）《哈泼斯周报》1865年10月28日，677页。

19世纪的中国巨人詹世钗（1841—1893）出生于徽州，据称曾为茶商和街头艺人，为英人发现后视其为赚钱工具，四处带领着供人观看欣赏。《哈泼斯周报》1865年报道詹世钗身高七尺八寸，身材匀称，性情温和，并知书达理；身旁左立者为其妻小脚金芙，右侧为钟姓三尺侏儒。

詹氏访美（Chang, the Chinese Giant, the Tallest Man in the World），商业广告，1870年。

詹世钗一行曾周游英美澳洲等地，因其所表现的异国风情而引起轰动，三人组合的强烈反差满足了当时一部分西方人士的猎奇心理。图为詹世钗1870年巡演美国期间的招贴广告，金芙已被炒作成了中国最美丽的女人，而詹氏的身高更增到八英尺，被称为"中国巨人，世界奇迹"。

暹罗双胞胎（The Wonderful and World Renowned Siamese Twins, Chang-Eng），商业广告，年代不详。

暹罗男性连体双胞胎（1811—1874），一个叫昌（Chang），一个叫恩（Eng），尽管19世纪的医学技术无法使两人分离开来，但依然顽强地生活了一生。他们于1829年被英国商人罗伯特·亨特（Robert Hunter）发现，进入马戏团，开始在世界各地巡回表演。1839年他们访问美国后遂决定定居于北卡罗莱那州，两人改姓为邦克（Bunker），在威尔克斯博纳（Wilkesboro）蓄奴置产，成为早期的华裔美国公民，并于1843年与当地的一对耶茨姐妹（Adelaide Yates & Sarah Anne Yates）结婚。美国南北战争期间（1861—1865），昌的儿子克里斯多夫（Christopher）跟恩的儿子史蒂芬（Stephen）都曾加入南方联军上过前线。然而由于南方战事失利，两兄弟破产，只能再次出山，成为世界三大马戏团之一的玲玲马戏团（Ringling Brothers and Barnum and Bailey Circus）的台柱，两人于1874年因昌感染肺病而于同一天去世。因为这对胸腔相连的泰国连体双胞胎的父亲是中国人，母亲是马华混血，两人亦常被称为中国双胞胎。

费城博览会（Philadelphia, PA—Celestial Exposition），《哈泼斯周报》1876年9月21日，721页。

1876年美国百年国庆之际，宾州费城成功举办了世界博览会，中国派八十人参展，以宣大清国威，《哈泼斯周报》图为一位美国女士试坐中国竹编躺椅的情形。费城是独立宣言诞生之地，同时也是当时美国的第二大城市，地理位置优越。费城博览会是美国历史上的第一次世界博览会，美国借此表明自己已经从一个田园牧歌的农业国家脱胎换骨成为进入蒸汽机时代的新兴工业强国，一个新的美国时代即将到来。

奇珍异宝(The Chinese Court — Celestial Exhibitors Explaining Their Wares),《弗兰克·莱斯利新闻画报》1876 年 6 月 3 日,封面。

《弗兰克·莱斯利新闻画报》6 月 3 日封面插图为美国民众在仔细观赏中国展台陈列的奇珍异宝。在博览会的总展览厅中,中国设立了自己的展室。正面一大牌楼,上书"大清国"三字,横额曰"物华天宝",两侧有对联"集十八省大观,天工可夺;庆一百年盛会,友谊斯敦"。两旁有东西辕门,上插黄地青龙旗,庄重严肃。里面陈列了许多古色古香的橱柜,放置着绸缎、象牙雕刻、银器、景泰蓝、漆器、镜屏、瓷器、字画,等等。

中国展品(Curiosities in the Chinese Department of the Main Building),《弗兰克·莱斯利新闻画报》1876 年 8 月 26 日,405 页;10 月 28 日,120 页。

费城博览会上的中国展品包括青铜器皿、瓷瓶、长寿老人和仙鹤雕塑、游船模型、象牙塔、竹编躺椅、雕花床头柜,以及清朝官员出行示意图,等等,展区还有模特展示大清的民族装束,引起了美国民众的好奇与关注。当时的美国媒体评价道:"这是一个各种精美事物的集大成的展室。那些展品超乎寻常地优雅精致,许多东西对于这里的人们来说他们从未见过。这是迄今为止在美国展出的最丰富多彩的中国展品","中国是本届博览会最成功的国家之一"。

掌脸（Face-Slapping in China），《宝楼氏画报》1856 年 11 月 19 日，333 页。

西方人对中国统治阶层漠视人类基本尊严多有诟病，称大清为"用棍棒管理之国"。《宝楼氏画报》1859 年版画描绘了当时大清盛行的体罚，试图说明中国并非是一个现代文明国家。图中官差将一个犯事者双手捆住，另一人正挥舞大板行掌刑。尤其让美国人纳闷的是旁观者一脸漠然，大概认为所有一切都是理所当然，还有的人更是露出幸灾乐祸的神情。

上枷受刑（Prisoner Condemned to the Cangue in Court；Mode of Exposure in Cangue），《中国总论》第 1 卷，553、509 页。

在《中国总论》中，美国传教士卫三畏对清朝的司法制度进行了详细的描述。插图显示道台衙门庭审的情形，师爷一旁袖手而立，有意思的是罪犯的儿子跪在地上恳求替父受刑。

游街示众(Publicly Whipping a Thief through the Streets),《中国总论》第1卷,511页。

据卫三畏记载,大清刑律对诸如偷盗之类的处罚为公开鞭笞,罪犯一般由衙役敲锣引路游街示众,并公布罪行,以示羞辱警告。

虐待囚犯(Three Kinds of Tortures;Squeezing the Fingers;Squeezing the Ankles;Monkey Grasping a Peach;Standing on Tiptoe in a Cage;Hot Water Snake;Fastened on a Bedstead),《中国人的社会生活》第1卷,342、336—337、343—345、341页。

在中国延续两千余年的封建统治下,由于对皇权和平民权利认识上的天壤之别,触犯了"王法"的平民百姓根本没有任何权利可言。汉学家卢公明在《中国人的社会生活》中对清朝的各种刑罚记录颇详,卢氏认为严刑不仅仅是逼供,而且是为了敲诈更多的银两。

大清极刑(Carrying Forth to the Place of Execution; Just Before Decapitation),《中国人的社会生活》第1卷,338页。

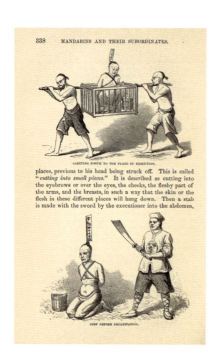

据卢公明记载,大清极刑分为斩首与凌迟处死两种,图为死囚被押解刑场准备行刑。

奉旨监斩(Execution of a Chinese Criminal),《哈泼斯周报》1870年12月10日,797页。

在古代中国,行刑一直是官府组织的公共行为,旨在震慑民众遵纪守法。《哈泼斯周报》1870年版画显示了江南松江府奉旨监斩的情景,图中满清官员的威严、看热闹群众的交头接耳与犯人的垂头认命都刻画得十分生动。美国记者不仅对大清的严刑酷法感到惊讶,更难以理解百姓对生命的漠视和官府随意草菅人命的举动。

管理良策（A Sure Cure：They Do These Things Better in China），《顽童杂志》1883 年 2 月 7 日，358 页。

《顽童杂志》1883 年图文引用《纽约时报》上的说明：根据前朝皇帝规定，由于经营不善而破产的钱庄人员，自董事经理至出纳一律斩首示众，以此讽刺调侃大清刑法的野蛮与严厉。

发辫魔术（High Magic），《顽童杂志》1910 年 11 月 30 日，47 页。

男人剃头结发是清朝政权高压统治的一个显著标志，西方社会则视之为野蛮不化的象征，在近代有关中国的图画中屡屡出现。而《顽童杂志》以儿童学习算术来调侃华人的发辫，颇有歧视轻蔑的味道。

第四章
大洋彼岸：新大陆华人的生存与奋斗

一、心驰金山，梦断花旗

澳门猪仔馆（Barracoons at Macao），《哈泼斯月报》1864 年 6 月，3 页。

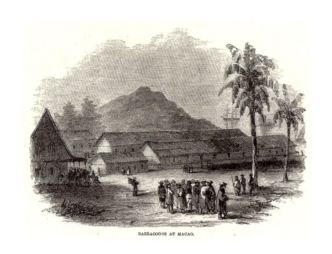

《哈泼斯月报》1864年6月刊登美国医生埃德加·霍尔登（Edgar Holden, 1838—1909）的专文《苦力贸易的一章》，详细记载了在中国与美洲的苦力贸易历史上发生的"挪威号"惨案。苦力一词来源于印度南部泰米尔语，指以体力负重为生的人，而苦力贸易则是16世纪以来非洲奴隶贸易的继续和翻版。图为当时在澳门集结的苦力临时居住的所谓招工馆，又称猪仔馆，一般都是些肮脏不堪的水栅，生活条件十分恶劣。

苦力集结（A Sampan），《哈泼斯月报》1864 年 6 月，4 页。

与奴隶贸易不同，苦力均被强迫签订一份五至八年的卖身契约。赴古巴、秘鲁或美国加利福尼亚的中国苦力，一般都从其家乡乘坐各种形式的小船或舢板，通过珠江三角洲的各种河道，前往澳门或香港，住进掮客为他们准备好的破烂小客栈里，等待赴美船只启航。轮船开船日子确定后，苦力还要再乘坐舢板摆渡到远洋轮船上去。

混血翻译（The Interpreters），《哈泼斯月报》1864 年 6 月，4 页。

葡萄牙是第一个从事中国苦力贸易的西方殖民主义者，澳门则是它在中国贩卖人口的第一个市场和据点，并一度成为亚洲苦力贸易的中心，鼎盛期间仅猪仔馆就达三百家之多。图为"挪威号"猪仔屯船上配置的两名中葡混血翻译。

苦力登船（Coolies Embarking），《哈泼斯月报》1864 年 6 月，1 页。

1859 年，美国"挪威号"计划运载 1037 名华工自澳门开往古巴，苦力由舢板摆渡登船，在甲板上排好队听候检查，然后听从船主指挥，钻进底舱。起初华工还被允许到甲板上放风，后来出于安全的考虑，规定除厨师外，苦力均不准到甲板上来，以防与船长或船员发生吵架和斗殴事件。

维持秩序（Preserving the Peace），《哈泼斯月报》1864 年 6 月，5 页。

由于船舱内通风设备极差，饮食条件恶劣，华工们不时发生呕吐，罹患疾病。起锚第一天苦力之间就争吵斗殴不断，一名华工自杀，另一个被发现吊死，尸体只能抛入海中。而打架斗殴者则被拖上甲板施以鞭笞，《哈泼斯月报》的插图题名为"维持秩序"，可谓是对这种暴力行为的辛辣讽刺。

华工激愤（Enraged Coolie），《哈泼斯月报》1864 年 6 月，2 页。

一名苦力的运费大约 80 美元，而到达目的地后的拍卖价格可能高达 300 美元。由于暴利和贪婪，船主总是超载，船舱里拥挤不堪，有的猪仔船上每人至多占有二平方英尺的面积。华工无法平卧，只得屈膝而坐，夜则交股而眠。底舱极其恶劣的生存条件让华工忍无可忍，随即酝酿暴动，图为组织者手持偷来的菜刀准备暴力夺船。

天机泄露（A Providential Mischance），《哈泼斯月报》1864 年 6 月，6 页。

"挪威号"上有六十名船员，图为水手们在弹压船舱内打斗的情形。船行三日，一名被同伴殴打的苦力告发了华工准备暴力劫船的计划。船长虽然觉得不可思议，但还是采取了必要的措施。由于消息泄露，华工遂决定当晚仓促起事举行暴动，若事败则放火烧船。

封闭舱门（Closing the Main Hatch），《哈泼斯月报》1864 年 6 月，7 页。

事出突然，舱门还没有完全封闭，苦力已冲杀上来，一名水手被砍伤。千钧一发之际，另一名持枪的水手赶来，一枪将带头的华工打翻在地，舱门才被死死封住。

烟火对阵（Firing down the Hatchway），《哈泼斯月报》1864 年 6 月，7 页。

由于未能占领甲板，华工无法劫持船只，遂点燃自制的火把威胁放火烧船，一时间火光冲天，燃亮了漆黑的海面。船员们手忙脚乱地抽水灭火，但于事无补，于是把甲板的帆布拖来覆盖船舱出气口。由于氧气稀薄，火势渐稀，浓烟滚滚，苦力们纷纷奔向出气口喘气，却遭到水手一阵开枪射击。

链锁苦力（Chained to the Hatch），《哈泼斯月报》1864 年 6 月，8 页。

暴乱发生前已有四名苦力因为斗殴被捆绑在甲板上的另一个出气孔附近，混乱中不时向下面的华工通风报信，被船员发现后两人挣脱束缚企图逃跑，却被水手乱枪击毙在甲板上。

亡命之举（A Vain Attempt），《哈泼斯月报》1864 年 6 月，8 页。

为了逃避同样的命运，另一名身材瘦小的苦力情急之下钻进铸铁通气栏杆，企图加入舱下的同伴，被枪击中后坠落底舱身亡。

血书通牒（The Writing in Blood），《哈泼斯月报》1864 年 6 月，9 页。

僵持之中，天色渐明。虽然水手们完全控制了甲板，却发现所有的货物都储存在舱下，尤其是生命必需的淡水，船员的生存面临着巨大的挑战。而同时船舱内也弥漫着失败的恐惧，经过一阵商议，一封蘸着死去同伴鲜血的通牒被送上甲板，要求"挪威号"改变航线开往泰国，并允许一次三百人上甲板透风。

绝望收场（On the Lower Deck），《哈泼斯月报》1864 年 6 月，10 页。

苦力的要求被断然拒绝，船员们利用甲板上的机器制作了一台简易蒸汽机烧制淡水，又艰难地挺过了一天。至第五日见没有任何获胜的希望，苦力们只好绝望地束手就擒，乞求宽恕。在这场短暂的暴乱中，共有七十名华工丧生，"挪威号"四个月后绕过好望角抵达古巴，其间又有六十名苦力死于瘟疫而葬身大海。

古巴苦力（Between-Decks），《哈泼斯周报》1872 年 3 月 23 日，228 页。

由于黑奴的减少，以及海地革命引起的巨大恐慌，西班牙殖民当局决定在古巴岛引进替代劳力；而当时在遥远的中国，鸦片战争刚刚结束，太平天国运动正在兴起，中国百姓民不聊生，古巴遂成为 19 世纪中叶苦力贸易的主要目的地之一。《哈泼斯周报》1872 年 3 月 23 日版画显示了华工在漂洋过海的漫长旅途中打牌消遣的情景，船舱里黑压压的，显然已经人满为患。船主运输一名华工的纯利润为 5 美元，自然是多多益善。

抵达哈瓦那（Landing at Havana），《哈泼斯周报》1872 年 3 月 23 日，228 页。

据统计，从 1853 年到 1873 年的 20 年间，有 13 万中国苦力被贩运到古巴，超过当时古巴人口的十分之一，而其中竟然有超过百分之十的华工死于运输途中。《哈泼斯周报》版画描绘了华工历尽艰辛，终于抵达古巴首都哈瓦那港口的情形。

苦力拍卖（Auction of the Sick and Lame），《哈泼斯周报》1872 年 3 月 23 日，228 页。

《哈泼斯周报》的另一幅版画显示了华工抵岸后被人口贩子拍卖的场景，图中的白人庄园主像购买牲口一样，仔细地检查华工的四肢骨骼、牙口头发，等等，今日看来不仅令人扼腕长叹，是什么精神在支撑着那些远离家乡、忍辱负重的早期华人移民？周报报道，根据身体状况的不同，一名需要服八年劳役的华工的拍卖价格在 200—500 美元之间，而病弱者则被打折成批拍卖。

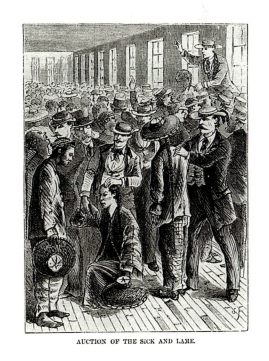

契约华工（Sugar-Making），《哈泼斯周报》1872 年 3 月 23 日，228 页。

苦力名为契约工人，实为奴隶。一般的劳务契约均规定立约人在自到岸无疾病上工之日开始的数年内，必须为持有此合同的任何主人做一切指定的劳动，每天工作 12 小时，但做家务的可以超过此时间限制，周日休息，不过，预支给劳工的轮船舱位等费用将从前期工资中扣除，而每个华工每个月的"工资"仅为 4 美元！《哈泼斯周报》图画描绘了华工在古巴甘蔗糖厂做工，由于劳动强度大，许多华工在契约到期前就已丧生。

阿拉斯加邮轮（Chinese Emigration to America — Sketch on Board of Pacific Mail Steamship "Alaska"），《哈泼斯周报》1876 年 5 月 20 日，408—409 页。

《哈泼斯周报》1876 年版画描绘了航行于太平洋之上的阿拉斯加邮轮，自香港驶往旧金山，负责运送中国东南沿海的契约劳工参与美国西部开发。图中一群华工正在围成圆圈吃大锅饭，由于伙食限量供应，所有苦力均使用统一配发的餐具。船舱里挤满了人，有的在观望等待，有的在交谈消遣，另一侧的美国船员和厨师正在等候为下一批华工分餐。

旧金山海关（Chinese Immigrants at the San Francisco Custom-House），《哈泼斯周报》1877年2月3日，封面。

1877年2月3日《哈泼斯周报》封面报道华人移民抵达旧金山接受海关检查的情形。由于一艘轮船能够运载上千名华工，每当邮轮入港，旧金山海关和警察当局必须全力应对，主要搜查违禁的鸦片、丝绸和象牙制品等。图中华工从轮船上依次走下，海关人员正在仔细检查每个人的行李，右侧的华人甚至脱下衣服接受搜查，前面的妇女显然已通过检查，正在等待放行，而左侧则为负责接待的中华会所人员与负责监视的地方治安官员。

搜查鸦片（Searching Chinese Immigrants for Opium, at San Francisco），《哈泼斯周报》1882年1月7日，5页。

《哈泼斯周报》1882年版画更生动详细地描绘了华人移民在旧金山接受检查的情景，海关大厅里人头涌动，刚踏上美国土地的华工正一一接受海关人员的全身搜查，已顺利通关的新移民正把行李装上马车准备入城。美国是中国19世纪鸦片的重要进口商之一，而鸦片在美国本土属于课税商品，并非违法，是时旧金山为美国鸦片吸食的重镇，华人的到来使得鸦片馆更加普及。

"欢迎"新移民（Reception of European Emigrants Twenty Years Ago；Reception of Asiatic Emigrants in Present Time），《马蜂杂志》1878年6月15日，728—729页。

美国虽以移民立国，但自19世纪中叶以来并非所有人都张开双臂热烈欢迎新移民。《马蜂杂志》1878年漫画里，早先到达东海岸纽约的爱尔兰移民与西海岸旧金山新来的华人移民都受到当地流氓地痞的欺辱攻击，反映了当时相当一部分人的排外理念。

中国佬回家去（Chinese Must Go!），《马蜂杂志》1879年5月14日，828页。

《马蜂杂志》1879年的另一幅漫画体现了西海岸尘嚣日上的希望全面禁止华人移民的呼声，美国白人至上的种族主义思想毕露无遗。

茶壶渡海（Oh! Law They Are Coming over in Their Own Tea-Pots Now!），《哈泼斯周报》1880 年 10 月 2 日，631 页。

《哈泼斯周报》1880 年漫画调侃讽刺华人移民不惜采用一切手段来到美国，种族歧视的意味明显。

照来不误（And Still They Come!），《马蜂杂志》1880 年 12 月 4 日，280—281 页。

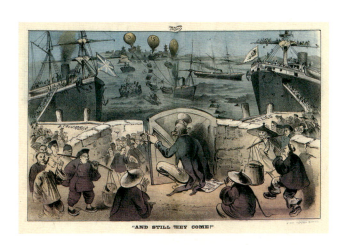

在限制移民的呼声下美国新修订了法律，规定每艘自中国至美的轮船上不得运载超过 15 名华人移民。《马蜂杂志》漫画反映，虽然直接移民的大门被缓缓关闭，但华人钻法律漏洞，通过加拿大的英属哥伦比亚和墨西哥两地仍源源不断地来到美国。

东西对照(Immigration, East and West),《马蜂杂志》1881年8月26日,136—137页。

《马蜂杂志》以东西方移民对比为题渲染白人至上的理念,种族歧视十分明显。图画中来自欧洲的美国东部移民延续了清教的传统,代表着工业、农业、劳工与资本,是美国兴旺发展的保证,受到了山姆大叔与哥伦比亚女神的热烈欢迎;而西海岸的华人移民则被丑化为一头凶恶的巨蟒,象征着自私、瘟疫、道德低下,预示将对美国造成巨大灾难。

反倾泻(The Last Load),《马蜂杂志》1882年8月12日,封面。

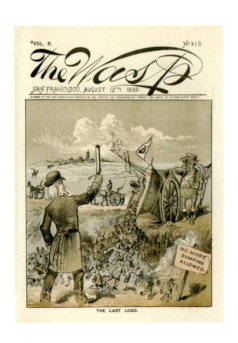

1882年美国《排华法案》讨论通过之际,《马蜂杂志》以封面漫画呼吁严格制止华人移民。图中山姆大叔手持反华令牌,反对约翰牛的倾倒行为,而华人的形象则被极度丑化蔑视。

国门半掩（The Gates Ajar），《马蜂杂志》1883 年 11 月 3 日，封面。

《排华法案》生效后，以《马蜂杂志》为代表的美国种族主义者仍不满足，誓以禁止华人以任何形式来美为最终目的，其封面旨在告诫美国社会，华人仍可以以英国居民或商人身份由加拿大绕道来美。

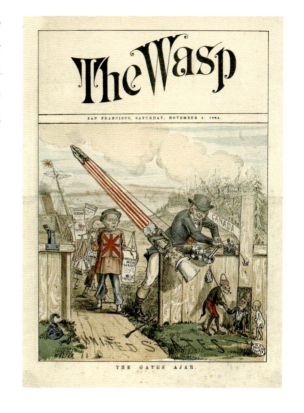

无法区分（A Distinction without a Difference），《哈泼斯周报》1882 年 8 月 19 日，527 页。

中国与朝鲜文化同源，美国开始限制中国移民后，据称有些华人以朝鲜公民的身份进入美国，让移民官员头痛不已，《哈泼斯周报》漫画调侃讽刺了这一现象。

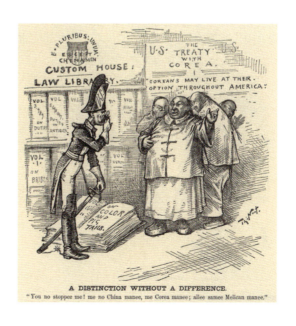

又下一城(Another Bar Down),《马蜂杂志》1887年3月15日,16页。

《美国排华》法案通过后,经历了法庭挑战与国会修正,综合各方利益,后来又准许陪同临时访美人士的护士与佣人入境,《马蜂杂志》漫画显示华人以此为借口进入美国,恶意中伤华人道德低下。

曲线来美(How They Will Evade the Chinese Treaty),《马蜂杂志》1888年3月31日,8—9页。

针对美国的歧视法案,华人进行了顽强的抗争。有些华人利用美国法律中的人身保护令和禁止非法囚禁等条款上诉地方法院与巡回法庭,成功地赢得了在美居住的权利。《马蜂杂志》虽然极力丑化华人形象,但表现得更多的是无可奈何的沮丧。

绕道后门（The Back Door: The Wily Chinese Sneaking over the Northern Frontier），《马蜂杂志》1889 年 10 月 12 日，封面。

加拿大于 1885 年通过《华人移民法》(*The Chinese Immigration Act of 1885*)，向所有进入加拿大的华人征收人头税，旨在阻挠华人在加拿大太平洋铁路完工后继续移民，但仍欢迎负担得起人头税的华人移民，因而成为华人曲线赴美的一个重要渠道。《马蜂杂志》以此谴责加拿大政府利欲熏心的虚伪行为和美国边境官员的玩忽职守。

华人过境（The Administration and "Chinese in Transit"），《马蜂杂志》1889 年 8 月 3 日，7—8 页。

《马蜂杂志》图中华人正蜂拥下船，美国司法部长手持华人过境条款，码头上加利福尼亚小姐正在质问哈里森总统：瞧瞧！过境条款等于废除了《排华法案》，违背了你的竞选诺言，这可不行！

破门而入(The Joker Makes His Appearance Once More),《马蜂杂志》1889年8月24日,16页。

1888年美国在《排华法案》后又通过了《斯科特法案》(Scott Act),更进一步禁止回国探亲的华人重新进入美国,但仍然允许赴拉丁美洲的华工过境美国,《马蜂杂志》认为华人滥用这一条款非法进入美国。

西班牙人(And Now They Came as Spaniards),《马蜂杂志》1889年9月21日,16页。

《马蜂杂志》指责华人为进入美国,各种手段无所不用,图中纽约移民官员质问:什么?你是西班牙人?答曰:是的,文件写得清清楚楚。好的,进去吧。

后果严重（A Dangerous Machine to Fool with），《马蜂杂志》1889年9月28日，8—9页。

《马蜂杂志》以哥伦比亚和美国政客向到访的清朝官员介绍锯木加工场为背景，指控华人道德堕落，使用假护照，作伪证，代表着野蛮落后势力，如此等等，恶意丑化、诋毁华人形象。

偷渡美国（The Chinese Pilot："That Is the United States"），《哈泼斯月报》1891年3月，519页。

因为《排华法案》的限制，加拿大成为华人进入美国的一个重要通道，《哈泼斯月报》1891年刊登了美国记者拉尔夫的专文，详细调查报道了美加边界的非法移民情况。由于人口和鸦片走私的暴利，许多美加商人参与其中，从公司老板到大小蛇头均为白人，图为一名加拿大向导指引偷渡客越境到美国。

命丧沙漠（Dying of Thirst in the Desert），《哈泼斯月报》1891年3月，522页。

19世纪下叶中国战乱频起，天灾人祸不断，民不聊生，而早期移民艰苦奋斗，在美国闯出了一片土地，因此合法、非法移民前仆后继，源源不断。但并非所有的华人都能顺利到达美国，《哈泼斯月报》的插图显示，一个从墨西哥越境进入美国的华人由于缺水而倒毙于沙漠中。

归国途中（Sunday Service on Board of a Pacific Mail Steamship），《哈泼斯周报》1877年6月16日，461页。

《哈泼斯周报》1877年版画描绘了华人牧师在太平洋邮轮上主持主日礼拜的情景，乘客多戴有圆礼帽，衣着整齐，与初来之时的褴褛艰辛判若两人。有的华人还携带着家眷，显然在美已挣下一份家财，得以衣锦还乡。

辞别金山（A Pacific Mail Steamship Leaving San Francisco for China），《哈泼斯周报》1895年8月10日，758页。

《哈泼斯周报》1895年刊登了旧金山码头上热烈的送行画面，一艘驶往中国的邮轮徐徐启航，船上有的人是衣锦还乡，有的是回国娶妻，还有的是叶落归根，而码头上彩旗招展，纸片飞舞，人们像在庆祝一个盛大的节日，与归去的金山客互道珍重，场面十分温馨。

天使之岛（Angel Island），《天使岛》，封面。

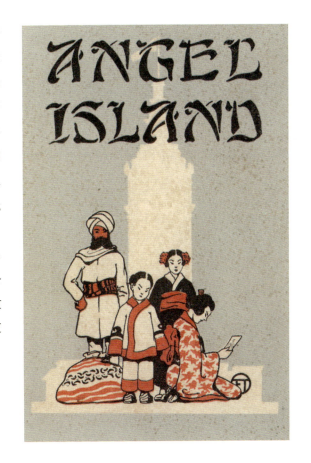

天使岛位于旧金山海湾，与东部移民的必经之地纽约爱丽丝岛遥相呼应，是美国西海岸移民的通道，也是许多中国移民的伤心之地。在从1910年到1940年天使岛移民拘留中心挂牌运作的30年之间，大约有十数万华人经此入境，成千上万的华裔移民曾经被拘禁在那里，短则几天，长则一两年，遣返率高达30%。1974年，天使岛正式成为州立公园。1998年5月16日，美国政府正式将天使岛移民站列为国家级历史古迹。

二、华工的汗水与血泪

华人矿工（A Chinaman en Route for the Mines）,《格立森画报》1852年10月30日，277页。

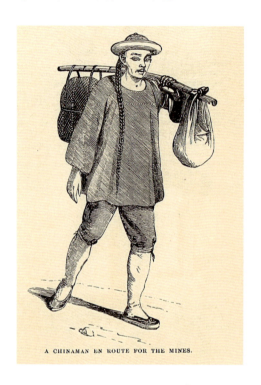

据《格立森画报》图文报道，华人于1849年开始出现在加州的采矿队伍中，人数逐年增加，尤以勤劳节俭、安静温和、与世无争著称，常常在他人废弃的矿脉上采矿作业。这幅1852年插图中华人矿工行装简单，打着裹腿，看着十分干练，但面孔颇似白人，显然画家还未能准确把握华人的神态。

华工淘金（Chinese Gold Mining in California），加州早期新闻报道，出处不详。

这幅收藏于加州大学伯克利分校的图画显示了华人矿工在美国西部冲沙淘金的情形。加州发现金矿后迅速引发大规模淘金热，但与初期白人矿工的疯狂开采与单打独斗不同，华工多由同乡会或中华公所组织，虽然工具简陋、手段原始，但紧密的团队合作仍然让华工能够在废弃的矿脉中淘到金子，引起了不少白人矿工的嫉妒。

野餐露营（Miners），加州文具公司招贴画，日期不详。

华工长期生活在荒山僻野，风餐露宿，一天忙到晚，一年累到头，日复一日，年复一年地辛苦劳作，生活十分简朴。稍有闲暇，也因语言不通和受到歧视，只能与周围的中国人在一起排遣，久而久之形成了华人小村落。

开山采石（Central Pacific Railroad — Chinese Laborers at Work），《哈泼斯周报》1882年12月7日，772页。

在受淘金热刺激而发展的铁路修筑中，逐步从金矿转业而来的华工为修建横贯美国的铁路作出了重要的贡献。起初华工因为体力单薄，个子矮小，被认为根本没能力参加这么艰苦的工作。最后铁路的总承包商一锤定音：能修建万里长城的民族，当然也能修铁路。华工的吃苦耐劳让美国人刮目相看，《哈泼斯周报》称之如古希腊神话中的大力神海格力斯一般神勇无比。

最后一里(Work on the Last Mile of the Central Pacific Railroad — Mingling of Europeans with Asiatic Laborers),《哈泼斯周报》1869 年 5 月 29 日,248 页。

西部铁路初修之时,资方首先雇用的是爱尔兰移民。但爱尔兰人酗酒、斗殴、持续性地要求增加薪资,根本无法适应危险且令人疲惫不堪的修路工程。而华工不像白人那样自由散漫,他们循规守纪,头脑灵活,很多工作一学就会,虽看上去矮小单薄,干起活来却个个能吃苦耐劳,神勇无比,因此成为筑路的主力军。《哈泼斯周报》版画反映了修建太平洋铁路最后一段开山爆破的艰辛,爱尔兰人对华工的恶作剧也被生动地描绘下来。

大雪封山(The Sierra Nevada Snow Blockade),《哈泼斯周报》1890 年 2 月 22 日,140—141 页。

太平洋铁路西段因为要穿越海拔两千多米的内华达山脉,必须建设 50 座桥梁和 10 多条隧道,施工条件极为艰苦,其中长达 1600 英尺的唐纳隧道曾是世界上最长的铁路隧道,也是中央太平洋铁路最艰难的一关。在其开凿过程中又连续两年遇上美国历史上罕见的严冬,很多从中国南方来的从未见过冰雪的华工被活活冻死在帐篷里。《哈泼斯周报》版画描绘的场景今天看来依然让人触目惊心,不寒而栗。

铁路贯通（Across the Continent：The Snow Sheds on the Central Pacific Railroad, in the Sierra Nevada Mountains; Across the Continent：Wood-Shoots in the Sierra Nevada），《弗兰克·莱斯利新闻画报》1870年2月5日，副刊；2月26日，401页。

暴风雪使雪崩频繁发生，有时整个营地的华工都被埋没。1867年内华达地区更遭遇有史以来最大的暴风雪，积雪最厚时达14米深，但资本家仍然责令工人继续施工。这批具有惊人忍耐力和牺牲精神的工人，就在深深的积雪中继续不停地开掘路基、铺设铁轨，保证了太平洋铁路的提前贯通。

铁路贯通（Across the Continent：The Frank Leslie Transcontinental Excursion），《弗兰克·莱斯利新闻画报》1878年4月27日，129页。

华工为修建横贯美国大陆的铁路作出了重大的贡献与牺牲，据统计，约有一千名华工死在内华达山脉，每根枕木下面都有一具华工的尸骨。太平洋铁路内华达段曾被誉为内华达山上的中国长城。1869年5月10日太平洋铁路正式贯通，《弗兰克·莱斯利新闻画报》图画显示了山区通车的场景，下侧即为西部首先发现金矿的亚美利坚河谷。

太平洋铁路（Completion of the Pacific Railroad, May 10, 1869 — the Great Link Connecting Europe with Asia across American Continent），《哈泼斯周报》1869年5月10日，344—345页。

太平洋铁路全长三千多公里，穿越了整个北美大陆，是世界上第一条跨洲铁路，被认为是自工业革命以来的世界奇迹之一。《哈泼斯周报》盛赞太平洋铁路的贯通，认为它将美洲与亚洲和欧洲连接在一起，必将为美国的经济发展做出巨大的贡献。图下两侧是分别代表美国与中国的工业文明和农业文明，而在左方欢呼的人群当中，却难觅华工身影。

旧金山中餐馆（Chinese Restaurant on DuPont Street, San Francisco, Cal.），《旧金山新闻画报》1869年8月21日，21页。

加州由于淘金热迅速兴盛，各国移民蜂拥而至，旧金山的饮食口味亦变得多元，中餐馆便是其中的重要部分。随着华工的不断涌入，来自广东一带民众的日常饮食也进入了美国西部，中式菜和中餐馆便发轫于此时。图为1869年《旧金山新闻画报》（*Illustrated San Francisco News*）描绘的情景，初期的中餐馆多服务于华人，旧金山号称有全美最正宗的中餐，唐人街一向都是食客们的天下。

华人杂货店（Chinese Butcher and Grocery Shop，San Francisco），招商卡片，1870 年。

初期由于语言不通，华工一般只能从事简单繁重的体力劳动。随着金矿的枯竭与铁路的完工，开杂货店成了部分华人移民赖以谋生的手段。零售业不仅营业时间长，工作烦琐辛苦，而且利润微薄，被美国人视为苦差。而华人开设的杂货店一般多为家族经营，为美国民众提供便利服务，不少店铺一直到 20 世纪中叶才逐渐被新兴的超级市场所替代。

旧金山卷烟厂（Chinese Cigar Manufactory on Merchant Street，San Francisco，Cal.；The Coming Man：Preparing the Tobacco-Leaves and Making Cigars），《旧金山新闻画报》1869 年 8 月 21 日，21 页；《弗兰克·莱斯利新闻画报》1870 年 5 月 21 日，152 页。

除了有些华人转入服务业外，还有相当一部分华工进入美国手工制造业，其中就包括烟草制作。左图为《旧金山新闻画报》1869 年描绘的华人卷烟厂场景，厂房里人头攒动，但有条不紊，人人都在认真地做着自己分内的工作；而《弗兰克·莱斯利新闻画报》1870 年 5 月 21 日的 "美国新人" 系列报道里，也对旧金山的华人手工卷烟业进行了仔细的描述，从右图中可以看出所有工人均为男性，而且工作空间被有效利用。

卷制雪茄（Cigar Making in Chinatown），《马蜂杂志》1879年2月22日，472页。

《马蜂杂志》上华人制作雪茄的图画与《旧金山新闻画报》的格调显然不同，对华人的形象极端丑化，地板上老鼠横行，显示其生存条件恶劣，左侧的华人不仅抽鸦片而且染上了瘟疫，更是野蛮落后的象征；倒是监工头脑满肠肥，还有几分神似。

穿越密苏里河（Chinese Coolies Crossing the Missouri River），《哈泼斯周报》1870年1月22日，53页。

太平洋铁路竣工后，因为西部工作机会有限，华工开始向美国的东部与南部迁徙。图为1969年12月26日250名华人路工正在徒步横穿中西部的密苏里河，准备前往得克萨斯州从事建筑工作。是时密苏里河已经结冰无法通航，只能在冰面上铺设木板让华工穿行，每人一根扁担挑着自己的行李，场面颇为奇特壮观，被《哈泼斯周报》称为"蒙古人种的和平进军"。

北亚当斯(Chinese in New England — North Adams, Massachusetts),
《哈泼斯周报》1870年7月23日,468页。

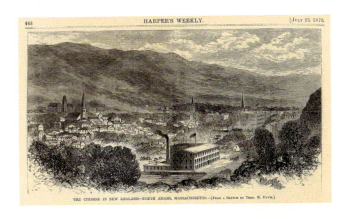

北亚当斯是马萨诸塞州西北部的一个小镇,19世纪以制造业闻名,图中前部即为卡尔文·桑普森(Calvin T. Sampson,1826—1893)开设的制鞋厂。1870年桑普森以入不敷出为由宣布降低工资,工人要求查账被拒后罢工,桑普森于是从旧金山招雇了一批华工做实验,华工遂开始进入美国的新英格兰地区。

制鞋工厂(Chinese in New England — the Workshop),《哈泼斯周报》1870年7月23日,468页。

当华工到达北亚当斯时,才知道自己是作为罢工工人的顶替者被招来的,受到当地人的敌视。经过一段时间后,华工的困境才得到了当地工人的理解和同情,双方建立了良好的关系。《哈泼斯周报》描绘了华工在桑普森的制鞋厂从事鞋底鞋帮缝制工作的场景。

华人学徒（The Avant-Couriers of Coming Man: Scene of Sampson's Shoe Manufactory at North Adams, Massachusetts），《弗兰克·莱斯利新闻画报》1870年7月9日，封面，264页。

《弗兰克·莱斯利新闻画报》对桑普森工厂的华工试验也进行了跟踪报道，图中白人工头正在演示如何使用机械制鞋，一群华工全神贯注地观察学习。桑普森的工人里有一位名叫刘锦浓（Lue Gim Gong，1858—1925）的少年华工，后来成为美国佛罗里达州著名的柑橙专家。

工余就餐（The Mess-Room; The Kitchen），《哈泼斯周报》1870年7月30日，493页。

据《哈泼斯周报》报道，尽管在美国工作，华工仍保留了自己的生活习惯，由于不适应西方饮食，工厂专门聘请了华人厨师，图为两位厨师准备饭菜和华工在餐厅吃饭的情景。从图中可以看出，华工依然保留着发辫，以便日后可以顺利归国，但为了工作的需要，所有人均将辫子盘在头上。

生活娱乐(The Play-Ground; The Dormitories),《哈泼斯周报》1870年7月23日,493页。

华人在工作之余基本上是自娱自乐,左图为华工在放风筝的情景。右图中,《哈泼斯周报》描述华工的集体宿舍床铺像船舱一样拥挤,但干净整洁。华工最初到达北亚当斯时当地人反应冷漠,但中国人的聪明智慧、勤恳好学很快改变了当地居民对他们的印象,当地人开办了主日义务学校,教华工们学习英语。

海湾捕鱼(Chinese Fishermen in San Francisco Bay),《哈泼斯周报》1870年3月22日,240页。

不少华工在来美之前就是中国东南沿海的渔民,采矿与筑路工作结束后重操旧业,在加州海岸以打鱼为生。《哈泼斯周报》报道中国渔民撒网捕鱼的方式独特,图中对渔夫的刻画尤其传神,在旧金山湾凛冽的寒风里涉水拉网,生活的艰辛可想而知。

葡萄庄园（The Vintage in California — at Work at the Wine-Presses），《哈泼斯周报》1878年10月5日，792—793页。

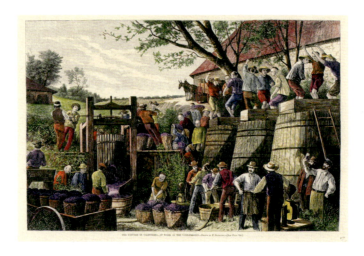

华人也是西部农业劳动力的主要来源之一，他们使荒地变成良田，使整个加州变成一座大花园和果木园。如果没有华工的辛勤劳动，加州的开拓和发展估计要推迟几十年。许多华工运用其在国内积累的农田水利建设经验，在萨克拉门托河和美利坚河流域三角洲地区开垦出了大片良田。而加州葡萄园闻名于世，也是和华工的辛勤汗水分不开的。《哈泼斯周报》1878年的版画生动描绘了华人在葡萄庄园劳动的情景。

何去何从？（What Shall We Do with John Chinaman?），《弗兰克·莱斯利新闻画报》1869年9月25日，32页。

《弗兰克·莱斯利新闻画报》1869年的版画以"中国佬何去何从"为题，反映了当时美国对劳工问题的两种截然不同的观点：图左侧以爱尔兰人为代表的中下劳工阶层呼吁要将所有华工驱逐出境；而南方的农场主则希望用勤奋的华工来代替在美国内战中刚刚被解放了的黑奴。图中的标语牌上写着：南方棉田需要廉价劳工。

路易斯安那州的中国廉价劳工：华人在米罗顿甘蔗种植园劳作 (Chinese Cheap Labor in Louisiana：Chinamen at Work on the Milloudon Sugar Plantation)，《星期六周报》1871 年 7 月 29 日，113 页。

南北内战结束后，获得自由的黑人奴隶纷纷逃离种植园。美国南方的一些白人农场主认为华人拥有必要的农业技能和坚韧毅力，将是替代黑人劳工的最佳选择。1869 年 7 月 13 日，来自南方数州的白人种植业主在田纳西州的孟菲斯市专门就华人劳务输出问题召开区域协调会议，自此开始输入中国劳工。刊登在 1871 年《星期六周报》上的戴维斯 (J. P. Davis) 创作的这幅版画生动地描绘了一群华工在路易斯安那州米罗顿甘蔗种植园劳作的情景。

洗熨衣物（Chinamen Sprinkling and Ironing Hotel Linen)，《弗兰克·莱斯利新闻画报》1879 年 5 月 31 日，201 页。

洗衣是早期美国华人赖以生存的一个重要职业，特别是 1882 年美国实施《排华法案》以后，其他行业中的华人受到排挤，洗衣业便成为美国华侨的一条主要经济命脉。《弗兰克·莱斯利新闻画报》插图为华人在旧金山宫廷酒店地下室洗衣房工作的情景，图中收拾衣物的华工盯着缝纫女工的神情十分有趣。这家有 775 间客房的酒店每天都有大批衣物需要洗熨，在熨衣过程中华工由用手洒水改为喷水，提高了工作效率。

种族冲突（Pennsylvania — War of Races in the City of Brotherly Love - Colored Washwomen Berating Chinese Laundrymen），《弗兰克·莱斯利新闻画报》1875年5月29日，189页。

早期华侨缺乏资金和技术，一个洗衣店，往往只需一些搓板、几块肥皂、一个熨斗和一个熨衣架，由店主或雇几个亲戚操作，能说几句英语就可以开业了。而正是由于华人的参与，美国洗衣服务不仅时间大大缩短，而且价格更为低廉，从第一家华侨洗衣店在旧金山开业后，洗涤衣服的价格由每打衬衫8美元降至5美元，不久又降为2美元。《弗兰克·莱斯利新闻画报》1875年描绘了宾州费城两名黑人妇女由于不满李姓华人洗衣店的竞争，逼上门来恶语相向。

对廉价劳力说不（No More Cheap Chinese Labor），广告招贴画，1870年。

华侨洗衣店全靠手工操作，每日工作十几小时，收入却十分微薄。辛苦的洗衣工作，白人不愿干，因此洗衣业成为美洲华侨长期从事的职业。由于社会地位低下，华工常常受到各种歧视。图为1870年美国商家的广告，号称其制品不必频繁清洗，因此也无需廉价的华工服务。

打道回府（Off for China），广告招贴画，1870 年。

  图为 1870 年另一家厂商在兜售其最新设计的赛璐珞假领与袖口，号称如果美国人购买了他们的产品，华人洗衣工就只能卷铺盖走人。

魔力洗涤液（The Magic Washer: The Chinese Must Go!）广告招贴画，1886 年。

  十数年后美商在宣传所谓的魔力洗涤液时，引用当时流行的政治口号"中国佬滚回去"，对华人的种族歧视与丑化明目张胆，没有丝毫掩饰。

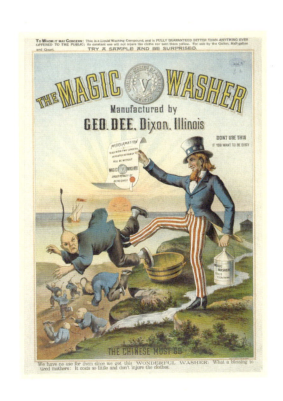

时来运转（The Tables Turned），《弗兰克·莱斯利新闻画报》1880年3月27日，64页。

早期华人移民在采矿筑路工作结束后，除了从事制造业、农业、餐饮业与杂货零售业外，一些华人由洗衣工转而成为富裕美国家庭的佣人。《弗兰克·莱斯利新闻画报》1880年3月27日漫画渲染华人涉足家政服务的后果就是导致大量现有的白人女仆失业。

撒酒疯（Painting the Town Red），《哈泼斯周报》1886年10月16日，668—669页。

西部牛仔文化是美国文化的一个重要部分，《哈泼斯周报》1886年10月16日刊登了《有关牛仔的事实》一文，描述牛仔由于生活艰辛，喜欢开些无伤大雅的玩笑给自己找乐子，但他们却将自己的欢乐建立在华人的痛苦之上，其酒后的耀武扬威，华人移民的无辜与无助，均生动地体现在画面中。

反华示威(California — Anti-Chinese Demonstration at Union Hall, San Francisco, April 5th),《弗兰克·莱斯利新闻画报》1876年5月6日,141页。

美国19世纪末的排华运动有着复杂的经济、政治、文化、宗教等方面的诸多因素。据《弗兰克·莱斯利新闻画报》报道,1876年4月5日晚上旧金山联合广场举行了首次大规模反华示威活动,由时任第十三任州长的威廉·欧文(William Irwin,1827—1886)主持,集会发表声明,强烈要求联邦政府禁止华人移民,并威胁如果再不采取措施,加州和西部将要爆发种族骚乱。而中华公所则针锋相对,谴责种族歧视,呼吁加州州长、旧金山市长和警察局局长对华人进行保护,并请求清政府在当地设立领事馆以维护华侨权益。

丹佛骚乱(Colorado, Anti-Chinese Riot in Denver, on October 31st),《弗兰克·莱斯利新闻画报》1880年11月20日,189页。

19世纪七八十年代在美国西部兴起的反华声浪迅速向其他地区蔓延。1880年10月31日下午,受当地媒体挑拨纵容,一群暴徒突然出现在科罗拉多州丹佛的唐人街上,在几个小时内暴徒捣毁了华人的商铺和住宅,所有的华人洗衣店无一幸免,有一位名叫李兴的华工被殴打致死。丹佛骚乱是当时美国一百多起反华暴乱之一,清政府驻旧金山领事馆虽然强烈抗议,但后来的赔偿要求被拒绝,而肇事者也以证据不足为由被无罪释放。图为《弗兰克·莱斯利新闻画报》描述的丹佛反华骚乱的场面。

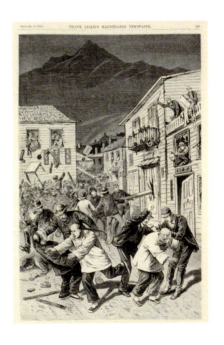

石泉惨案（The Massacre of the Chinese at Rock Springs，Wyoming），《哈泼斯周报》1885年9月26日，637页。

美国《排华法案》通过后，广大华工得不到法律的保护，白人暴徒的排华行动更加肆无忌惮，1885年在怀俄明州的石泉煤矿就爆发了大规模的排华暴乱。9月2日，石泉白人区结集了大批白人矿工和流氓，聚众诉说"黄祸"之苦，随后暴徒们持枪械包围了华人区展开血腥屠杀，造成华工死亡28人，重伤15人，财产损失惨重。《哈泼斯周报》就此进行了详细的图文报道。

一塌糊涂（Here Is a Pretty Mess! In Wyoming），《哈泼斯周报》1885年9月19日，623页。

石泉惨案发生后，中国驻美使团派人调查事件原委，并根据调查团的报告向美国国务卿提出强烈抗议，要求赔偿华人的损失，惩办凶手，并制止以后再出现类似的排华行动。《哈泼斯周报》1885年刊登政治漫画家纳斯特的作品，以中国调查团官员的口吻谴责了这一令人发指的暴行：如今再也无人会怀疑美国是世界"文明"国家的当然领袖了！

强制驱逐（Packing up；On the Wharf；The Collision），《西海岸杂志》，1886年3月。

新的华人移民被禁止入境后，排华势力开始把矛头指向已经在美国生活的中国劳工。在19世纪七八十年代，美国西部的华人社区曾在不同程度上遭受到美国白人种族主义者的迫害，成为各种血腥暴力事件的受害者。1886年2月7日，西雅图爆发了强制驱逐事件，一伙暴徒在劳工骑士的带领下，把当地剩下的350名华人驱赶到为他们准备的船只上，由于华人们拒绝配合，导致了大规模冲突。图为《西海岸杂志》(West Shore Magazine)描绘的驱逐、登船与冲突三部曲。

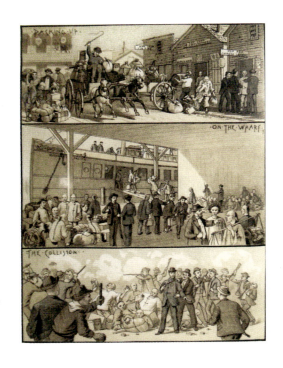

西雅图排华（The Anti-Chinese Riot at Seattle，Washington Territory），《哈泼斯周报》1886年3月6日，157页。

《哈泼斯周报》也对西雅图的排华骚乱进行了跟踪报道。右上侧图为双方在码头对峙的场面。左上侧为全体华人在当地民兵的保护下前往法庭接受问讯，事件中联邦法官罗杰·格林（Roger Greene，1840—1930）为了维护法律的公正，向所有涉案华人发布人身保护令。下侧图为郡警长麦克劳（John McGraw，1850—1910）为了保护不愿离开西雅图的华人而与暴徒街头对抗。由于发生了流血冲突，华盛顿领地总督斯蒯尔（Watson C. Squire，1838—1926）发布了戒严令，美国总统克利夫兰随即宣布在西雅图实行军事管制。

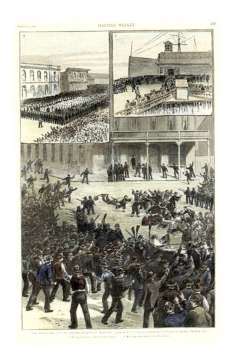

劫后余生（Washington Territory—View of Seattle，Scene of Recent Anti-Chinese Disturbance），《弗兰克·莱斯利新闻画报》1886年2月20日，13页。

骚乱导致350名华人中的绝大多数决定离开西雅图，只有当地华商领袖陈宜禧（Chin Gee-hee，1844—1929）及其家人和他的华昌公司（Wa Chong）的几名雇员一共16人寸步不让。与许多明哲保身的华人相反，陈宜禧代表西雅图全体华人向法庭递交了诉状，就暴徒们造成的商户损失据理力争，最终为受害的华人赢得70万美金的赔偿，使得当地华埠得以延续。《哈泼斯周报》图为西雅图劫后余生的场景。

不择手段（Murderers Stop at Nothing），《哈泼斯周报》1886年3月20日，183页。

《哈泼斯周报》报道，1886年3月7日两名白人在街头被一些不明身份的人暗杀，歹徒不仅誓言驱逐华人，而且恶狠狠地威胁那些同情帮助华人的美国有识之士。M.科尔曼与威尔逊·巴顿均系西雅图公民大陪审团的成员，科尔曼更是陪审团领班，参与了法庭起诉审理西雅图骚乱暴徒一案，两位有良知的美国人为主持正义献出了自己的生命。

去留两便(Hobson's Choice—You Can Go, or Stay),《顽童杂志》1886年2月24日,封面。

1885—1886年间,反华暴徒在邻近的俄勒冈全境驱逐华工,分布在各城镇和乡村做工的华人只能在波特兰找到暂时的栖身之处。《顽童杂志》以讽刺漫画强烈谴责了这一不义之举,图中一个美国牛仔头戴"俄勒冈"帽子,手持双枪,给华工一个经典的"霍布森选择":或者马上离开或者留下被枪杀,而美中条约已经被撕成两半踩在脚下。

主持正义(Justice for the Chinese),《哈泼斯周报》1886年3月27日,208页。

俄勒冈许多被驱赶的华人选择在波特兰的唐人街定居,由于与中国的商务联系,波特兰的政治气候相对宽容。其时的波特兰市长约翰·盖茨(John Gates,1827—1888)来自于美国自由主义的大本营新英格兰地区,针对西部的大规模排华暴行,盖茨大声呼吁:所有的正直之士站出来,勇敢地支持地方政府,向那些无法无天的歹徒宣告,法律和秩序必将在波特兰得以维持。

由盛而衰（The "Bursted" Boom），《哈泼斯周报》1889 年 4 月 27 日，336 页。

随着早期淘金热的出现和垦殖业的需要，大批华工华侨纷纷进驻美国西部，在矿区或附近村镇安营扎寨，聚族而居，这些华人移民的居留地被当地人称为中国营或中国村。《哈泼斯周报》插图显示一个华人聚集的村寨在浩劫之后由盛而衰，破落的村镇杂草丛生，空荡的大街上只剩下两名华工，一片凄凉之气。

困惑（Puckerings），《顽童杂志》1885 年 9 月 23 日，51 页。

1885 年 9 月 23 日《顽童杂志》刊登了一首题名为"困惑"的英文诗歌，以一位"异教徒"华工的口吻，在被驱赶离开怀俄明之际，首先盛赞美利坚是片自由宽容的土地、基督博爱之地；然后话锋一转："而你问我为何如此匆忙离开这片幸福的土地，哦，祝福你，因为我是华人，这里没有我的容身之地。"

三、唐人街：华人在美国的家园

旧金山开埠（San Francisco），早期城市风景画，日期不详。

旧金山亦称三藩市，原是西班牙人建于1776年的一个殖民据点，1821年墨西哥自西班牙独立，旧金山也成为墨西哥领土，1848年美墨战争后正式归属美国。三藩市19世纪中叶在"采金热"中迅速崛起，华侨称之为金山，后为区别于澳大利亚的墨尔本，改称旧金山。从这幅早期的图画中可以看出华人已经开始出现在旧金山街头。

四九人（San Francisco，1849），旧金山1849年招贴画，1925年重印。

1848年萨克拉门托河谷发现金矿后，从美国各地和其他国家来加州寻金的人络绎不绝，所谓四九人即是那些于1849年从各地来到旧金山，梦想一夕致富的人，其中就包括作为苦力来美的华人。当时旧金山港口的帆船到处可见，船上的旅客、水手甚至船长下了船就马上前往矿区，置轮船于海滩而不顾。这幅1849年的旧金山招贴画上可以明显看到两艘搁浅的木船，被人权作仓储之用，左侧则有两名华工的身影。

水漫金山（The Winter of 1849），旧金山 1849 年风景画。

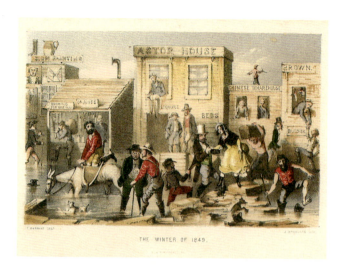

1849 年冬天美国西部发生水灾，旧金山不少位于低洼地区的街道和商铺被淹，民众的财产与生活均受到巨大影响，其中就包括中国人开设的货栈，二楼屋顶上可以看到一名华人无语问苍天。

建设三藩（Sansome Street，San Francisco，1850），旧金山 1850 年风景画。

全世界的淘金热使旧金山人口从最初的数百人激增，产生了对衣食住行的巨大需求，而新来的华人苦力则成了旧金山建设队伍里的重要一员。1848 年，第一批 525 名华人移民抵达旧金山，次年又移入 450 名。这些华人成为建设旧金山的奠基者。图为 1850 年旧金山市中心的街头场景，华人忙碌的身影清晰可见。

金山远眺（View of San Francisco），旧金山 1851 年招贴画。

图为 1851 年旧金山湾区的远眺画面，市区经过两年的快速发展已初具规模，但住房建设仍然无法满足人口大量增长的需求，一些新到之人只能暂时露宿野外，图中左下角就有华人搭设的帐篷。

华人村落（Chinese Settlement in the Suburb of San Francisco, California），《弗兰克·莱斯利新闻画报》1856 年 6 月 21 日，21 页。

伴随着淘金热的出现，大批华工华侨开始抵达美国，在旧金山港口附近安营扎寨，聚族而居。早期到达的华侨主要是农民，他们不懂或很少懂英语，也不习惯当地的生活方式，因此聚居一起互相照顾、帮助，吃唐餐，着唐衫，过中国的传统生活，唐人街的雏形已见端倪。图为《弗兰克·莱斯利新闻画报》1856 年描绘的旧金山附近的一个华人小村落。

华埠新年（Chinamen Celebrating Their New-Year's Day in San Francisco），《哈泼斯周报》1871年3月25日，260页。

旧金山是华人漂洋过海登陆美国的第一站，也是美洲大陆上中国元素最集中的地区之一，而旧金山唐人街则是北美地区最古老的华人聚居区，也是亚洲之外最大的中国城。《哈泼斯周报》1871年版画上的旧金山华埠庆祝新年的场面十分热闹，经历了二十年的快速发展，唐人街已经相当繁华。农历新年是所有华人一年里最重大的节日，热烈的欢庆场面也吸引了不少当地白人围观，街道上人山人海，华人孩子已经和白人顽童打作一团，还有人从三楼窗户探出头来向楼下泼水，画面具有浓厚的生活气息。

喜迎新春（Street Scene in the Chinese Quarters of San Francisco, Cal., during the Celebration of the Chinese New Year），《弗兰克·莱斯利新闻画报》1875年3月6日，425页。

爆竹贺新春在中国已有两千多年历史，体现了民众驱赶妖魔、乞求丰年的良好祝愿。最早为燃竹而爆，因竹子焚烧发出噼噼啪啪的响声，故称爆竹，火药发明后乃有炮杖。华人漂洋过海来到美国后，仍保留了这一传统的庆祝方式。《弗兰克·莱斯利新闻画报》1875年版画中旧金山的华人社区正在燃放鞭炮庆贺新春，有意思的是所有的女眷均在楼上，街头上可辨认出诊所与洗衣房的招牌，而国人年年有余（鱼）的习俗也在画中反映出来。

放鞭炮（A Holiday in Chinatown, San Francisco），《哈泼斯周报》1880年3月20日，188页。

世界各地的华人在传统节日、婚礼喜庆、各类庆典活动等场合几乎都会燃放鞭炮，鞭炮反映了华夏子孙渴求安泰的美好愿望。《哈泼斯周报》1880年全页图画生动地描绘了旧金山华埠燃放鞭炮庆贺新年的场景，图中还有数位白人面孔，各商铺的小伙子竞相登高攀比、争夺头彩，看谁家的鞭炮更高更长更响，而老板们则拱手作揖，互相拜年。

挂彩灯（Dawn of New-Year），《哈泼斯月报》1880年12月，71页。

虽然不能像在国内庆祝新年的时候举行盛大的元宵灯会，但来美的华人华侨也都会图个喜庆，张灯结彩，除旧迎新。《哈泼斯月报》图中虽然点的是煤气灯，但家家彩灯高挂，场面仍然十分壮观。

和气致祥（New Year's Motto: "Love One Another"），《哈泼斯月报》1880 年 12 月，72 页。

《哈泼斯月报》1880 年刊登了凯瑟琳·鲍德温（Catherine Baldwin）题为"光绪六年"的专文，向美国读者详细介绍了旧金山唐人街和在美华人的生活习惯。中国的吉语门联被描述为华人在新年立下的箴言座右铭，"和气致祥"更被直译为彼此相爱。

敬拜神灵（Alter in the Chinese Joss-House, San Francisco），《哈泼斯周报》1886 年 3 月 25 日，260 页。

中国人自古多迷信，逢年过节总不会忘记敬拜神灵。在春节期间，华人不仅会把祖先牌位等供于家中，更会去庙里乞神拜佛，烧一炷香，图个一年大吉大利。《哈泼斯周报》图画显示华人在旧金山庙宇内烧香拜佛，一旁还有白人家庭在好奇地观望。

拜年（New Year's Calls among Merchants）,《哈泼斯月报》1880年12月, 75页。

拜年是中国民间的传统习俗，是人们辞旧迎新的一种方式。《哈泼斯月报》描绘的是旧金山华商互相拜年的情形，图中的中华会所虽是西式建筑，室内家具陈设却是中国风格。一名商人正在呈上标有送者的姓名、地址和吉祥祝语的贺帖，而受礼的长者则作揖答谢，中国这种古老的拱手礼被美国作者描述为与自己握手的奇特礼节。

贺岁（New Year Calls of Children）,《哈泼斯月报》1880年12月, 77页。

在中国传统的男权社会里，大年初一要由男性家长带领小辈出门谒见亲戚、朋友、尊长，以吉祥语向对方祝颂新年，对尊长叩行大礼，平辈间则拱手致敬。男性作揖姿势是右手成拳，左手包住。因为右手是攻击手，包住以示善意。《哈泼斯月报》图画显示中华传统文化在旧金山的华人社区得以传承。

置办年货(Marketing for the New-Year's Day),《哈泼斯月报》1880年12月,74页。

中国人几千年来总把过年当作一件大事,而置办年货则是其中的一个重要环节。年货包括鸡鸭鱼肉、茶酒油酱、南北炒货、糖饵果品,等等,《哈泼斯月报》图中旧金山唐人街熙熙攘攘,一位陈姓商贩的摊位生意兴隆,过年的气氛十分浓厚。

纽约华埠(Sketches in the Chinese Quarters of New York City),《弗兰克·莱斯利新闻画报》1888年6月30日,321页。

19世纪七八十年代美国发生经济危机,白人的大批失业加剧了西部的排华运动。《排华法案》通过后,受迫害的华人开始向美国东海岸迁移。首先进入纽约的华人在曼哈顿下城东南区的勿街落脚,随着人口的逐步增加,几年工夫,纽约的唐人街已成规模。图为1888年《弗兰克·莱斯利新闻画报》刊登的纽约华人庆祝新年的插图。

华埠街景（Reminiscences of a Sample through the Chinese Quarters of New York），《哈泼斯周报》1888年8月25日，629页。

《哈泼斯周报》1888年8月25日的版画也生动地描绘了纽约唐人街的情景，包括中餐馆里忙碌的厨师、开张营业的华人店铺，以及美国画家在街头为华人作速写，等等，作者连华人神龛上的"浩然之气"也描绘下来，十分具有生活气息。

中餐馆（At the Restaurant），《哈泼斯月报》1892年12月，7页。

《哈泼斯月报》1892年刊登亨利·麦克道尔（Henry McDowell）的长文，试图全面介绍中国的传统文化和当时在美华人的状况。文章并配有旧金山当地画家西奥多·沃尔斯（Theodore Wores，1859—1939）的一系列华人肖像画，图文并茂，生动传神。图为华人在中餐馆吃饭消遣的场景，吃中餐是海外华人坚持自己传统生活方式的一项重要内容。

自娱自乐（A Little Music），《哈泼斯月报》1892 年 12 月，8 页。

《哈泼斯月报》没有注明这幅图画的背景，但大致可以看出是几位华人音乐爱好者在新春之际吹拉家乡的乐曲自娱自乐，图中拉二胡与吹唢呐的小伙子全神贯注，神情怡然，而一身新装的小姑娘则对打击乐器兴趣浓浓。

门神（The Gods of Threshold），《哈泼斯月报》1892 年 12 月，9 页。

门神是中国传统文化中守卫门户的神灵，新年敬门神表达了人们一种原始的辟邪除灾、迎祥纳福的美好愿望。沃尔斯笔下旧金山唐人街上的门神却不是国内常见的木刻版画，而是纸扎的三维雕像，在祭拜仪式结束后通过焚化送神升天。

元宵灯节(Chinese Lantern Feast),《哈泼斯周报》1877年4月28日,332页。

农历正月十五元宵节,是中国传统节日之一,标志着新年庆典的结束。元宵之夜,大街小巷张灯结彩,人们赏灯吃元宵,成为世代相沿的习俗。《哈泼斯周报》1877年版画反映了在美的华人庆祝元宵节的情景,虽然没有国内上元灯会热烈壮观,但在月色下有这样一列举着灯笼的队伍走过,可谓是旧金山街头的一道独特风景。

豪华聚会(A Chinese Reception in San Francisco),《哈泼斯周报》1877年6月9日,444—445页。

《哈泼斯周报》1877年6月9日刊登双页版画描绘了一位华人富商王庆富在旧金山的豪华中餐馆大宴宾客的情形,让人仿佛置身"天朝",但刺耳的音乐又让记者回到了人间。餐桌上食物丰盛,大堂雕梁画栋,装饰豪华,前厅还有众多的乐手为女艺人的演唱伴奏,图中间站立的主人抽着旱烟,一脸踌躇满志。

喜庆中秋（New York City — Celebrating Chinese Moon Festival in Mott Street），《弗兰克·莱斯利新闻画报》1884 年 10 月 11 日，封面。

《弗兰克·莱斯利新闻画报》1884 年 10 月 11 日以封面版画报道纽约勿街的华人欢度中秋的情形。中秋是中国的传统节日之一，类似于美国庆贺丰收、阖家团聚的感恩节。而当时美国《排华法案》已经通过，大批华人有家难归，无法与亲人团聚，只能遥望明月，千里共婵娟。

传统戏曲（Scene in a Chinese Theatre），《哈泼斯周报》1879 年 1 月 25 日，77 页。

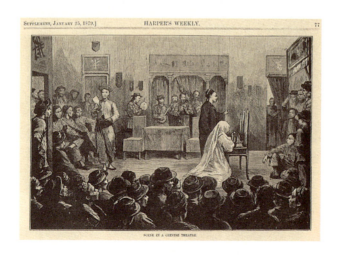

《哈泼斯周报》1879 年 1 月 25 日副刊版画描述了旧金山华人看戏的情景，由于记者不懂汉语，只能大致看出舞台上一位新寡之妇在女佣的挽扶下祭奠亡灵。当时的唐人街已有数家华人剧院，过年看大戏不是富豪的专利，普通民众也乐此不疲，人们在劳累一年之后不仅渴求从戏曲中获取娱乐，更希望能从熟悉的粤剧乡音里得到身心解脱。

华人剧院（Scene in the Principal Chinese Theatre, San Francisco, During the Performance of a Great Historical Play），《弗兰克·莱斯利新闻画报》1870年5月7日，副刊。

《弗兰克·莱斯利新闻画报》增刊的这幅版画描绘的是旧金山中国城里最大的一家中国剧院，正在上演大型历史折子戏，剧场里人头攒动，座无虚席，观众席里不仅有两位白人的身影，而且还有不少衣着华丽的妇女，正是小贩极力兜售的目标，显然对女人的购买力信心十足。

倾情演出（Theatrical Performance in China-Town, San Francisco），《哈泼斯周报》1883年5月12日，296页。

美国画家保罗·弗兰泽尼（Paul Frenzeny，1840—1902）以创作西部题材作品闻名，曾创造一系列横穿美洲大陆的有关作品。《哈泼斯周报》1883年5月12日刊登了一幅弗兰泽尼版画，构图巧妙新奇，生动地反映了旧金山唐人街剧院演出的情景，除了传统戏曲外，还有诙谐喜剧，而华人演员的武功根底更是让人印象深刻。

顺天乐唐人戏（The Introduction of the Chinese Drama in New York City），《弗兰克·莱斯利新闻画报》1889年6月29日，352页。

《弗兰克·莱斯利新闻画报》1889年报道，由纽约华商出资2万美元邀请，旧金山的顺天乐唐人剧团将自5月27日起，在温莎剧院巡回演出传统剧目《四郎探母》两周，画报特别指出此剧道德高尚，剧团仅服装道具就价值10万美元。图为纽约华埠民众在围观戏剧广告，商铺上层还隐约可见有人在吸食大烟。

烟花销售（New York City — A Chinese Vender of Fireworks — Scene on the East Side），《弗兰克·莱斯利新闻画报》1889年7月6日，373页。

1889年美国国庆之际，《弗兰克·莱斯利新闻画报》图画显示一群白人少年儿童在纽约唐人街购买烟花的场景，中国出产的烟花爆竹在美国广受欢迎，商铺里一人在售货，一人在开箱，另外一人在维持秩序。由于人数众多，商家一次只能放进十几个，已得手的孩子兴奋地向后面的伙伴打招呼，另一个在仔细地阅读说明，而其他还没有买到的孩子则一脸焦急。

华人照相(A Strolling Photographer in Chinatown, New York),《哈泼斯周报》1883年8月25日,532页。

《哈泼斯周报》1883年8月25日版画生动地描绘了照相技术初次进入纽约唐人街的情景,十分富有生活气息。华人开始对照相颇有抵触,而欧美人士则视之为身份的象征。图中的白人摄影师为了拍摄这张华人洗衣店的全家福,只能把相机架到了大街上,导致了交通中断和纽约警察的干扰,一群白人也在围观看热闹。

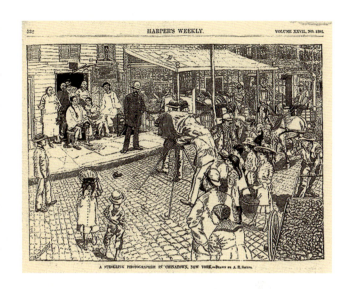

剃发成丁(Initiating a Neophyte),《哈泼斯周报》1886年2月13日,103页。

成丁礼古已有之,在氏族文化强大地区尤其盛行,少年通过这一形式将幼稚的特征去掉,表示其已成人,被族群承认,从此将由家族中毫无责任的孺子转变为正式跨入社会的成年人。《哈泼斯周报》1886年图画显示两名加州的华人少年在族长的主持下,祭拜神明与先祖,正式成为家族的成员。

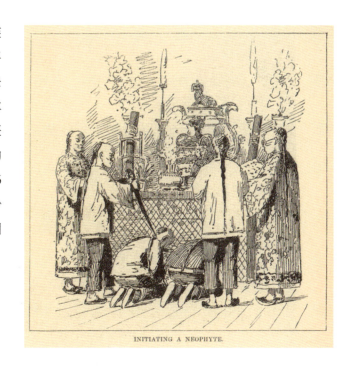

唐人会馆（Chinese Temple，Broadway，San Francisco，Cal.），《旧金山新闻画报》，日期不详。

最早赴美的华人大多来自广东等地，向来宗族和地域观念较强，随着华人到达美洲，同乡会性质的地方会馆和以姓氏组织的宗亲会社也相应产生。而面对白人种族主义者的歧视和迫害，积贫积弱的清廷无力护侨，背井离乡的华工只能自己组织起来，团结互助，争取生存的权利，因而更加促进了华人社团组织在美的发展。图为旧金山街头的华人会馆，《旧金山新闻画报》误以为是中国人的庙宇。

华人商会（Chinese Merchants' Exchange，San Francisco），《哈泼斯周报》1882年3月18日，173页。

《哈泼斯周报》1882年3月18日图文报道旧金山华商会馆设施齐全，大厅宽敞整洁，备有新闻报纸与商业报告供华商阅读，所有人皆彬彬有礼。是时正值加州反华浪潮高涨之际，画报特别指出，华商会馆的雅致与大声叫嚣要驱逐这些"野蛮"华人的流氓恶棍形成了鲜明的对比。

内华达唐人街（Chinese Quarters, Virginia City, Nevada），《哈泼斯周报》1877年12月29日，1025页。

《哈泼斯周报》1877年12月29日以组图报道内华达州华人生活的场景。弗吉尼亚是内华达西部一个偏僻的小城，1859年发现当时世界上最大的康姆斯塔克银矿后，人口激增至两万多，其中就包括不少华人。唐人街上不仅有洗衣房、烧腊店，还有修鞋匠、理发师和街头小贩，另外还有华人熬制中药和夜晚烧纸祭祀，生活气息浓厚，同时也反映了华人聚族而居，不与他人交往的现实。美国著名作家马克·吐温（Mark Twain，1835—1910）在其早期作品中对弗吉尼亚当地的华人生活也有过详细的描述。

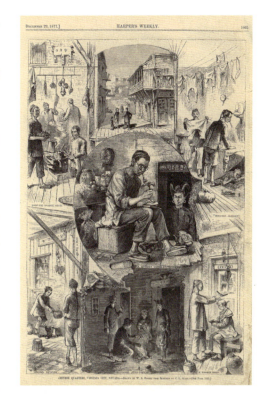

三藩猎奇（Character Sketches in San Francisco），《弗兰克·莱斯利新闻画报》1878年9月7日，5页。

《弗兰克·莱斯利新闻画报》1878年9月7日图文介绍旧金山唐人街，称之为"天朝的海外小省"。画报记者参加了一个走马观花的猎奇之旅，突出记述了唐人街的脏乱差和华人的另类。上图为唐人街的一个算命摊位，右下侧的小伙子在为晚上演出做准备，左下图为珠算记账，这位十七岁的年轻账房正在努力挣钱，然后打算回国与妻子团聚。

第四章 大洋彼岸：新大陆华人的生存与奋斗

华人餐饮（Chinese in San Francisco: How They Cook and Eat in Their Theatres），《弗兰克·莱斯利新闻画报》1879年6月14日，248页。

《弗兰克·莱斯利新闻画报》1879年6月14日追踪报道旧金山唐人街的餐饮业，上图为华人厨师正紧张地为皇家剧院的演员准备晚饭的情景，饭菜做好后还要由华工运送到剧院，用绳索吊到楼上。当时的华人折子戏演出从晚八点到晨四点，因此所有剧院都提供送餐服务，唐人街上新开张的第三家剧院就号称拥有92名演员，6位厨师。

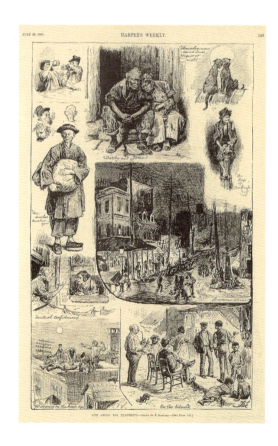

贫民窟生活（Life among the Tenements），《哈泼斯周报》1887年7月23日，529页。

《哈泼斯周报》1887年版画描绘了都市内拥挤肮脏的贫民窟，生活条件极其恶劣，居民多为新近移民，大多无所事事，或酗酒斗殴，或发呆八卦，图中却能看到一名洗衣店华工的身影。

人满为患(Out of the Frying Pan into the Fire),《马蜂杂志》1878年3月2日,封面。

1870年,白人种族主义者以公共卫生安全为借口在加州通过法律,要求所有住宅必须为每位住户提供至少500立方英尺的生活空间。由于唐人街人口密度大,住房高度紧张,成千上万的单身华工多住架子铺,因此被捕入狱,成了加州经济危机的替罪羊。图为《马蜂杂志》描述的旧金山众多华人因违反公共卫生法规而被监禁,当时就有人指出这项政策的荒谬与歧视,因为监狱里人满为患,生活条件更差,根本达不到人均500立方英尺的标准。

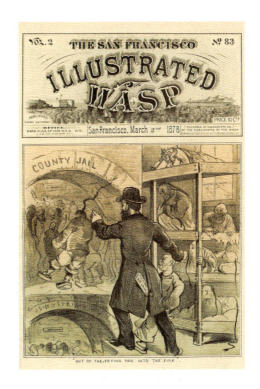

融入金山(How the Chinaman Goes It in San Francisco),《马蜂杂志》1879年10月11日,184—185页。

《马蜂杂志》1879年刊登组图反映在美华人生活的方方面面,图中间为社会各界名流欢迎清朝驻旧金山首任总领事陈树棠到任,而绝大多数的华人挣扎在社会的底层,从事着洗衣、家仆、商贩、杂货餐饮之类收入低微、白人不屑一顾的工作,由于生活艰难,也有华人铤而走险,走上了犯罪之路。

以店为家（Come Home to Them at Last），《马蜂杂志》1878 年 10 月 5 日，8—9 页。

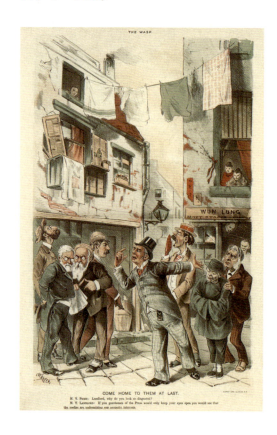

《马蜂杂志》1889 年图画描绘纽约报界参观唐人街，招牌上标注的是勿街洗衣店，记者询问房东：为何你看着一脸怨气？房东：你们睁眼瞧瞧，这帮苦力是如何糟蹋我的财产的！由于店铺营业时间长，当时华人多是楼下开店，楼上住人，而房屋维修自然是房东的责任。

妈妈，铃铛会响吗？(Say, Mamma, Will It Ring if I Pull This？)，《马蜂杂志》1889 年 10 月 5 日，5 页。

这幅漫画描绘了一家华人古玩店内的场景，意在嘲笑在美华人的发辫与西方社会规范格格不入。女童埃德娜扯着店主的辫梢，天真地问道：妈妈，铃铛会响吗？

华女来美(Arrival of a Shipload of Chinese Women at San Francisco — the Celestial Ladies Riding from the Dock in Express Wagons),《弗兰克·莱斯利新闻画报》1869年4月10日,56页。

《弗兰克·莱斯利新闻画报》1869年图文报道,3月底有一船年轻华人妇女将要抵美,唐人街上单身汉个个摩拳擦掌,都认为这是自己成家的好时机,一切代价在所不惜。两周后邮轮靠岸,1500多名男子汉涌向码头,虽然旧金山警察局早有准备,但当390位女子走下轮船时,群情激昂,人潮汹涌,场面还是差点失控,最后使用武装力量,三名警察保护一辆马车,才让组织这批妇女来美的商家会馆将她们安全转移,据说随后要将她们安置到美国富有家庭做女佣。为了进一步限制华女赴美,数年后美国政府通过《佩奇法案》(Page Act),要求华人女性必须持有良家妇女证明方可入境,否则一律作妓女遣返。

唐人鱼巷(Fish Alley,Chinatown),《波浪杂志》第18卷第23号,1898年,7页。

《波浪杂志》1898年图画显示了旧金山唐人街附近著名的鱼巷,当时每天都有出海的渔船把捕捞的生猛海鲜送到这里出售,生意兴隆,受到来自东南沿海的中国移民的欢迎,但大部分华人店铺在数年后的旧金山大地震引发的火灾中焚毁。

三藩街景（Street Scenes in San Francisco），《马蜂杂志》1890 年。

《马蜂杂志》1890 年刊登一幅旧金山街景的彩色石印版画，最上端是旧金山著名的缆车，正被罢工的工人推翻，紧接其下的是活跃于美国各大都市里的基督教救世军的游行队伍，中间圆图为江湖术士在兜售所谓的灵丹妙药，而下侧可见唐人街与杜邦街头的酒吧等，生动地体现了旧金山都市文化的多元性。

三藩华埠（Chinese in San Francisco），《哈泼斯周报》1893 年 6 月 3 日，537 页。

《哈泼斯周报》1893 年刊登组图反映旧金山唐人街的生活，中间为时任清政府驻三藩领事黎荣耀的画像，其他依次包括华人拥挤的住宅、晾晒的衣物、不法帮会成员、科波尔小姐和她的华人女学童。19 世纪下叶，加州曾通过法律禁止黑人与华人子女入读白人公立学校，重视教育的华人只能自己出资组建中文学校，或者送孩子到私立的教会学校学习。

华埠夕照（A Scene in Chinatown, San Francisco），《马蜂杂志》1890年。

1890年《马蜂杂志》的另一幅石印版画描绘了夕阳照耀下的旧金山唐人街，行人穿梭忙碌，有的在大包运货，有的在驻足交谈，人行道上有母子散步，楼上炊烟袅袅，一侧有人在晾晒衣物，另一侧几位妇女在凭栏远眺，画面唯美，十分具有生活气息。

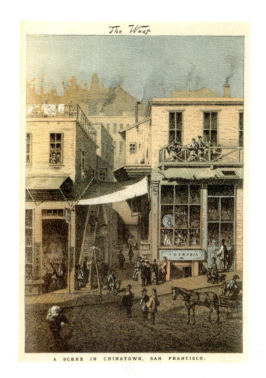

华埠风情（Chinatown, San Francisco），旧金山水彩画，1890年。

美国画家罗伯特·布隆（Robert Blum，1857—1903）的笔下，旧金山华埠人气旺盛，美轮美奂，这幅1890年的水彩画作现收藏于美国加州大学伯克利分校的班克罗夫特图书馆。图中黄龙飞舞，街道两侧的三层建筑不仅修有雕刻精美的飞檐和阳台，还装饰着灯笼和鲜花，繁忙的街道上人来人往，一派热闹景象，旧金山的唐人街已经成为在美华人的家园。

龙腾三藩（Splendid Dragon Proceeded on Its Way），《哈泼斯月报》1906年2月，439页。

龙是华夏民族世代崇拜的图腾，中国人自古就把龙看成能行云布雨、消灾降福的神奇之物。数千年来，炎黄子孙都把自己称作是龙的传人。《哈泼斯月报》1906年2月插图以纪实手法描绘了旧金山唐人街舞龙的盛会，彩灯高悬，旌旗飘舞，巨龙翻腾，烟花闪烁，场面热闹非常，而仅仅两个月后唐人街和旧金山其他社区一样在大地震中损失惨重。

四、早期华人移民掠影

工头阿兴（Ah Sing），《哈泼斯周报》1870 年 7 月 30 日，493 页。

《哈泼斯周报》1870 年 7 月 30 日图文报道华工在马萨诸塞州北亚当斯的桑普森制鞋厂工作，这批来自旧金山的华人领班为工头阿兴，已在三藩市生活数年，由于进过当地夜校学习，因此能读说很流利的英文。周报特别指出阿兴精力充沛，智慧超群，在华工管理方面表现了很强的领导能力，是来美华人的优秀代表之一。

糖果小贩（Chinese Candy Man），《哈泼斯周报》1868 年 9 月 19 日，604 页。

《哈泼斯周报》1868 年 9 月 19 日图文报道在纽约社会底层挣扎的芸芸众生，包括黑人擦鞋匠、二手衣服贩子、报童、雪茄烟贩、玻璃匠、卖雨伞和卖气球的商贩、乞丐，还有摆摊卖糖果的华人小贩。华人初到纽约，几乎都会在街头摆摊谋生。

旧金山鞋匠（A Street Scene in the Chinese Quarter, San Francisco — a Cobbler Repairing the Shoes of One of His Countrymen），《弗兰克·莱斯利新闻画报》1870年5月21日，152页。

华人勤俭持家的传统在新大陆得以延续，《弗兰克·莱斯利新闻画报》1870年5月21日的《美国新人》系列报道，生动地描绘了一名华人修鞋匠在旧金山街头摆摊的情景，除了身后的广告是英文外，感觉与广州并无二致。

扁担送货（A Morning Scene in the Streets of San Francisco），《马蜂杂志》1877年9月29日，144页。

早期华人多来自广东乡下，扁担是最常用的劳动运输工具，图为《马蜂杂志》1877年版画显示华人在旧金山街头挑担送货的情景。由于看不惯华人时常挑着扁担在马路上四处行走，旧金山市议会于1870年针对华人小商贩制定了所谓的肩挑法，禁止行人在路上使用扁担。

唐人剃头（Barber-Shop in Chinatown），《哈泼斯月报》1880年12月，73页。

《哈泼斯月报》1880年12月图文介绍旧金山已颇具规模的唐人街，其中包括一幅华人理发店的插图。自踏上美洲大陆之日起，发辫问题一直困扰着来美华人。虽然引来不少人的歧视目光，但大多数华人仍然保留着剃头结发的装束，希望日后可以顺利归国。

掏耳理发师（An Ear Shave: Life in the Chinese Quarter of the New York），《哈泼斯周报》1888年3月10日，封面。

《哈泼斯周报》1888年3月10日图文报道理发师是华人社区里一份受人尊重的职业，在整个唐人街只有五名通过认证的职业理发师，尤以位于勿街22号的李姓师傅最为有名，由于提供理发、刮面、洗头、清理耳朵和按摩等各项优质服务，因而顾客盈门。美国记者在亲身体验掏耳朵之后感觉颇为清爽舒服，而一次一二十分钟的服务仅收费10美分。

中医药店（Weighing out Medicines in a Chinese Drug-Store, San Francisco），《哈泼斯周报》1889 年 12 月 9 日，1239 页。

许多华人移民漂洋过海后依然笃信中医，或者由于经济和语言的原因无法使用西医，因而中医与中药店也在唐人街落地生根。《哈泼斯周报》12 月 9 日刊登了罗杰斯的一幅作品，生动地描绘了一对华人夫妇在旧金山的一家中药店里等待抓药的情景，图中药剂师的专注、年轻母亲的疲惫以及孩子的天真，均惟妙惟肖。

加国华工（John Chinaman of British Columbia），《哈泼斯月报》1891 年 3 月，517、521 页。

《哈泼斯月报》1891 年 3 月刊登数幅弗雷德里克·雷明顿（Frederic Remington，1861—1909）的作品，反映生活在加拿大英属哥伦比亚省的华人状况，华工神态十分生动逼真。雷明顿是美国 19 世纪末以西部风情作品闻名的画家、插图家、作家和雕塑家，尤其擅长描绘牛仔、印第安人和美军士兵。

加州的中国人（The Chinese in California），《加州的中国人》，封面。

1880年加州反华浪潮风起云涌之际，登斯莫尔（G. B. Densmore）撰写的《加州的中国人：对旧金山华人的生活描述，他们的习惯、道德和礼仪》（*The Chinese in California, Descriptions of Chinese Life in San Francisco, Their Habits, Morals and Manners*）在旧金山出版。全书共122页，包括12张斯图尔特·沃特林（Stewart Voegtlin）绘制的插图，试图对在美华人的状况作多方面的概述。此书的描述对华人文化和生活方式多有偏见歧视，反映了当时美国西部白人种族主义的观点，对《排华法案》的通过起到一定的推波助澜作用。

街头露宿（St. Louis Alley），《加州的中国人》，19页。

斯莫尔声称旧金山的中国城至少有7万华人，超过统计数字的一倍，唐人街早已人满为患，拥挤肮脏。周日街头漫步，给人的感觉像是身处中国，而不是美国。图为沃特林笔下华人露宿街头的情形。

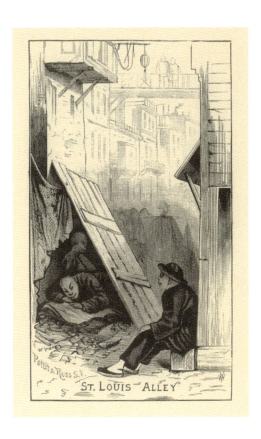

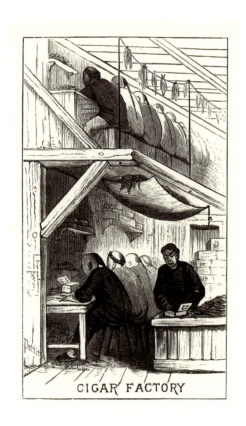

雪茄工人（Cigar Factory），《加州的中国人》，39页。

据登斯莫尔介绍，旧金山的雪茄烟以前一直从古巴或纽约转运而来，华人十年前开始介入，由于工资只有白人的一半，很快占领了当地的市场。而华人的工作条件极其恶劣，只能容纳20人的白人卷烟作坊工作空间，华人却能塞进上百人做工。

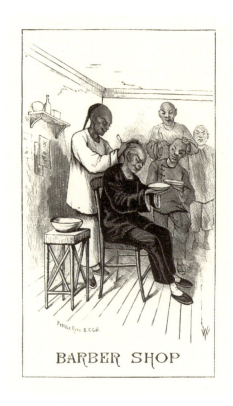

剃头刮脸（Barber Shop），《加州的中国人》，53页。

《加州的中国人》记述华人独特的发式源于1644年大清顺治皇帝留头不留发的喻令，与宗教信仰无关。华人一般四十岁之前不蓄须，而旧金山的理发店提供包括温水洗头、剪发、刮脸、剃头、编辫子、掏耳朵等一条龙服务。

戏剧文化（The Theatre），《加州的中国人》，55 页。

登斯莫尔笔下的加州华人大都喜欢看戏，仅唐人街就有三家剧院，可以容纳 1500 人，门票每人 25—50 美分不等，而华人演员一年收入在 250—1800 美元之间，剧团提供住房，另外还有鸦片、大米和茶叶的补贴。与美国剧院不同的是华人剧院从不拉幕，没有舞台设计，观众席上人来人往，卖水果糖果的小贩来回穿梭，华人看戏从不脱帽，剧院设有专门的女席，等等。

偶像崇拜（Joss House），《加州的中国人》，59 页。

《加州的中国人》详细地描述了旧金山唐人街上的华人寺庙和里面的诸神，同时对华人参加基督教会学校学习的动机和华人能否成为真正的基督徒提出质疑，认为白人针对华人所做的种种传教努力得不偿失。

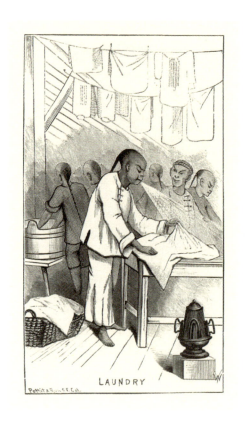

华工洗衣（Landry），《加州的中国人》，79页。

登斯莫尔承认华人聪明能干，可以成为不错的仆人，但对美国文化一无所知，而白人也不能信任华人管账。如果反华人士不想接受华人洗衣服务，就只能多付钱给白人店铺，而所谓的白人店铺也都会廉价雇用华人帮助洗衣。

加州华工（Chinese Characters: Rag Picker, Merchant, Farm Hand, Highbinder, Vegetable Peddler, & Woman），《加州的中国人》，89页。

由于对华人的歧视，登斯莫尔认为众多的在美华人对白人就业造成了巨大的威胁，在加州已经很难找到华人不从事的行业了。从贸易销售、送货上门，到种植水果蔬菜、清除垃圾，等等，华人几乎无所不及。总之，华人在美的作用是弊大于利。另外，登斯莫尔对华人女性多有负面描写，断言当时在旧金山的大多数华人妇女均以卖笑为生。

华人金匠（Jewelers），《加州的中国人》，69页。

登斯莫尔还走访了位于旧金山杰克逊大街718号的华人金铺作坊和首饰店，认为华人的手工艺相当不错。据他观察了解，华人女性无论大小均戴首饰，尤其爱好18—24K足金制作的戒指、发卡、耳环与手镯，除此之外还有不少的玉石与银器，等等。

勿街金匠（The Gold Gods of Mott Street），《哈泼斯周报》1892年6月11日，569页。

在1892年的另一篇短篇小说里，弗雷德·威尔逊以"勿街金匠"为题，塑造了一个得师傅真传，在纽约下城唐人街开首饰店的华人移民形象，而《哈泼斯周报》的插图对人物的神情刻画得十分生动。

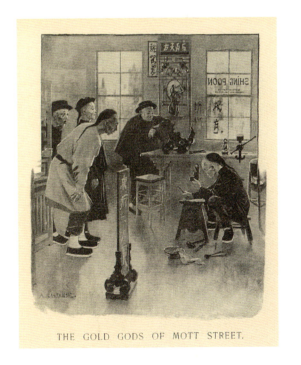

华人众生(Among the Chinese of the Pacific Coast),《哈泼斯周报》1893年5月27日,508页。

《哈泼斯周报》1893年刊登一幅生活在美国西海岸的华人众生组图,人物形象栩栩如生,包括背负衣物回店的洗衣工、用扁担挑货的华工、上街买菜的已婚妇女、运送蔬菜的菜农、卖甘蔗的小贩、修理家具的木匠、华人少妇和她的女儿。其中对华人菜农的描绘尤其生动,沉重的负担、汗湿的衣衫、坚定的脚步,生活的艰辛尽在不言之中。

焚香祭拜(Burning the Prayers — Chinese Superstitions),《哈泼斯周报》1873年8月23日,745页。

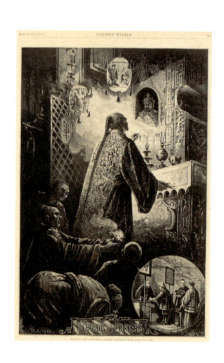

《哈泼斯周报》1873年8月23日版画描绘了旧金山华人寺庙的祭拜场景,从图中看大概拜的是关公,华侨在国外从商者众多,因此对于作为武财神的关公也多加崇祀。寺庙内悬挂着绚丽的宫灯,神龛装饰精美,供桌上香火弥漫,华人信徒虔诚地焚香叩拜,而做法事的祭师则身穿华丽的绣袍,显得身份不凡。图画虽工笔细腻,但色调阴暗,反映出了当时美国主流社会对华人宗教信仰的另类认识。

**和尚诵经（Ready to Say Mass），
《哈泼斯月报》1892 年 12 月，
4 页。**

《哈泼斯月报》1892 年刊登亨利·麦克道尔（Henry McDowell）的长文，全面介绍中国的传统文化和当时在美华人的状况，文章并配有旧金山画家西奥多·沃尔斯创作的一系列华人肖像画，图文并茂，生动传神。图为唐人街华人寺庙里的一名和尚头戴僧冠，身披袈裟，准备诵经作法。

READY TO SAY MASS.

沙门法事（Consecration of the Joss），《哈泼斯月报》1892 年 12 月，11 页。

《哈泼斯月报》图画为一位僧人在旧金山唐人街上的寺庙里进香作法的情形。华人背井离乡，坚守传统信念是许多人赖以生存的精神支柱，因此寺庙里香火鼎盛。而对当时多数信仰耶稣基督的美国人而言，烧香拜佛则是愚昧迷信的异教徒偶像崇拜的具体体现。

CONSECRATION OF THE JOSS.

新婚荣福（The Wife of Foo Jung），《哈泼斯周报》1892 年 1 月 16 日，53 页。

《哈泼斯周报》1892 年刊登弗雷德·威尔逊（Fred A. Wilson）的短篇小说《荣福之妻》，描述了一个来自福州的华人新移民荣福，以赌博手段高超在纽约街头混吃混喝，最后却被一名金发蓝眼的白人女孩骗财的故事。

华埠书生（Len Chuen Yee's Revenge），《哈泼斯周报》1893 年 3 月 18 日，249 页。

1893 年，弗雷德·威尔逊以"易岚纯复仇记"为题，讲述了华埠书生因交友不慎，四年辛苦积攒的 1500 美元被赌徒骗去的故事。威尔逊笔下的唐人街充斥着尔虞我诈，对华人的歧视成见显而易见。

店铺伙计（A Chinese Shop），《哈泼斯月报》1892年12月，5页。

《哈泼斯月报》1892年刊登亨利·麦克道尔的长文，试图全面介绍中国的传统文化和当时在美华人的状况。文章并配有旧金山当地画家西奥多·沃尔斯的一系列华人肖像画，图文并茂，生动传神。图为唐人街杂货店铺的伙计在做买卖。

花灯工匠（Painting Lanterns for the Chinese New-Year），《哈泼斯月报》1892年12月，13页。

灯笼是起源于中国的一种传统民俗工艺品，由纸或者绢作为灯笼的外皮，骨架通常使用竹或木条制作，中间放上蜡烛，主要作用是照明。作当灯笼的一种，花灯是中国传统农业时代的文化产物，兼具生活功能与艺术特色。《哈泼斯月报》的插图显示漂洋过海的华人工匠已经把这项技艺带到了美国。

贩鱼华妇（In Chinatown, San Francisco），《哈泼斯周报》第 32 卷第 81 号。

路易斯·康福特·蒂芙尼（Louis C. Tiffany，1848—1933）是一位极富创造力的艺术家，为美国新艺术主义风格的主要代表，以彩绘玻璃艺术品闻名世界。在迷上彩绘玻璃之前，蒂芙尼曾渴望成为一名世界级的绘画大师。《哈泼斯周报》1888 年刊登了一幅蒂芙尼作品，图中一位华人妇女正在旧金山唐人街上摆摊贩卖捕捞的海鱼。

华人妇女（A Woman of the People），《哈泼斯月报》1892 年 12 月，15 页。

19 世纪末在美的华人以男性居多，因此沃尔斯有关华人妇女的作品更显得难能可贵，《哈泼斯月报》1892 年的这幅插图描绘了旧金山唐人街上一位中年女性的形象。

中国花朵（A Chinese Flower），《哈泼斯月报》1892年12月，10页。

沃尔斯在其绘画中对人物神情的把握十分传神，《哈泼斯月报》图中穿戴打扮整齐的华人小姑娘尤其显得清纯可爱，沃尔斯因此以中国花朵命名他的这幅作品。

A CHINESE FLOWER.

焚香女童（On the Steps of the Joss-House），《哈泼斯月报》1892年12月，17页。

根据麦克道尔的介绍，传统的华人社会一贯重男轻女，来自贫困家庭的母亲都会对女婴表现出相当的忧虑，因而会经常到唐人街的寺庙里烧香拜佛，祈求菩萨保佑男丁兴旺。在沃尔斯的这幅作品中，一位小姑娘被母亲带来焚香祷告，仿佛可以从她的幼稚眼神里感觉到一丝忧郁。

ON THE STEPS OF THE JOSS-HOUSE.

集市上的母女（Marketing），《波浪杂志》第 18 卷第 23 号，1898 年，12 页。

《波浪杂志》1898 年刊登数幅旧金山唐人街素描，风格写实，有别于当时流行的对华人社区的泛泛猎奇之作，由美国道奇文具有限公司以"真正的中国日历"为名出版发行。图为一对上街买菜的母女，围裙、菜篮子、凌乱的头发、睡眼惺忪的孩子，华人移民普通真实的生活溢于纸面。

田琼与阿芳（Tit Quon and Ah Fat），《波浪杂志》第 18 卷第 23 号，1898 年，12 页。

图为"真正的中国日历"中的另一幅旧金山华人素描，一对小姑娘田琼与阿芳，面对走进唐人街的陌生美国画家保持着警惕的眼神。

村姑（The Sacramento River），《波浪杂志》第 15 卷第 35 号，1896 年，15 页。

萨克拉门托（Sacramento，沙加缅度）是坐落于加利福尼亚州中部、萨克拉门托河流域上的城市，19 世纪淘金潮兴起时，萨克拉门托是一个重要的人口集散地，也是一个商业和农业中心，以及运货马车、驿马车、河轮、电报、野马快递和第一跨洲铁路的末端站。《波浪杂志》1896 年图画显示了华人依水而建的村落和一位姑娘在田野劳动的情形。

怀春少女（A Chinese Juliette），《波浪杂志》第 22 卷第 40 号，1900 年 8 月 12 日，11 页。

《波浪杂志》1900 年 8 月 12 日刊登了一幅题名为"中国的朱丽叶"的华人素描，画面简洁唯美，图中唐人街上的一名华人少女凭栏而望，正在憧憬着未来的生活。

无知为福（Ignorance was Bliss），《顽童杂志》1901年11月27日，34页。

《顽童杂志》1901年11月27日漫画暗讽当时在美的华人移民无所不食，但从另一个方面也反映了中华餐饮已经被美国民众接受，图中的一对白人食客能够很熟练地使用筷子，两人只愿享受美食，并不想知道自己到底吃的是什么东西。

中餐老板（A Sailor's Life），《顽童杂志》1902年9月10日，14页。

《顽童杂志》1902年9月10日漫画讽刺中餐馆的老板不仅英文糟糕，而且情商低下，当着水手的面，对水兵的生活方式评头论足。画面上有三对白人在同时就餐，说明餐馆生意相当不错，而墙角的两位女士还在认真学习如何正确使用筷子。

难以置信（Too Good to Be True），《顽童杂志》1903年3月25日，14页。

《顽童杂志》1903年3月25日的另一幅漫画中，一位走街串巷的犹太商贩正在向华人洗衣店推销笼子，起初店主并不感兴趣，但经点明可作捕鼠之用后，店主一口气要买三个，对在美的华人和犹太人的种族歧视十分明显。

华工买帽（A World Grabber），《顽童杂志》1902年4月16日，6页。

《顽童杂志》1902年4月6日漫画对在美的犹太人和华人有着明显的种族歧视倾向。图中一名来自德国的犹太帽商正在咄咄逼人地向来自香港的华工推销他的圆帽：买一顶吧，我的朋友，只要25美分，赔本我也要做成这笔对华贸易！

公事公办（A Parting Shot），《顽童杂志》1903年3月25日，11页。

《顽童杂志》1903年3月25日的漫画中，一名华人洗衣工因为店主外出嘱咐秉公办事，拒绝了一位顾客忘带收条而坚持取衣的要求，无奈之余这位爱尔兰白人女士临别赠言：你怎么跟爱尔兰人一样固执！对华人和爱尔兰人的歧视、调侃意味十足。

侍者与食客（Experienced），《顽童杂志》1903年9月30日，14页。

《顽童杂志》1903年9月30日漫画讥讽美国有闲人士以尝试中餐来附庸风雅，图上一名华人侍者关心地询问：女士，也许您不太喜欢中餐？女顾客：没问题，我能忍受，波西米亚套餐的每道菜我都基本尝遍了！

并不挽留（No Restraint），《顽童杂志》1903年4月22日，27页。

《顽童杂志》1903年4月22日插图中一名纽约公交车乘务员在询问华人："你是要去勿街吗？""对呀，到站你会让我下车吧？""放心，这里没有人会挽留你的。"言下之意暗指其时美国上下盛行的排华浪潮。

选择（His Natural Preference），《顽童杂志》1904年3月9日，11页。

《顽童杂志》1904年3月9日图画不仅暗指中国战乱不断，更展示了普通华人在美社会地位的低下与华人的知足心态，图中一名美国警察在和华工聊天："你恐怕现在很庆幸自己不是在国内打仗吧？""是啊，老天保佑，洗衣服要比上战场强多了！"

报童(Our Messenger Boys),《哈泼斯周报》1884年5月24日,8—9页。

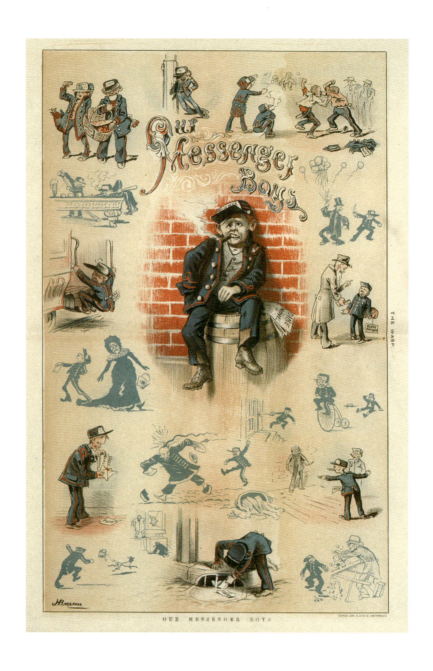

《马蜂杂志》描绘旧金山街头帮助送信的报童是个十足的问题少年,不仅不务正业,而且调皮捣蛋、打架斗殴,而唐人街的华人就是他的欺负对象之一。

钓鱼为乐（Lines to a Chink），《顽童杂志》1903 年 10 月 14 日，7 页。

《顽童杂志》1903 年 10 月 14 日图画表现了两名华人工余在海边码头上以钓鱼为乐，漫画使用了带有歧视意味的中国佬为题名，并调侃华工的洋泾腔英语，但对两人欢乐神情的刻画十分生动。

纽约勿街（Made in Mott Street: The Rest of New York Moves, but Chinatown Stays），《顽童杂志》1914 年 11 月 28 日，中心插页。

《顽童杂志》1914 年 11 月 28 日刊登美国画家雷蒙德·尤沃（Raymond Crawford Ewer，1888—1915）的作品，生动地描绘了 20 世纪早期纽约唐人街的众生相，包括读报的老人、滑旱冰的儿童、烤红薯的摊贩、挑担的华工、看告示的群众以及街头的烟民，等等，但除了一名手持气球的小姑娘外，没有任何其他女性，从一个侧面反映出了由于《排华法案》的影响，传统的华人社区以男性为主，正在迅速老龄化的残酷现实。

第五章
亚美利坚：美国政治中的华人问题

一、华人移民与选举政治

战后重建政策(The Reconstruction Policy of Congress as Illustrated in California),竞选广告,1867年。

美国内战结束后,共和党人乔治·戈勒姆(George C. Gorham,1832—1909)参选1867年的加利福尼亚州州长竞选。当时的共和党以林肯为精神领袖,主张人权平等,在东部和中西部势力强大,但在美国南部和西部却遭到民主党人的强烈反击。戈勒姆思想开放进步,由于他坚持包括黑人、华人和印第安人在内的所有人民都有权利参加民主投票,反对当时的排华政策,最后以九千余票之差落败。图为当时加州民主党的政治招贴画,嘲笑黑人、华人、印第安人和猴子一般智能低下,成为了戈勒姆的竞选负担,而一旁的山姆大叔则护着投票箱,声色俱厉地警告唯有白人才拥有投票权,一副丑陋的、不折不扣的种族歧视嘴脸。

太平洋骑士(Pacific Chivalry:Encou-ragement to Chinese Immigration),《哈泼斯周报》1869年8月7日,512页。

刊登在1869年8月7日《哈泼斯周报》上的图画是美国著名漫画家纳斯特的第一幅有关西部华人移民的作品,并由此确立了纳斯特同情华人、谴责种族歧视的政治立场。图中以爱尔兰白人为主的加利福尼亚州劳动骑士足蹬马靴,腰别手枪短刀,恶狠狠地一手揪住华人的发辫,一手抓着马鞭正欲施暴;而一侧工棚的墙上则写着"正义法院向华人关闭,黄种人要多纳税!"的字样。

中国佬到来（The Coming Man — John Chinaman: Uncle Sam Introduces Eastern Barbarism to Western Civilization），《哈泼斯周报》1869 年 8 月 28 日，560 页。

《哈泼斯周报》1869 年 8 月 28 日刊登漫画家汉克·多尔（Hunk E. Dore）之作，与纳斯特的作品形成了鲜明的对比。图画题名为"山姆大叔正在向西方文明介绍东方野蛮"，左右角的纽约城堡花园和加州金门分别为欧洲和亚洲移民登陆美国之地，代表欧洲移民的爱尔兰人手持大棒，暗藏杀机，而图中的华人面目猥琐，形象丑陋，作者的种族歧视倾向十分明显。

最新成员（The Last Addition to the Family），《哈泼斯周报》1869 年 9 月 25 日，624 页。

《哈泼斯周报》1869 年 9 月 25 日多尔的另一幅作品中哥伦比亚头戴鹰冠，身披美国国旗，正温柔地注视着怀里的华人婴儿。作者仿佛在说明华人已成为美利坚家庭的一员，但婴儿的狰狞面目与哥伦比亚的温柔美丽形成了鲜明的对比，让人视之不安。

山姆大叔的感恩家宴（Uncle Sam's Thanksgiving Dinner），《哈泼斯周报》1869年11月20日，745页。

1869年11月20日美国感恩节之际，《哈泼斯周报》刊登了一幅纳斯特的作品，以庆祝美利坚民族文化的多样性，憧憬合众国公民的政治平等。感恩节是美国人合家团聚的重要节日，作为男主人的山姆大叔正在右侧切割火鸡，而女主人哥伦比亚则坐在左侧，正与华人和黑人一起聊天；其他来参加感恩大餐的包括印第安原住民和来自德国、法国、阿拉伯、英国、非洲、意大利、西班牙、爱尔兰的移民。山姆大叔背后的装饰画上标有"欢迎"字样，餐桌中间的灯具上则写着"居民自决，全民普选"的标语，另一侧的墙上悬挂着林肯、华盛顿和格兰特的画像。华盛顿是美国的开国元勋，林肯是废除奴隶制度的共和党领袖，而格兰特则是内战期间的英雄将领和当时的美国总统，正致力于推进宪法第十五条修正案的通过，禁止联邦或州政府根据公民的种族、肤色或以前曾是奴隶而限制其选举权。

鞋匠殉难（The Martyrdom of St. Crispin），《哈泼斯周报》1870年7月16日，464页。

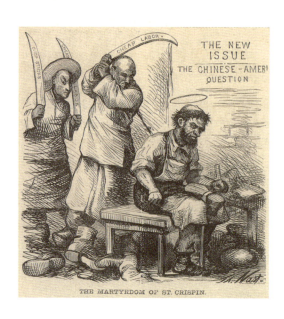

1870年，马萨诸塞州北亚当斯的卡尔文·桑普森制鞋厂从旧金山招雇了一批华工顶替罢工工人，《哈泼斯周报》7月16日的纳斯特漫画反映了当时相当部分美国民众对此事的偏见，图中头顶光环、专心劳作的是鞋匠和皮匠的天主教守护神圣克里斯平，即将成为华人廉价劳动力的"刀下之鬼"。

断绝来路（Throwing down the Ladder by Which They Rose），《哈泼斯周报》1870 年 7 月 23 日，480 页。

19 世纪中叶，美国本土人党（美国人党）发起"一无所知"运动，其名称来源于该政党的半秘密组织。当成员被问到他们的行动时，他会回答说："我一无所知。"本土主义运动是美国历史上一场以排外思想为理论根基，以反对天主教、犹太教、亚洲和拉丁美洲移民为主要任务，以一些兄弟会性质的组织为骨干，以维护白人主流文化为主要目标的政治运动。本土主义运动与移民问题紧密相连，与白人种族主义、民族主义和主流宗教等问题不可分割。

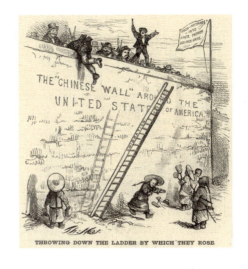

《哈泼斯周报》1870 年 7 月 23 日以纳斯特的漫画谴责白人种族主义和本土主义运动的虚伪，墙头上飘扬着"一无所知"的旗帜，刚刚爬上城头的爱尔兰与德国移民马上蹬掉移民的梯子，断绝了华人的上升之路，曾几何时的被压迫者现在已成为新的压迫者。

彗星来临（The New Comet — a Phenomenon Now Visible in All Parts of the United States），《哈泼斯周报》1870 年 8 月 6 日，505 页。

《哈泼斯周报》1870 年 8 月 6 日刊登纳斯特的另一幅漫画，也是他所有图画中华人不是以现实生活人物出现的唯一作品，极其形象地反映了当时美国社会对华人移民的复杂心理。因为中国自称天朝，因此图中华人被描绘成了一个飞速到来的彗星，拖着发辫上标注廉价劳力的彗星尾巴飞

过美国夜空，背景中隐约可见国会山轮廓。华人的到来引起了美国民众的极大关注，三架大型望远镜分别代表了资本、劳工和新闻界的不同反映：左侧的工厂牌子注明由于工会规章，工厂已被关闭，观望的人群兴奋不已，分别举着"欢迎他们到来！""美国足够大，欢迎所有人！""我们需要佣人、厨子和护士！"等各式标语牌；而右侧代表劳工的望远镜根本没有拉开对焦，看着更像是准备对彗星射击的大炮，人群中的标语牌则包括"这是我们的国土！""我们不要华人！""华人必须铲除！""打倒资本家！""投民主党一票！""拒绝廉价鞋！"，等等。

讨厌的飞虫（The Latest Edition of "Shoo, Fly!"），《哈泼斯周报》1870年8月6日，512页。

美国新闻界对北亚当斯的桑普森制鞋厂雇用华工一事多有报道，纳斯特于1870年8月6日在《哈泼斯周报》再次以此为题发表漫画，图中已经升天的鞋匠守护神圣克里斯平化身飞虫不停地骚扰，正在制鞋的华工不胜其烦，却又无可奈何，只能举起发辫试图驱赶。

华人问题（The Chinese Question. Columbia："Hands off Gentlemen! America Makes Fair Play for All Men!"），《哈泼斯周报》1871年2月18日，149页。

纳斯特于1871年2月18日在《哈泼斯周报》发表题为"华人问题"的漫画，强调法律面前人人平等，旗帜鲜明地鞭挞了当时流行美国的那种歇斯底里的恐华反华病态。图中一帮白人流氓手持刀枪棍棒，杀气腾腾地追逐驱赶华人，墙角下一名受伤的华工正坐在地上抽泣，而图画中心的哥伦比亚则挺身而出，正义凛然地怒吼道："住手，先生们！美国鼓励公平竞争！"在这幅作品中，纳斯特以他惯用的告示板形式为读者提供了大量的文化信息，一侧墙上贴满了各式各样的反华标语："苦力，奴隶，乞丐，吃老鼠，未开化之人！""华人是最卑鄙肮脏之人种，没有我们的家庭观念和价值！""华人恶毒，放荡，欺诈，道德低下！""华人是崇拜偶像的异教徒！""要选票还是子弹！"纳斯特以墙角的垂直线将画面巧妙地分成了正义与邪恶两部分，孤立无助的华工、愤怒的哥伦比亚与暴徒的凶神恶煞形成了鲜明的对比，而右侧背景里隐约可见屠杀黑人的上吊绳索和燃烧中的孤儿院，更加渲染了白人种族主义者的暴力色彩。

政教分离（Church and State — So Union upon Any Terms），《哈泼斯周报》1871 年 2 月 25 日，172 页。

19 世纪中下期随着移民的增加和人口数量的上升，美国各种宗教势力也迅速增长，纷纷向政府施压，希望以公共税收资助私立教会学校。纳斯特因此在 1871 年 2 月 25 日的《哈泼斯周报》上发表漫画，严正阐明政教分离这一最基本的立国原则。

图中不仅有罗马天主教、长老会、摩门教、清教等各种教派，还有所谓的异教徒华人和原住民印第安人，而代表国家的哥伦比亚则对所有人一视同仁，表达了纳斯特本人的理想主义理念。

不会平息（Something That Will Not "Blow Over!"），《哈泼斯周报》1871 年 7 月 29 日，696—697 页。

1871 年 7 月，纽约市爱尔兰天主教徒与举行游行集会的爱尔兰新教徒发生了大规模流血冲突，纳斯特以此为题材在《哈泼斯周报》上发表作品，强烈谴责了这一暴行。作为理想主义者的纳斯特十分痛恶暴力和骚乱，在他眼里华人和黑人以及印第安人都是这种仇恨的受害者，并天真地希望所有美国人不分种族出身和宗教信仰，均能和平相处。

华人难题（A Chinese Puzzle），《哈泼斯周报》1876年6月10日，476页。

1876年《哈泼斯周报》针对美国当时日益严重的经济衰退与种族冲突问题，以加州将如何应对为题刊登一幅漫画，华人被描绘成了一个玩具盒里面的弹簧人，旨在说明政客们无法既要压制华人，又要保证华人的基本自由。

同床异梦（Uncle Sam's Troublesome Bedfellows），《哈泼斯周报》1877年12月1日，952页。

《哈泼斯周报》1877年12月1日漫画中山姆大叔一脸愠怒，正与同床的印第安人、爱尔兰人和华人争夺床单，印第安人与爱尔兰人手持黑麦威士忌，华人抽着烟袋，旁边架着标有"廉价华人劳力"字样的搓衣板，床下还趴着一名摩门教徒，如此等等，华人与其他种族和宗教团体一起被列为美国国内急需解决的重大社会问题之一。

华人问题暗示（A Hint on the Chinese Question），《马蜂杂志》1877年10月6日，封面。

19世纪70年代末，西部社会各界均以反华为荣，而加州的新闻界更是充当了排华的喉舌与急先锋。《马蜂杂志》1977年10月6日以封面漫画谴责其竞争对手《旧金山晚报》的虚伪，据称这位名叫韩丁的晚报主编白天撰文抨击华人，晚上回家却心安理得地享受华人提供的各种服务。

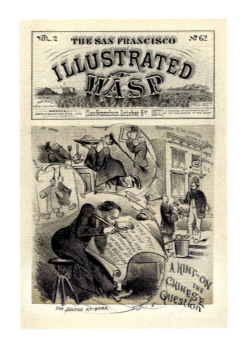

华人问题第一击（The First Blow at the Chinese Question），《马蜂杂志》1877年12月8日，封面。

普鲁士移民乔治·弗雷德里克·凯勒早年为默默无名的香烟盒装饰画艺人，成为《马蜂杂志》的专用画家后以其一贯的风格对华人的形象肆意丑化。《马蜂杂志》1877年12月8日刊登其封面漫画，报道加州白人种族主义者于11月29日组织万人反华集会，对所谓的华人问题打出了重重的第一拳。

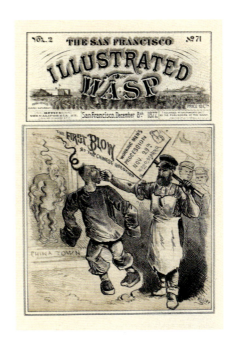

难以取悦（Hard to Please the "White Trash"），《哈泼斯周报》1878年4月6日，280页。

宪法第十五条修正案的通过，保证了包括黑人在内的所有美国人的公民权利，但华人依旧处境艰难。因为不能变成合法公民，他们无法享受到和其他移民同样的权利。华人既不能在法庭作证也不能与白人通婚，而且由于华人女性被拒绝进入美国，华工在美几乎没有希望过上正常的家庭生活。华人不仅遭受歧视压迫，而且被白人种族主义者视为拒绝同化者。《哈泼斯周报》1878年4月6日刊登纳斯特漫画，谴责了加州政府制定的种族歧视政策。黑熊是加州州立动物，山姆大叔腿上的熊夹子代表了西部种族势力已严重束缚了美国的发展进步。图画同时暗示黑人的懒惰与华人的勤恳和软弱，反映了作者本人的种族成见。

两者区别（The Difference between Them），《顽童杂志》1878年5月15日，封面。

《顽童杂志》1878年封面漫画比较了华人和爱尔兰人的不同，虽然同为新移民，两者最大区别在于爱尔兰人下船后就不再回头，打算扎根美国，而华人却不能永久定居，最后还是要打道回府。图中的爱尔兰人个个趾高气扬，要工作，要从政，要酒喝；而华人则只能寻求诸如洗衣和苦力之类的底层工作。

团队合作（The Balky Team），《马蜂杂志》1878年2月9日，440—441页。

《马蜂杂志》1878年2月9日双页漫画反映了当时加州正在酝酿兴起的排华浪潮，图中面目狰狞的华人被捆绑在一起将要被驱赶回中国，马蜂正奋力赶车，马队里用力拉车的有"劳工""加州新闻界"和"常识"，而"资本""东部新闻"与"对华传教"则挤作一团，中美《蒲安臣条约》被描绘成阻拦马车前进的绊脚石，一旁的山姆大叔指点着："马蜂先生，看到那些石块了吗？你的团队只有齐心合力才能前行。"

时来运转（"Every Dog"[No Distinction of His Color] "Has His Day"），《哈泼斯周报》1879年2月8日，101页。

《哈泼斯周报》1879年2月8日刊登纳斯特漫画，反映了在美华人与印第安人正在遭受的歧视与迫害，当时华人由于西部的排华浪潮而开始向美东迁徙，而东部的印第安人则正被白人赶出家园。图中的墙上写着"华人滚回去！""杜绝华人移民！"等标语，两人正在仔细观看，印第安酋长说道："白面孔害怕你人多势众，马上要对你下手了，就像对待我一样。"一旁的黑人正在打盹，注解表明："我的机会马上就到。"

布莱恩的文明（The Civilization of Blaine），《哈泼斯周报》1879年3月8日，181页。

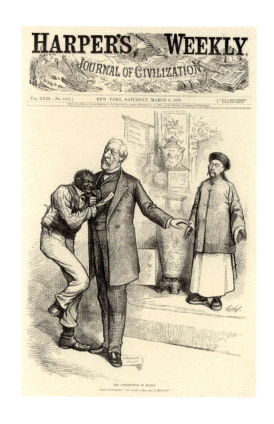

美国政治家詹姆斯·布莱恩（James G. Blaine，1830—1893）是共和党的领导人物之一，任缅因州国会众议员和参议员达20年之久，曾是备受瞩目的国会众议院议长，两度出任美国国务卿。《哈泼斯周报》1879年刊登纳斯特作品，谴责了布莱恩为了争夺总统提名而牺牲了共和党捍卫少数民族权利的基本原则，向种族主义分子妥协的卑鄙嘴脸。图中一名面目猥琐的黑人正在向衣冠楚楚的布莱恩奉献上自己的选票，《蒲安臣条约》已被践踏在脚下，而后侧的孔夫子华商则生气地质问：难道我不是这个大家庭的一员兄弟吗？

山姆大叔的农场危险了（Uncle Sam's Farm in Danger），《马蜂杂志》1878年3月9日，504—505页。

1878年中国北方旱灾引发大面积饥荒，凯勒以此为背景在3月9日《马蜂杂志》上刊登漫画，将华人移民描绘成由饥荒恶魔驱赶着的蝗虫，大规模入侵美国。该图色调阴暗，华人形象被严重丑化，令人十分不安，而这恰恰是凯勒希望达到的蛊惑人心的目的。19世纪美国仍以传统农业立国，1874—1878年间美国中西部刚刚遭受了蝗灾，民众对蝗虫的恐惧记忆犹新，《马蜂杂志》更耸人听闻地指出中国北方广泛的饥荒将推动多达七千万人移民美国，除非国会立即采取措施制止这种危险。

口味问题（A Matter of Taste），《哈泼斯周报》1879年3月15日，212页。

有鉴于爱尔兰移民丹尼斯·科尔尼（Denis Kearney）在美国西部掀起的反华浪潮已渐成气候，吸引了大批白人追随者，两大政党怀有野心的政客纷纷向科尔尼献媚。纳斯特于是在1879年3月15日的《哈泼斯周报》上发表作品继续抨击布莱恩与科尔尼，并且将所有议员有关《排华法案》的投票记录也画进了漫画，鲜明地表达了自己同情华人的立场。图中的科尔尼参议员餐馆专为总统候选人设立了餐桌，布莱恩正与其他政客大快朵颐地进食"流氓暴民"炖煮，门外华人代表孔夫子摇头抚胸叹息道：简直难以相信所谓的基督徒能吃下这种垃圾！

布莱恩的语言（Blaine's Language；Just So），《哈泼斯周报》1879年3月15日，216页。

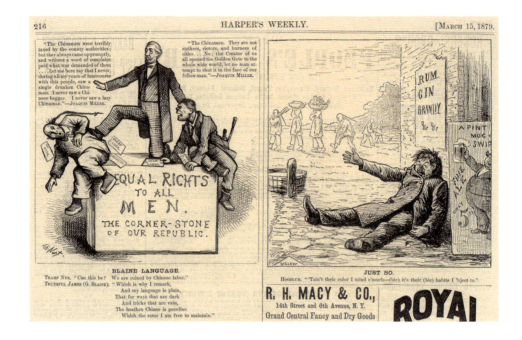

同期的《哈泼斯周报》还刊登了纳斯特的另一幅声讨布莱恩之作。人人平等是美国的立国基石，口袋里揣着棍棒和酒瓶的爱尔兰移民因为拥有选票而被允许留下，勤恳廉价的华人因为没有投票权而被布莱恩一脚踹下。纳斯特以布莱恩口吻模仿当时流行的丑化华人的诗歌创作，与加州著名拓荒诗人华金·米勒（Joaquin Miller，1837—1913）的勇敢之举形成了鲜明的对比。米勒这位美国有识之士当时为了捍卫华人权利大声呼吁："华人被课以重税，但他们总能按时缴纳，从不抱怨。在我与他们打交道的过程中，我从来没有见过一个酗酒的华人、乞讨的华人和懒惰的华人。""华人并非罢工者、骚乱者和纵火犯。造物主将金门向全世界打开，请不要让某些人把我们的同胞拒之门外。"

《哈泼斯周报》上与纳斯特作品并列的是另一幅漫画，辛辣地讽刺了美国种族主义者反华排华的虚伪。图中一名白人流氓倚倒在小酒馆前，醉醺醺地指着远处辛勤劳作的华人说："我并不在乎他们的肤色，只在乎他们的工作习惯！"

保护白人劳工（Protecting White Labor），《哈泼斯周报》1879 年 3 月 22 日，221 页。

为了争取共和党提名参选美国总统，1879 年布莱恩走访加州。纳斯特在 3 月 22 日《哈泼斯周报》上以一名聪慧工人的口气质问布莱恩："你不用为我和我的孩子操心，我能够，并且一直都是自己照料自己；大军压境不能保证和平，真正的工人并不是那些暴徒、打手和狂妄叫嚣的人。"一侧的墙上张贴着标语：我们的熟练工人可以与世界竞争，不论是瑞士手表、英国钢铁棉花还是法国丝绸；另一侧，科尔尼率领的加州工人党暴徒从流氓小巷里蜂拥而出，举着刀枪恶狠狠地威胁，如果不通过《排华法案》就要发生流血惨剧。而布莱恩则已经将中美《蒲安臣条约》撕毁，踩在脚下。

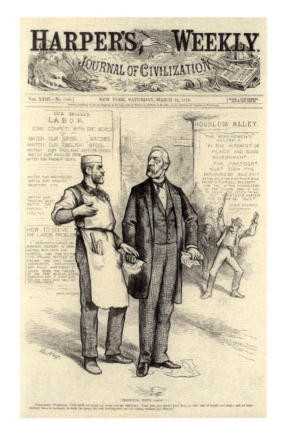

难题迎刃而解（Difficult Problems Solving Themselves），《哈泼斯周报》1879 年 3 月 29 日，256 页。

19 世纪末美国东西两岸针对黑人和华人的种族歧视和迫害，导致了许多人选择逃离伤心之地，一路迁徙去寻找新的幸福之乡，纳斯特以此为题在 1879 年 3 月 29 日的《哈泼斯周报》上发表漫画。图中一名华人在阅读旧金山暴徒发布的告示，而与其他白人移民一起的年轻黑人则手持自由人的包裹向着西部挥帽憧憬。

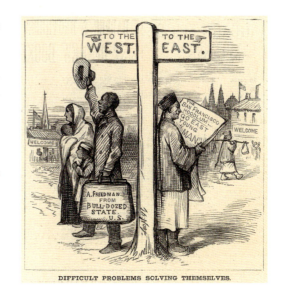

华人如何赢得青睐(How the China-man Might Gain Favor),《哈泼斯周报》1879年4月12日,296页。

《哈泼斯周报》1879年4月12日刊登以"华人如何赢得青睐"为题的漫画,一名华人手持棍子,口袋里装着酒瓶,穿着打扮与爱尔兰人无异,其一旁的墙上不仅有酒馆的广告,而且还有民主党初选的招牌,以此讽刺美国选举政治的虚伪。

黑人和华人都必须走("The Nigger Must Go." and "The Chinese Must Go."),《哈泼斯周报》1879年9月13日,101页。

针对1879年密西西比郡警长与旧金山市长选举中发生的政治谋杀事件,纳斯特在9月13日的《哈泼斯周报》上发表漫画,强烈谴责了这种野蛮的选举暴力,并为其作品提供了讽刺性注解:"未开化之人无法理解我们文明社会的政府运作方式。"其时美国南部与西部是白人种族主义猖獗之地,而黑人与华人则是种族歧视的主要受害者,面对种种迫害和暴行只能选择黯然离去。

洛基会师（Does Not a Meeting Like This，etc.），《哈泼斯周报》1879年11月22日，923页。

《哈泼斯周报》1879年漫画调侃黑人和华人因遭受种族迫害而进行的东西大迁徙，两人相会于高高的洛基山脉，颇有同是天涯沦落人的沧桑之感。

美国瘟疫（U.S. Plague upon All Your Goes），《马蜂杂志》1879年8月23日，88—89页。

加州反华排华而引起的种族仇恨迅速演变成一个族群对另一个族群的迫害和驱赶，连《马蜂杂志》也不得不承认已经对美国社会造成了极大的伤害。1879年漫画上除了白人劳工要求驱逐华人，黑人也在要求驱逐白人，农夫要求驱逐工人，军人要求驱逐印第安人，女权主义者要求驱逐所有的男人，富人要求驱逐穷人，宗教人士要求驱逐公立学校，本土人士要求驱逐外国人，清教徒要求驱逐酗酒者，犹太人与非犹太人要求互相驱逐，如此等等，山姆大叔已经被吵得头昏脑胀，几欲发狂。

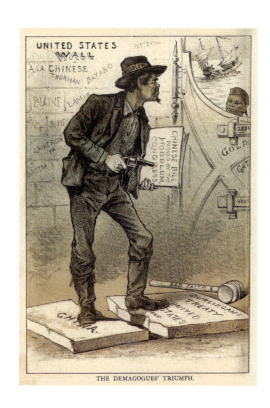

煽动者的胜利（The Demagogue's Triumph），《顽童杂志》1879年2月26日，16页。

对于加州和美国国会通过的一系列《排华法案》，《顽童杂志》1879年的漫画进行了谴责。图中的暴徒一手持枪，一手抱着"流氓国会"通过的对华议案，对被拒于金门之外的华人虎视眈眈；其身后的美国墙上列着有关政客的名字，而中美《蒲安臣条约》已被砸破在地，"违约失信"的法槌也被抛在了一边。

贸易惩罚（You No Let Chineeman in: Chineeman No Shippee Tea!），《顽童杂志》1879年3月5日，7页。

美国华人在一浪高过一浪的排华风暴中处境艰难，而积贫积弱的清政府始终拿不出任何积极有效的政策来应对。《顽童杂志》1879年3月5日刊登讽刺漫画，调侃清廷对于美国单方面通过极其不平等的《排华法案》之举只能以拒绝茶叶输出来威胁。

总统职权（President's Duty），《顽童杂志》1879 年 3 月 5 日，封面。

美国西海岸排华呼声甚嚣尘上，《顽童杂志》指出海斯总统有权力和义务否决不公平的反华议案，而以科尔尼为代表的加州工人党则威胁如果联邦政府不批准《排华法案》，加利福尼亚就要从美国独立出去。

他的名字叫阿兴（"Ah Sin Was His Name."），《哈泼斯周报》1879 年 3 月 8 日，196 页。

《哈泼斯周报》1879 年 3 月 8 日刊登一幅纳斯特作品，强烈谴责了丹尼斯·科尔尼领导的加州工人党和他极力推行的排华运动。由于科尔尼夸夸其谈，极其煽情，纳斯特因此描绘了一个巨大的话筒，上面书写着"这片自由的土地是科尔尼的家园，科尔尼的平等权利和独立宣言"，象征着美国的立国精神已经被极端分子劫持，而山姆大叔只能成为一个可怜的传声筒。尤其让纳斯特感到愤怒的是科尔尼本人也是个新近爱尔兰移民，在美国自由平等的土地上一个移民正在竭力驱赶着另一个移民，这是何等的虚伪和荒谬！

假如华人能投票(The Chinese Question Would Be Settled if the Chinee Would Votee! Votee! Votee!),《顽童杂志》1879 年 3 月 12 日,16 页。

"早早投票,多多投票"是美国民主选举中拉票人选举舞弊的口号,《顽童杂志》漫画里两党都张贴了同样的号召,不仅谴责了美国选举政治中的弊端,更丑化华人道德低下,其选票可以被金钱轻松收买,暗示赋予华人公民权并不能解决问题。

华人问题(The Chinese Question),《弗兰克·莱斯利新闻画报》1879 年 3 月 15 日,32 页。

19 世纪 70 年代末,美国经济疲软,失业增加,两党政客为了各自的利益纷纷加入排华运动。《弗兰克·莱斯利新闻画报》1879 年的讽刺漫画里政客们将华人踩在脚下,手持《排华法案》叫嚣:我们不能再容忍这些家伙!他们不能投票,对我们一无用处,他们必须离开!当时美国一些有识之士对这种行径十分厌恶,其中就包括华金·米勒。这位加州著名的拓荒诗人挺身而出,愤怒谴责政客们的虚伪:你们在利用这些无害的人们!你们和他们达成协议,他们相信了你们的许诺,修了你们的铁路,洗了你们的脏衣服,现在你们反而要把他们赶回去。你们聪明有余,却极端自私,真是十分可悲!

投票选举(Ballot Box),《马蜂杂志》1879年4月29日,624页。

投票选举是美国民主政治的基石,而在美华人由于无法成为美国公民,因此对于四年一度的选举政治只能充当看客。《马蜂杂志》1879年的漫画上,一群华人似乎对投票过程颇感兴趣,而民主与共和两党负责选战的白人种族主义者则暗自希望他们能够像操纵南方黑人投票一样,把华人变成自己领地里的"投票牲口"。

最终出路(Where the Chinese Must [Eventually] Go),《顽童杂志》1880年5月26日,203页。

1880年美国反华排华运动风起云涌之际,《顽童杂志》敏锐地指出华人问题的最终解决办法就是移民归化,只有当华人成为美国公民之后,他们才能真正被同化,变成美国多元社会的一部分。图中的华人正排队进入移民归化局,左下图则描绘了美国总统格兰特卸任后的穷困潦倒。

政治资本(Political Capital and Compound Interest),《哈泼斯周报》1880年1月31日,68页。

由于参选总统的布莱恩希望争取到加州选票,决定与科尔尼同流合污,选择了坚决排华的立场,纳斯特因此持续了他对这位缅因州参议员的抨击,并认为布莱恩自以为是的政治资本必将成为他的政治负担。《哈泼斯周报》1880年1月31日漫画以虚拟现实的方式,设想华人在缅因州掀起一场驱逐布莱恩的风暴,招牌上贴着各式歧视性政治标语,图中的华人对布莱恩极尽嘲讽,并以洋泾浜英语诉说现在这个美国人大概可以理解华人心里的感受了。

三月十五(The Ides of March),《哈泼斯周报》1880年3月20日,177页。

罗马历法里的"三月十五日",是凯撒大帝被谋杀的日子。纳斯特在1880年3月20日的《哈泼斯周报》上以莎士比亚的戏剧《凯撒大帝》为背景,将科尔尼描绘成准备自愿牺牲的罗马大独裁者恺撒,身上的标语牌写着:"求雇杀手布鲁特斯!杀了我吧!我已准备死去,然后旧金山、纽约、波士顿、芝加哥和其他东部大城市都将血流成河。我将留下一份名单,上面的所有人在我身后都将被送上断头台。我将牺牲我的生命,杀了我吧!求你给我一个了结,让我脱离苦海!煽动人和烈士科尔尼。"图中的华人形象被丑化,左侧的两人在嘲笑,右侧之人似乎乐意满足科尔尼的要求,但纳斯特特别在图下注解:不要遂了他脱离苦海的心愿。在作者心中科尔尼根本不是什么烈士,而是煽动仇恨和杀戮的谋杀犯,这一点在右上角明显标示出来,科尔尼号称恺撒,实际更适合布鲁特斯的角色,而工人聚会的开阔沙地就是他的剧场。

布莱恩的茶(Blaine's Teas[e]),《哈泼斯周报》1880年3月20日,192页。

纳斯特在同期的《哈泼斯周报》上继续谴责了布莱恩在华人问题上的虚伪,图中的布莱恩刚阅读完《旧金山晚报》有关唐人街混乱和加州驱逐华人的报道,正准备饮茶,一个华人模样的幽灵从升腾的蒸气中浮现出来,对着布莱恩怒目而视,吓得他头发直立。在19世纪的美国,有不少人喜爱中国出产的茶叶和精美的瓷器,却坚决反对华人移民和成为美国公民,纳斯特认为布莱恩就是这样的一个虚假、做作之人。

转头向东(Eastward the Star of Empire Returns),《哈泼斯周报》1880年3月27日,203页。

《哈泼斯周报》1880年3月27日刊登纳斯特作品,报道在西部的排华浪潮中不仅大批华人受到歧视和迫害,而且共和党在加州的影响也日渐衰微,资本的利益更是大受损失,纷纷准备撤资转回东部发展,作者认为资本和劳工的离去将使加州的经济寒冬雪上加霜。

扬眉吐气（Elation of the "Heathen Chinee" over a Recent Event in San Francisco; The Tables Turned: You Sabe Him! Kealney Must Go!）《弗兰克·莱斯利新闻画报》1880年4月3日，80页；西部漫画，出处不详。

　　1880年加州的反华浪潮中还出现了一个戏剧性插曲，在3月9日的一次群众集会中，由于"使用富有煽动性和威胁性的语言图谋破坏社会安宁"，狂妄的白人种族主义分子丹尼斯·科尔尼锒铛入狱，被判监禁六个月和一千美元罚款。《弗兰克·莱斯利新闻画报》4月3日的漫画中，科尔尼的垂头丧气与华人的兴高采烈形成了鲜明的对比；而另一幅图画中，华人则对狱中的科尔尼尽情地嘲讽，以其人之道还制其人之身，大声呼吁："科尔尼必须走！"

竞选鼓噪（Boom! Boom!! Boom!!! And All Chinamen Are for Blaine!），《哈泼斯周报》1880年5月1日，288页。

　　1880年布莱恩二度出马竞选美国总统，大有不达目的誓不罢休之态，而纳斯特对布莱恩尤其反感，在5月1日的《哈泼斯周报》持续了他对美国政坛上这种自以为是、夸夸其谈、为赢得竞选不择手段的虚伪政客的抨击。图中布莱恩一身华人打扮，极力敲锣为自己呐喊，而一旁的墓碑则警告所有的投机钻营者最后都没有什么好下场。

布莱恩磁铁（The "Magnetic" Blaine, or a very Heavy "Load" for the Republican Party to Carry），《哈泼斯周报》1880 年 5 月 8 日，300 页。

共和党 1880 年全国代表大会前夕，《哈泼斯周报》刊登纳斯特作品，把布莱恩以前的政坛丑闻统统翻了出来，旨在说明其人品有重大问题，而失去生命的华人仅仅是布莱恩选举政治中的一个牺牲品。

困顿（A Paradox），《哈泼斯周报》1880 年 5 月 22 日，336 页。

《哈泼斯周报》1880 年 5 月 22 日刊登纳斯特漫画，设想了一个民主、共和两党争夺华人选票的场面。当时美国的政治现实是西部的民主党以欧洲白人移民为主，坚决反华排华，已经开始影响政坛的议事纲领，南部的民主党人包括不少大农场主，出于自身利益希望华人能够代替黑人在农田里劳作；而共和党主流派则主要代表了工业、商业和资本的利益，认为华人是勤奋守纪的模范工人，希望华人留在美国做工。纳斯特本人属于共和党激进派，坚守人人生而平等的理念，认为华人应该与其他移民一样允许成为美国公民，但他也不得不承认在美好理想与严酷现实之间存在着巨大的差距。

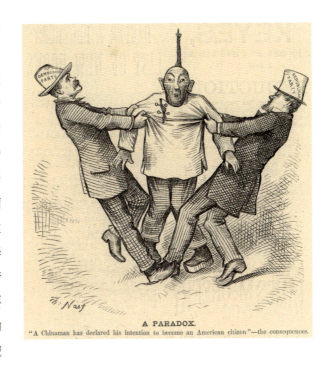

旧金山 1900 年（San Francisco A. D. 1900），《马蜂杂志》1880 年 9 月 4 日，72—73 页。

《马蜂杂志》1880 年刊登凯勒作品，极其耸人听闻地描绘华人将在二十年后全面接管旧金山。图中美国的太平洋邮轮已被摧毁，中国皇家邮轮运来了大批的移民；旧金山成为了华人的天下，不仅有华人警察和消防队员，还有华人市长；街道肮脏不堪，到处是中国人，白人反而受欺负，而且华人还在举行集会要求驱逐美国人。杂志编辑旨在挑起一般美国民众的恐惧心理，以求尽快通过针对华人的种族歧视法案。

摧残蹂躏（Devastation），《马蜂杂志》1880 年 10 月 2 日，136—137 页。

《马蜂杂志》1880 年 10 月 2 日的漫画上一群野猪通过标有《蒲安臣条约》的栅栏门闯入农田，肆意摧残蹂躏象征着美国各行各业的玉米，一旁的山姆大叔和哥伦比亚只能愤怒地观望。美国人对猪的看法与中国人类似，认为是所有动物中最贪婪和肮脏的畜生之一，而将华人移民丑化成祸害庄稼的野猪，是对所有中国人的极端侮蔑。凯勒无视华人对美国西部农业发展做出巨大贡献的基本事实，希望激起美国民众对部分加州白人的同情心理和对所有华人的仇恨，不仅荒谬不堪，而且没有基本的道德底线。

天朝之人（Celestial），《哈泼斯周报》1881年2月5日，96页。

1881年美国社会激烈辩论修订新的对华法案之际，《哈泼斯周报》刊登纳斯特漫画，与其他作品类似，体现了作者心目中的正反对比。图中代表加州工人党的爱尔兰白人移民头戴"选民"的帽子，腰别刀枪，一脸蛮横；而华人则态度谦恭，试图好言好语解释，远处可见华人洗衣工正在忙忙碌碌。在画家眼里，华人性情温和，对美国社会不构成任何威胁。而且，纳斯特把自己的名字签在华人一侧，其道德取向一目了然。

在旧金山（At Frisco），《哈泼斯周报》1880年3月20日，183页。

《哈泼斯周报》1880年继续以漫画对加州的排华议案进行猛烈抨击，图中象征加州工人党的白人流氓嘴含烟锅，腰插手枪，口袋里还装着酒瓶，手持大棒对着一脸无奈的华人吼叫道："听着，异教徒！我现在可是国家安全委员会里的人，我想起了乔治·华盛顿和丹尼尔·韦伯斯特（Daniel Webster，1782—1852）有关外国势力的言论，所以你必须走人，明白吗？你必须滚开！"美国以移民立国，受迫害的欧洲移民建立了最早的北美殖民地；而一个移民对另一个新来的移民进行迫害，并引用开国先贤的话语为依据，在杂志编辑眼里是对美国立国精神的莫大亵渎。

中国装饰（Decorating China），《哈泼斯周报》1881年1月29日，79页。

《哈泼斯周报》1881年漫画显示华人移民在美国19世纪80年代的排华浪潮中饱受欺辱，图中一名白人流氓正在华人洗衣店前殴打华工。

外交设计（A Diplomatic [Chinese] Design Presented to U.S.），《哈泼斯周报》1881年2月12日，100页。

《哈泼斯周报》1881年2月12日刊登纳斯特漫画，反映中美两国修订《蒲安臣条约》的外交回合。是时美国共和党政府迫于总统选举的压力，一改前期开放华人移民的政策，强迫中国政府修约限制华人赴美。清廷无奈同意，但作为交换要求，美国船只停止在中国港口继续贩卖鸦片。瓶身上盘着的中国龙虽然面目可恶，却一手外交，一手将新约送入瓶口。图中的花瓶已经破烂不堪，下部的图画显示鸦片贸易对中国的危害，中间落马折腿的约翰牛表明了英国在19世纪对华关系中的不光彩角色，旗杆上吊着的华人象征着华人在美遭受歧视迫害的悲惨命运，而倒悬的美国国旗表明事关重大，美国政府出尔反尔。

三个讨厌的家伙（The Three Troublesome Children），《马蜂杂志》1881 年 12 月 16 日，封面。

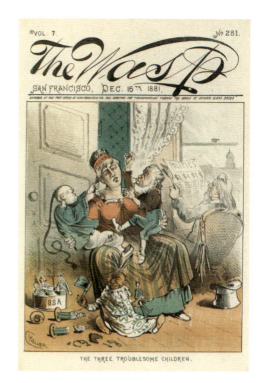

《马蜂杂志》1881 年 12 月 16 日刊登凯勒漫画，指明华人移民问题是当时美国社会必须面对和解决的三个重大政治问题之一。图中哥伦比亚正被三个孩子搞得焦头烂额：华人、印第安原住民和鼓吹一夫多妻制的摩门教徒；一旁的山姆大叔正在读报，报纸政治栏目下的美元符号意味着任何一个问题的解决都需要大量资金投入，窗外隐约可见国会山的轮廓。

我们的孩子（What Shall We Do with Our Boys?），《马蜂杂志》1882 年 3 月 3 日，136—137 页。

《马蜂杂志》1882 年 3 月 3 日刊登了凯勒的作品，华人被描绘成一个多手怪物，在车间里疯狂地劳作，十一只手分别从事着木器、粉刷、制鞋、卷烟和缝衣等工作；旁边一群面目清秀的美国少年则无所事事，游手好闲地滞留在工房外，其中一位正被警察揪着走向远方的管教所。图中华工面目狰狞，脚下踩着华人贸易垄断的木板，同时正把挣来的大批钱财送回中国。华人的形象不仅被极端丑化，尤其荒谬的是华人辛勤劳动的工作习惯反而成为了被攻击的借口，而且作者更是无视华人无法成为美国公民的残酷现实，诬陷华人剥夺了白人的工作机会，攻击华人将合法所得悉数送回中国之举，旨在激起美国民众对华人的仇恨。

冰点（Frozen Out），《哈泼斯周报》1882年5月20日，311页。

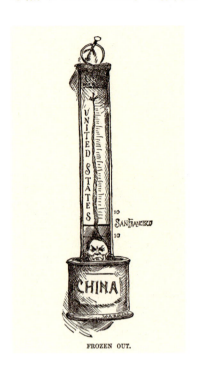

《哈泼斯周报》1882年刊登威廉·艾伦·罗杰斯（William Allen Rogers，1854—1931）的作品，反映旧金山华人问题早已是冰冻三尺，非一日之寒。图中以华人的发辫为温度计的指针，是对华人的丑化。罗杰斯是纳斯特之后供职《哈泼斯周报》的政治漫画家，但其影响却远不如纳斯特。

下一步行动？（Will It Come to This?），《马蜂杂志》1882年3月10日，152—153页。

1882年《排华法案》通过之际，《马蜂杂志》漫画预示华人问题就像即将被点燃的炸药，将要对美国社会产生巨大影响。图中远处的唐人街阴暗肮脏，人满为患，一名坐在炸药桶上的华人对着墙上的公众舆论紧皱着眉头，头戴"白人劳工"发带的哥伦比亚被压倒在地苦苦挣扎，隐约可见一个手持火种准备引爆炸药桶的身影正在走近。

二、阿兴:来自中国的异教徒

羊头狗肉(Bow[wow]ery Pies),《哈泼斯月报》1852 年 12 月,142 页。

《哈泼斯月报》1852 年 12 月刊登一幅华人在纽约下城包厘街购买羊肉饼的插图,显示 19 世纪中叶华人已经出现在纽约街头。图中的华人被称为中国佬,黑皮肤,长指甲,一幅小丑打扮,操一口洋泾浜英语质问摊贩:呃,伟大的国家,人好饼好,可你的羊肉饼八成是狗肉!言下之意华人杀狗食肉,对华人有着十分明显的歧视和厌恶倾向。

赌徒(Gamblers),加州文具公司招贴画,1852 年。

约瑟夫·布里顿(Joseph Britton)与雅克·雷伊(Jacques J. Rey)两人于 1852 年在旧金山成立一家出版公司,主要负责印刷信函、地图和版画,成为最早反映加州拓荒生活的出版商之一,其业务随着西部的崛起而迅速发展。图为一张 19 世纪中叶华人早期移民在加州参与赌博的版画,赌馆里人声鼎沸,清一色的男华工,有三桌游戏在同时进行。

赌场酒吧（The Bar of a Gambling Saloon），《山岭纪事》，1855 年。

弗朗西斯·塞缪尔·马里亚特（Francis Samuel Marryat, 1826—1855）原是一名英国海军军官，1850 年抵达旧金山探险狩猎，成为第一位用水彩画记录早期加州淘金热的插图艺术家。该图选自于马里亚特 1855 年出版的加州探险回忆录《山岭纪事》（*Mountains and Molehills: Or Recollections of a Burnt Journal*），描绘了当时美国西部一家赌博沙龙的内景，酒吧里不仅有来自欧洲的白人移民，还有打扮不同的西班牙人，两名头戴斗笠的华人更是惹人注目，显示华人已是美国赌博场合的顾客。

如何是好（You Know How It Is Yourself!），竞选招贴画，1867 年。

1867 年，乔治·戈勒姆以共和党人身份参加加利福尼亚州州长竞选。当时的共和党以林肯为精神领袖，而戈勒姆思想开放进步，由于他主张人人平等，坚持包括黑人、华人和印第安人在内所有人民都有权利参加民主投票，反对当时的排华政策，最后以十个百分点落败。图为当时的政治招贴画，戈勒姆的竞争对手将加州的经济危机归罪于华人移民夺走了白人的工作机会，中间的华人一脸奸诈，阿兴成了所有在美华人移民的代号。图左侧的白人工人、农场主和资本家纷纷表示对地方经济的失望，威胁准备离开加州；右侧的华人洗衣房正在挂牌开张，一旁抱着孩子的白人妇女在拍卖家当并且抱怨饥肠辘辘，而安慰她的警察则誓言绝不让加州成为黑人共和党的天下。

渔夫与魔鬼（The Chinese Puzzle），《哈泼斯周报》1869年9月4日，576页。

1869年太平洋铁路业已完工，华人何去何从成为困扰美国社会的问题。《哈泼斯周报》9月4日漫画以"中国困惑"为题，套用阿拉伯《一千零一夜》的故事，将山姆大叔比作渔夫，而华人移民则被丑化成为从瓶子里钻出来的魔鬼，一脸凶神恶煞之气。作者种族歧视立场鲜明，在其看来，无论如何也无法再将华人重新装回到魔瓶里去了，言下之意华人移民的出现将对美国社会的发展大为不利。

华人魔王（Chinese Emigration），《金钱与肌肉的对抗》，1870年。

一年之后，白人种族主义者约翰·库克（John Cook）出版了一本《金钱与肌肉的对抗：致美国工人和工会的有关中国移民问题》（*Money vs. Muscle, or Chinese Emigration: To the Workmen and Trades Unions of America*）的反华小册子，在其封面上华人形象再次被妖魔化，成为美国经济衰退和一切社会问题的替罪羊。

时代之曲（A Tale of Times），《弗兰克·莱斯利新闻画报》1870年7月23日，304页。

《弗兰克·莱斯利新闻画报》1870年7月23日漫画讽刺以爱尔兰人为代表的白人种族主义者对华人的歧视和迫害，图中爱尔兰人帕特里克（Patrick）操着一口蹩脚的英语恶狠狠地吆喝着华人"异教徒"，而华人则被丑化成为只能屈辱拉车的奴隶。

异教徒中国佬（The Heathen Chinee），《异教徒中国佬》（*The Heathen Chinee*），1870、1871年，封面。

美国西部作家和诗人布雷特·哈特（Bret Harte，1836—1902）1870年写了一首原名为"诚实的詹姆斯的老实话"的幽默诗，发表后广受公众欢迎，随即被大量转载，以"异教徒中国佬"知名，在美国家喻户晓，而在美华人的命运也和异教徒牢牢地连在了一起。异教徒本是基督徒对非基督徒的称谓，但从此便演变为美国人对华人移民轻蔑而厌恶的称呼。其实哈特具有犹太血统，本人并非种族主义者，其写作的初衷是调侃讽刺当时北加州爱尔兰移民对华人的种族歧视，在其晚年更认为这首诗歌是他曾经写过的"最差的诗句，也有可能是所有人写过的最糟糕的诗篇"。图分别为1870年芝加哥版本与1871年纽约版本的封面，原件均收藏于加州大学伯克利分校的班克罗夫特图书馆。

诚实的詹姆斯的老实话（Plain Language from Truthful James），《异教徒中国佬》，1871年，1页。

《诚实的詹姆斯的老实话》是哈特对英国诗人阿尔杰农·斯温伯恩（Algernon Swinburne，1837—1909）一篇诗作的滑稽模仿，主人公为美国西部的流浪汉詹姆斯（James）和赌徒比尔·奈伊（Bill Nye），全诗不长，语言流畅，情节幽默，以詹姆斯的口吻开头："我的语言虽然纯朴无华，这里的把戏却是千变万化；异教徒中国佬是如此奇怪，让我为你一一道来。"

华工阿兴（Ah Sin Was His Name），《异教徒中国佬》，1871年，2页。

詹姆斯和比尔两人打牌赌钱三缺一，拉华工阿兴凑席："阿兴是他的名字，我不知道这有什么暗示；但他脸上的沉思和儿童般的微笑，让我和奈伊觉得很有意思。"

赌徒比尔（Bill Nye），《异教徒中国佬》，1871年，3页。

比尔："8月份的第三天，风和日丽好赢钱；阿兴还是那张微笑的脸，可他的牌技却让人烦。"

牌局（A Small Game），《异教徒中国佬》，1871年，4页。

詹姆斯："我们只是小小地赌了一把，阿兴的手气可真是不差；他微笑着坐在桌子边，解释着不知道该如何玩；阿兴的好牌接二连三，我的失落如大海深渊；扭头看见奈伊从袖口里抽出王牌准备行骗，我的心情是何等震撼。"

摊牌（Showdown），《异教徒中国佬》，1871 年，5 页。

詹姆斯："这时候异教徒中国佬却打出一手好牌，奈伊和我惊得是目瞪口呆；明明是奈伊刚发给我的王牌，如何到了阿兴手里，让人好生奇怪。"

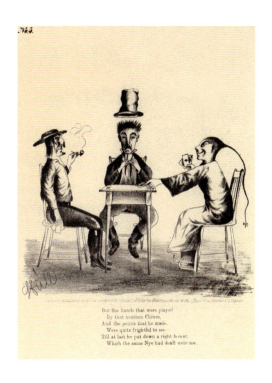

作弊（We Are Ruined by Chinee Cheap Labor），《异教徒中国佬》，1871 年，6 页。

詹姆斯："我抬头看着奈伊，他凝视着我，叹了口气，喃喃自语：怎么可能是如此结局？我们栽给了中国的下贱苦力！"

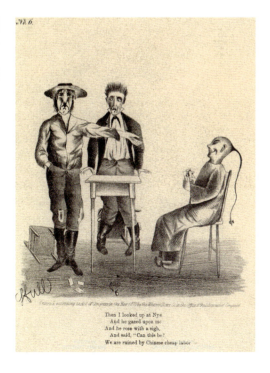

动手（And He Went for That Heathen Chinee），《异教徒中国佬》，1871年，7页。

本来准备行骗的赌徒奈伊结果被技高一筹的阿兴打得一败涂地，因而恼羞成怒，大打出手。

结局（In the Scene That Ensued），《异教徒中国佬》，1871年，8页。

詹姆斯："此后发生的种种事件，我在一旁袖手旁观；整个地板飞落纸片，像是河畔落叶满天；全是阿兴藏起来的作弊工具，来玩这个他'不会'的游戏。阿兴的袖子长长，藏牌众多；阿兴的指甲长长，手法灵活。"

奇异的中国佬（The Heathen Chinee Is Peculiar），《异教徒中国佬》，1871年，9页。

在《诚实的詹姆斯的老实话》一诗里，中国人的聪明智慧蒙上了妖魔化色彩："各种阴险古怪的把戏，各种愚蠢的阴谋诡计，异教徒中国佬真是奇异。"虽然阿兴的牌技令人眼花缭乱，不可思议，但在美国人看来，毕竟是自欺欺人的小把戏；阿兴不仅另类，而且在道德人格上存在着重大问题。随着哈特诗作的普及，异教徒中国佬从此便演变为美国人对华人移民轻蔑而厌恶的称呼。

唐人街剪影（Sketches in "China-Town", San Francisco），《哈泼斯周报》1875年5月22日，421页。

《哈泼斯周报》1875年5月22日刊登组图反映旧金山华人的生活，除了唐人街上的市场店铺、用扁担挑菜的华工和华人寺庙外，还描绘了赌场入口望风的人、购买彩票的柜台，以及杰克逊大街附近的阴暗小巷等，隐约传给读者一种异域危险之感。

凶杀胡同（Murderers Alley），《加州的中国人》，扉页。

1880年加州反华浪潮风起云涌之际，登斯莫尔撰写的《加州的中国人：对旧金山华人的生活描述，他们的习惯、道德和礼仪》在旧金山出版。全书122页，包括12张斯图尔特·沃特林绘制的插图，试图对在美华人的状况作多方面的概述，对华人文化和生活方式多有偏见歧视，反映了当时美国西部白人种族主义的观点，对《排华法案》的通过起到一定的推波助澜作用。登斯莫尔声称华人犯罪率比其他任何种族都高，但是华人宁愿遵从唐人街会所规章也不相信美国司法制度，而且由于华人互相保护，经常在法庭上作伪证，因此很难对华人定罪判刑。

唐人街赌馆（Gambling Den），《加州的中国人》，93页。

登斯莫尔声称华人比其他族群更加嗜好赌博，华工一周辛辛苦苦挣到的几美元常常一晚上就输得分文不剩，仅旧金山唐人街上就有五六十家赌馆，都装有三道厚门并有专人通风放哨，以防备警察偷袭检查。

啊,萨姆·兰德尔,你这个异教徒中国佬(Ah, Sam Randall, the Heathen Chinee),《法官杂志》1888年4月28日,封面。

自从哈特的讽刺诗流行以来,"异教徒中国佬"这个词汇不仅代表着文化的奇异,同时也意味着道德上的腐败。在《法官杂志》的封面上,来自宾夕法尼亚州的民主党众议院议员塞缪尔·杰克逊·兰德尔(Samuel Jackson Randall,1828—1890)被描述为手法娴熟的赌场骗子,直接导致了第五十届国会上罗杰·密尔斯(Roger Quarles Mills,1832—1911)有关关税改革立法的失败,而华人移民则不幸躺着中枪。

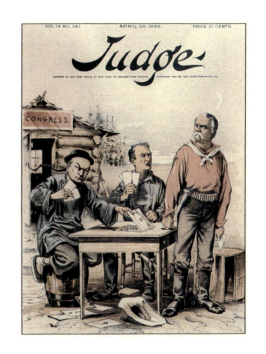

达尔文进化理论之图解:华人与猪的演变(Darwin's Theory Illustrated: The Creation of Chinaman and Pig),《马蜂杂志》1877年1月6日,217页。

刊登在1877年1月6日《马蜂杂志》上的这幅漫画以新兴的达尔文生物进化论来戏谑嘲弄华裔人种低下,试图说明其对华人移民的种族歧视是合理的。将中国人描绘成从猴子发展为一种类人动物,最后将要演变成一只狗和猪,这是对全球所有华人最恶意的侮辱。

共和之舟驶向覆灭（The Ship of State Glided Noiselessly to Her Doom），《共和国的末日》，1880 年，扉页。

黄祸论是一种针对中国和日本等东方国家的极端民族主义理论，宣扬黄种人必将威胁到白人的种族生存，白种人应当联合起来对付即将到来的黄种人的大规模侵略。19 世纪末、20 世纪初，黄祸论甚嚣尘上，出版于 1880 年的《共和国的末日》是美国早期黄祸小说的代表作，以文学作品形式反映了当时美国西部地区反华声浪的涌起。作者皮埃尔顿·威廉·杜内尔（Pierton William Dooner，1844—1907）本人是一名加拿大移民，全书插图由《马蜂杂志》首席画师、第一代普鲁士移民凯勒完成。这幅刊登在扉页上的图画描绘了一个怒海沉船的灾难情景，一名白人女士在礁石上徒然地祈祷，而中国的帆船是风雨如磐的大海中唯一幸存的船只，隐喻着华人将会接管西方世界。

加利福尼亚州长（The Governor of California），《共和国的末日》，1880 年，49—50 页。

在这部灾难启示录小说中，杜内尔危言耸听地描述了未来华人自加利福尼亚开始对北美大陆的一步步征服：首先是大批移民，其次是归化入籍，然后取得对社会经济和政治的控制权，一州州地自西向东蚕食发展，最后高潮是武装夺权。这幅插图显示华人已然就任加利福尼亚州长，正邪恶地盘算下一步征服美国的计划。这无疑是对华人的诬蔑。

华盛顿的满清大员(The Mandarins in Washington),《共和国的末日》,1880 年,96—97 页。

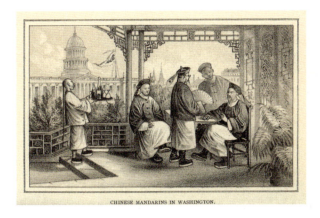

凯勒的这幅插图描绘了聚集在华盛顿特区的一群中国官员,背景中的清朝龙旗在国会山上随风飘扬。在杜内尔笔下,看似无害、勤勤恳恳的移民实际上是中国政府逐渐占领美国之阴谋的一部分,而貌似心平气和的华人实际上是工于算计、用心险恶之辈,旨在摧毁白人社会的基督教文明。

种族之战(The War of the Races),《共和国的末日》,1880 年,160—161 页。

在《共和国的末日》中,杜内尔详细描述了华人自 1850 年到 1880 年间对美国进行的所谓渗透,并耸人听闻地预测在 20 世纪初中美两国将不可避免地爆发"种族之战";而凯勒的插图则形象地展现了这一即将到来的军事大劫难,美国民众奋起抵抗,被清朝军队无情地宰杀。

新的开始（The Beginning of the End），《共和国的末日》，1880年，208—209页。

凯勒在《共和国的末日》里创作的最后一幅插图形象地描绘了中国人征服世界、摧毁西方文明的终极画面。书中描绘：不仅华人移民将要取代美国工人，中国军队的大规模入侵将更为恐怖。杜内尔的动机旨在引起社会对所谓的中国问题的高度重视，警告美国必须改革移民政策，加强军事防御，否则就会面临灭顶之灾。杜内尔的著作仅出版两年后，美国国会就通过了臭名昭著的《排华法案》。

哦，不，不！不要咬我，我没吃狗肉饼（Oh, No, No! Please No Bitee Me, Me No Eatee Bow Wow Pie），密苏里州堪萨斯市包沃食品杂货公司招商卡片，日期不详。

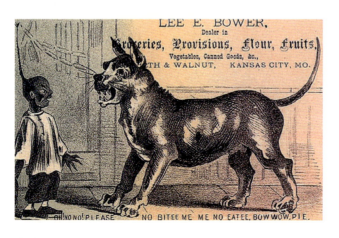

这张图片是12世纪末期美国中西部密苏里州堪萨斯市包沃食品杂货公司（Lee E. Bower）发行的招商卡片，恶意地嘲讽在美华人的饮食习惯及其所谓对老鼠和狗肉的喜爱。图中华人形象再次被贬低和非人性化，双手更像动物的爪子，抓着一只死老鼠满脸惊恐地面对咆哮的狂犬。这无疑是对华人的肆意侮辱。

驱鼠强药：他们必须走！（Rough on Rats: They Must Go!），波士顿福布斯公司招商卡片，日期不详。

在这张日期不详的招商卡片上，华人移民形象被进一步妖魔化。波士顿福布斯公司的这幅广告借用当时社会上流行的"华人必须走"的政治口号，将华人与老鼠、臭虫、苍蝇和蟑螂等有害生物联系起来，令人望而生恶。这是对华人的莫大侮辱。

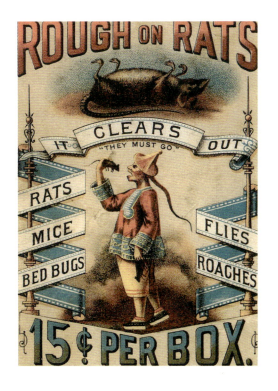

旧金山：我要收留所有这些人吗？（San Francisco. Must I Support Them All ?），《马蜂杂志》1886 年 2 月 27 日，16 页。

在全美此起彼伏的排华浪潮中，唐人街已成为从其他城市里被驱赶出来的华人移民的最后落脚场所，1886 年《马蜂杂志》的这幅漫画指责旧金山的华人社区是道德败坏、犯罪、疾病和一切社会邪恶的根源，其种族主义歧视显露无遗。

华人生活（Chinese Life!!! DuPont Street，San Francisco，Cal.），美国早期西部版画，日期不详。

加州大学伯克利分校班克罗夫特图书馆收藏的一张19世纪的美国西部版画，以"华人生活！！！"为标题，生动地描绘了旧金山唐人街赌馆内的热闹情景，桌子一头庄家气定神闲，观战者指手画脚、交头接耳，各种人物形象跃然纸上。靠近门口一位戴斗笠的华工已经两手空空，却依然不愿离去，门外还有两名华人妇女在等待。

鸦片馆（Opium Den），《加州的中国人》，99页。

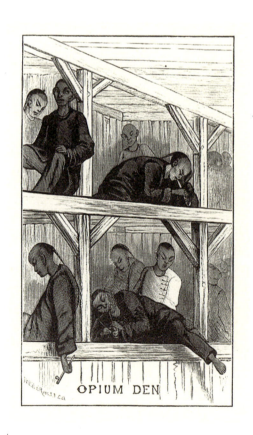

《加州的中国人》记载唐人街上到处都是肮脏不堪的大烟馆，华人吸食鸦片不分社会阶层，视其为在美生活的一种临时解脱，而且还有专门向白人提供服务的烟馆，不时有不良妇女和青少年顾客，对社会道德规范产生恶劣影响。

异教徒的圣诞节（A Tan Game — The Heathen's Christmas），《马蜂杂志》1887年12月24日，插页。

1887年圣诞前夕，《马蜂杂志》刊登彩色版画一幅，旨在告诫美国读者：华人异教徒是如何在唐人街"欢度"圣诞的。图中华人众生有悲有乐，左侧的一位还在掂量着手里仅有的硬币，犹豫是否继续下注，除了庄家外，所有其他华人均头戴帽子，而赌场已经用上了在美国刚开始商业化的电灯。

中国佬的天堂（California — An Evening in the Chinese Quarter of San Francisco — The Chinaman's Paradise, a Favorite Hunt of Opium-Smokers on Kearney Street），《弗兰克·莱斯利新闻画报》1878年8月24日，420页。

由于不少华人吸食鸦片，导致许多美国人对华人移民看法负面。据报道，当时唐人街有超过二百家烟馆和三千多吸食者，绝大多数为华人。《弗兰克·莱斯利新闻画报》1878年8月24日版画描绘了数名白人在华人向导的带领下到旧金山唐人街  探险夜游，参观华人鸦片馆的情形，人物形象对比鲜明，陶然横卧的华人烟客与一身盛装表情严肃的白人妇女各据一侧，对读者造成强烈的视觉冲击。

高档烟馆（Scene in a Chinese Opium Palace，San Francisco），《哈泼斯周报》1880年4月3日，221页。

美国19世纪并无禁止非法毒品的法律，鸦片可以合法进口，只是因为高额的捐税才使得走私猖獗。《哈泼斯周报》1880年刊登了以创作西部题材作品闻名的保罗·弗兰泽尼的一幅版画，细致地描绘了旧金山唐人街一家高档鸦片馆内两名瘾君子飘飘欲仙的情景。

纽约烟馆（Chinese in New York：Scene in a Baxter Street Club-House；Opium Smoking in New York；Opium Dens in Pell and Mott Streets），《哈泼斯周报》1874年3月7日，212页；《哈泼斯周报》1881年9月24日，645页；《弗兰克·莱斯利新闻画报》1883年5月19日，204页。

除了旧金山外，纽约的华人鸦片馆也发展迅速。《哈泼斯周报》分别于1874年3月7日与1881年9月24日刊登版画描绘了纽约的华人烟铺情形，而《弗兰克·莱斯利新闻画报》1883年5月19日刊登系列图片，详细介绍纽约曼哈顿下城唐人街烟馆的经营情况，不仅描述了街道外景和吸食鸦片所需要的各种工具，而且记录了一名白人妇女因为吸食鸦片而昏厥于街头的情形。

地下烟铺（Underground Opium Den in San Francisco），《哈泼斯周报》1881年10月13日，776—777页。

当时美国消费的鸦片多是经由中国进口，原产于印度的鸦片经加工提炼后在旧金山街头销售，四盎司一盒，售价为八美元，区区二十五美分就可以让吸食者快乐逍遥一番。相对于1880年《高档烟馆》的雕梁画栋，《哈泼斯周报》1888年双页版画上的旧金山唐人街地下烟铺则属于低档大烟馆，不仅光线昏暗，而且人满为患，有意思的是图中有一位华人妇女在做内勤服务。这幅作品的作者为擅长描绘印第安原住民的法裔美国画家亨利·法尼（Henry Farny，1847—1916）。

美国烟民（American Opiumsmokers — Interior of a New York Opium Den），《哈泼斯周报》1888年1月8日，684页。

《哈泼斯周报》1881年10月8日的图画描绘了数对白人男女在纽约华人开设的大烟馆吸食鸦片的情景，图中的美国烟民陶陶然昏昏欲睡，而入室服务的华人在逆光中显得一脸邪恶，画家仿佛在暗示华人移民是一切罪恶的根源。

黄粱美梦（Pipe Dreams），《顽童杂志》1908年1月15日，3页。

对美国当时积极进取的主流文化而言，鸦片早已成为邪恶堕落的象征，而教唆吸食和提供鸦片更是广受社会道德的谴责。《顽童杂志》1908年漫画为了抨击股票市场吸引小股民投资而牟取暴利之举，将股票掮客描绘成了烟馆老板，股票市场就是罪恶的鸦片烟枪，小股民成了欲罢不能的烟客，而华人移民则不幸躺着中枪。

圣诞礼物（Chinatown: Instead of Toys, He Brings a Pipe），《顽童杂志》1905年11月29日，38页。

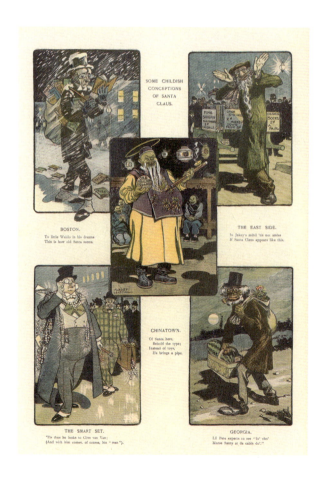

《顽童杂志》1905年11月29日漫画恶意调侃指责华人道德低下，送给儿童的圣诞节礼物不是玩具，而是烟枪。

不可能之举（Impossible Occurrences），《马蜂杂志》1877 年 11 月 10 日，232—233 页。

《马蜂杂志》1877 年刊登漫画列举种种不大可能在美国发生的事情，诸如德国人不喝啤酒，爱尔兰人告别酒精饮料，海关官员和警察拒绝贿赂，印第安人改信基督，原住民问题得到妥善解决，等等，其中还包括华人在法庭上如实作证，肆意诋毁华人人格低下，不值得信赖。

善恶对比（Going to the Devil），《马蜂杂志》1880 年 9 月 25 日，120—121 页。

《马蜂杂志》1880 年漫画描绘所谓的正义在与邪恶的对抗中已被彻底压垮，代表"正义"的是一帮政客和要求坚持清规戒律的清教徒，以地狱恶魔为领袖的邪恶势力则包括舞女、艺人、赌徒、酗酒者，等等，而被丑化的华人也赫然其中。

新来之人（The Coming Man），《马蜂杂志》1881年5月20日，251页。

《马蜂杂志》1881年5月20日刊登凯勒作品，展现了作者对华人的极度成见与仇视。图中华人一脸奸诈之相，失去比例的大手上写有"垄断"字样，长长的指甲更像是动物利爪，手下压盖着华人涉足的卷烟、洗衣、制鞋、缝衣等产品和行业，远处背景里隐约可见白人工人在示威抗议。尽管当时华人仅占美国人口的一小部分，但《马蜂杂志》却在极力煽动白人对华人将要全面占领美国的恐惧感，肆意侮辱华人，图画以蓝白红的美国色调为主，暗喻美好的美国之梦将要被新来的华人移民所摧毁，因此必须立即制止华人来美并驱逐华人移民。

港口雕像（A Statue for Our Harbor），《马蜂杂志》1881年11月11日，276页。

纽约的自由女神是美国自由开放的象征，而当时西海岸以《马蜂杂志》为代表的白人种族主义者却认为华人移民是中国针对美国所策划的一个罪恶阴谋，1881年纽约的自由女神塑像在建之际，凯勒以之为题创作了版画作品，大肆诬蔑华人，试图引起美国民众对华人移民的敌视。图中的华人塑像脸色邪恶，手持烟枪，脚踩头盖骨，发辫更像是一条在空中舞动的毒蛇，其头部的光带上分别标有"肮脏、疾病、道德堕落、摧残白人劳工"等字样，雕像底座老鼠横行，而在灯塔的照耀下，载着华人移民的船只纷纷驶入旧金山港湾，背景中华人模样的月亮一脸冷笑地注视着眼前的一切。

打扫卫生（Better Remove the Carcass），《马蜂杂志》1880 年 8 月 14 日，31 页。

为了限制华人移民，白人种族主义者以威胁公共卫生的名义制定了针对唐人街的种种法规，但《马蜂杂志》仍然认为市议会采取的措施仅仅是无关痛痒的皮毛之举，只有将唐人街根除才能根本解决问题。图中凯勒将唐人街丑化成死而未腐的大象，旧金山市公共卫生委员会的委员们在忙着打扫卫生，种族主义歧视鲜明。

"三美"闹三藩（San Francisco's Three Graces），《马蜂杂志》1882 年 5 月 26 日，封面。

美国《排华法案》于 1882 年 5 月 6 日正式通过，《马蜂杂志》并未偃旗息鼓，仅三周后就继续对华人展开恶毒攻击。凯勒视唐人街和华人移民是美国疾病的根源，在他的笔下，疟疾、天花、麻风三个恶魔正从唐人街和华人移民船只上飘然而出，占据了旧金山的夜空。图中幽灵面目丑陋可恶，代表着恐怖和死亡，作者旨在激起美国民众对华人移民的恐惧与仇视。

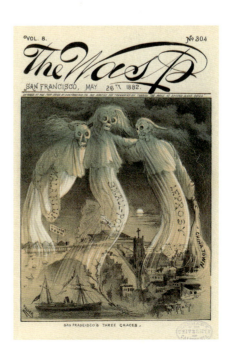

外交关系(Our Foreign Relations),《马蜂杂志》1883年11月10日,8—9页。

在《马蜂杂志》的描述中,华人成了一切罪恶的代名词。凯勒在其1883年作品中更是露骨地将麻风恶魔直接描绘成华人模样的吸血蝙蝠,正对着象征美国的哥伦比亚张开血盆大口,漫画构图与色彩对比强烈,已经不仅仅是简单的白人种族歧视格调,而是赤裸裸地渲染暴力和仇恨,恶意侮辱华人。

华人罪犯(The Chinese Highbinders in San Francisco),《哈泼斯周报》1886年2月16日,100页。

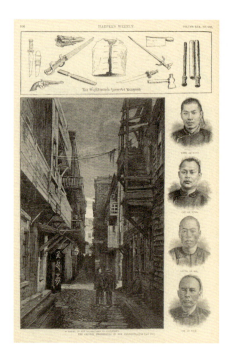

《哈泼斯周报》1886年2月16日专文报道旧金山唐人街的华人犯罪问题,另外还专门介绍了华人犯罪团伙经常使用的各种刀枪武器,除了手枪和斧头外,其他均从中国带入。为求保护,不少华人来美后纷纷参加秘密社团组织,其中最大的一支就是美国洪门致公堂。虽然绝大多数华人移民遵纪守法,但在华人社区里还是有少数不法分子为非作歹,祸害百姓,周报列举了数名以谋杀、敲诈和绑架妇女而获罪服刑的华人。由于早期移民多为苦力出身,没有什么文化教育,因此华人犯罪分子作案手法凶狠,视生命如草芥;而且因为帮会团伙互相保护,随随便便作伪证,致使一些华人罪犯得以逍遥法外。

华工武斗（A Chinese Battle in California），西部招贴画，日期不详。

维沃威尔（Weaverville）是 1850 年随着加州北部淘金热而形成的一个小镇，在其鼎盛时期仅华工就有两千人，当年的道教云林庙至今保存完好，是加州华人修建的最古老并且继续使用的中国庙宇。1854 年 7 月，两家华人帮会为了争夺金矿地盘发生了大规模械斗，共有二百六十人手持刀枪棍棒参与，导致八人死亡，数十人受伤，由于地方警察的及时制止才没有酿成更大的惨剧，当时华工使用的部分武器至今仍保存在云林庙内。

天使般的异教徒（The Angelic Heathen），《马蜂杂志》1889 年 7 月 13 日，封面。

《马蜂杂志》1889 年 7 月 13 日刊登漫画，无视绝大多数在美华人移民辛勤劳作、遵纪守法的基本事实，肆意诬陷华人为善于伪装、嗜好暴力的犯罪分子，意欲将所有华人驱逐出美国而后快。

白人的晚餐(Is It Right for a Chinaman to Jeopard a Whiteman's Dinner?),《马蜂杂志》1885年11月21日,16页。

《马蜂杂志》1885年的一幅漫画中,一名贪婪的华人正准备从加州小姐手里夺下白人家庭的晚餐,说明华人竞争将使得白人家庭忍饥挨饿。作品将白人妇女和无辜的孩子描绘成华人移民美国的牺牲品,意在挑拨社会种族对立和白人对华人的仇恨。

养虎为患(In the Clutches of the Chinese Tiger),《马蜂杂志》1885年11月7日,8—9页。

《马蜂杂志》1885年的另一幅漫画描述华人以廉价劳力进入美国社会,迅速成为凶神恶煞般的猛虎,告诫白人家庭千万不要养虎为患,否则后果不堪设想。该作品将华人丑化成为野兽,是对所有华夏子孙的极大诬蔑和恶意攻击。

华人恶魔(The Chinese, Many Handed but Soulless),《马蜂杂志》1885 年 11 月 14 日,封面。

《马蜂杂志》1885 年的这幅漫画更是直接将华人刻画成了一个面目狰狞、作恶多端的怪物,众多的手臂从事着卷烟、洗衣、开矿、赌博、烟馆等工作,而美国白人从工人到妇女儿童,都在恶魔的束缚下百般挣扎,难以解脱,题图注解为"华人:有许多只手却没有灵魂"。极端种族主义的杂志编辑不仅无视华人移民为美国社会发展所做的种种巨大贡献和牺牲,反而诬陷华人是美国一切痛苦和社会问题的根源,而将华人比作道德低下的魔怪,更是毫无人性的表现。

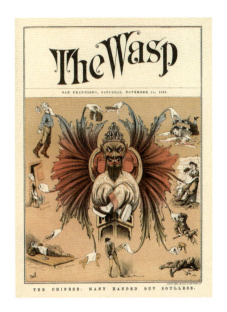

嫁作华妇(Why She Married Ching-A-Ling),《顽童杂志》1881 年 8 月 31 日,433 页。

《顽童杂志》1881 年 8 月 31 日刊登一组幽默图画,调侃美国妇女为何要与华人结婚。图中嫁作华妇的白人女士可以随便出门上街,与旧情人打情骂俏,回来后家里会井井有条,所有衣物洗得干干净净,丈夫还会带孩子玩耍,要比嫁给一个懒惰的美国丈夫每天辛苦持家强多了!

街头茶贩（Star Tea — Eat Rats），《哈泼斯周报》1894 年 11 月 10 日，1080 页。

《哈泼斯周报》1894 年的一幅插图中，华人茶贩正在热情地推销中国出产的茶叶，一转身却发现"明星茶叶"几个字母被街头小混混调换成了"吃老鼠"的字样，虽然看似幽默，却是在诬陷嘲弄华人的饮食习惯，同时从另一方面也说明了华人移民在美生活的不易，正经辛苦地做着小本生意，却要经常受到地痞流氓的欺负。

强烈反对(A Serious Objection),《哈泼斯周报》第29卷,1885年,731页。

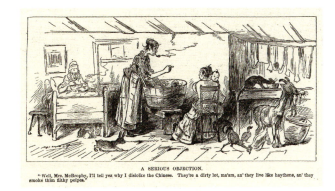

《哈泼斯周报》1885年刊登一幅幽默漫画,讽刺当时某些美国白人歧视华人移民的态度是何等虚伪和荒唐。图中的白人家里肮脏不堪,家禽上下乱窜,衔着烟斗、一身邋遢、正在洗衣服的妇女本人显然也是新近移民,操着蹩脚英语评论道:"唉,麦克布罗菲太太,我告诉你我为什么不喜欢华人,他们太脏了,夫人,他们就是一帮异教徒,而且还抽不干净的烟袋锅!"

情人节(St. Valentine's Day — From a Chinese Artist's Point of View),《顽童杂志》1883年2月14日,373页。

1883年2月14日情人节之际,《顽童杂志》刊登一幅幽默漫画,讲述一名华人移民如何难以理解当时的社会文化。情人节是西方的传统节日之一,男女在这一天互送贺卡表达爱意或友好。图画左侧描绘邮差在繁忙地送信,收到贺卡的男女老少皆喜不自禁;右侧则表现一名男士求爱被拒,愤而杀女后自尽。图中间的华人被眼前的一切搞得晕头转向,一脸茫然,暗示华人对西方文化不了解,难以融入美国社会,同时也说明了美国的枪支泛滥问题由来已久。

即将到来的诅咒（The Coming Curse），《法官杂志》1882 年 3 月 18 日，中心插页。

1882 年国会辩论《排华法案》之际，《法官杂志》以"即将到来的诅咒"为题，于 3 月 18 日刊登组图描述华人移民美国将要带来的严重后果，十分生动地体现了当时部分民众对华人的恐惧心理。图中的华人从事着治安执法、修理水管、粉刷房子、打扫卫生、裁缝洗衣和育婴看护等工作，被夺取工作的美国人有男有女，有白有黑，却只能一旁观望，无能为力，最后的结果是华人成了脑满肠肥的暴发户、美国社会的新主人。

美国的耻辱（The Shame of America），《真相杂志》1892 年 5 月 21 日。

1892 年 5 月 21 日纽约出版的《真相杂志》（*Truth Magazine*）以"美国的耻辱"为题，反映当时存在的中美婚姻。虽然美国法律禁止异族通婚，但是由于华人移民中的绝大多数为男性，还是有少量的华人与白人妇女结婚成家。图中的一对经历了求爱、订婚、结婚三部曲后，白人太太不仅要辛勤持家，而且要面对丈夫抛弃家小回国的悲惨命运，旨在警告美国妇女不要对与华人通婚作任何幻想。中间的结婚场面外《圣经》被抛在一边，鸦片烟枪仍在燃烧，意味着华人是道德低下的异教徒，不值得托付终身。

一视同仁（Be Just — Even to John Chinaman），《法官杂志》1893年6月3日。

《法官杂志》1893年6月3日图中象征美国的哥伦比亚女神正在把华人孩子赶出学校，其他少数民族代表包括黑人、印第安人、犹太人、阿拉伯人等在她的身后高兴地看着热闹，反华急先锋爱尔兰人举着"驱逐没有投票权的异教徒"标语牌表示支持，而前侧的法官则对哥伦比亚说道："你不应该收了这个华人孩子却又把他赶出去，不过将来你可以不再接受他的兄弟了。"虽貌似公允，骨子里却是对华人的歧视，反映出了美国《排华法案》对华人移民的极端不公平，而小孩子手持熨衣板、烙铁和烟枪，更是对华人形象的严重丑化。

适当的课程（The Proper Course），《马蜂杂志》1900年3月10日，9页。

《马蜂杂志》1900年漫画将华人移民丑化为持枪弄斧的害群之马，在开学第一节社交礼仪课上，旧金山小姐正色训斥：你必须改正自己的行为，不然将被驱逐出大都会学校！

罪犯的天堂（The Highbinder's Paradise），《马蜂杂志》1893 年 6 月 18 日，20 页。

极端白人种族主义的《马蜂杂志》视唐人街为一切罪恶之源，肆意攻击华人。认为华人移民利用了传教士对他们的欢迎接待，吸食鸦片，舞刀弄枪，戏弄加州司法制度，对这些"社会害虫"应该像在广州一样斩首示众。

唐人街戏剧（A Chinatown Drama），《马蜂杂志》1894年2月3日，10页。

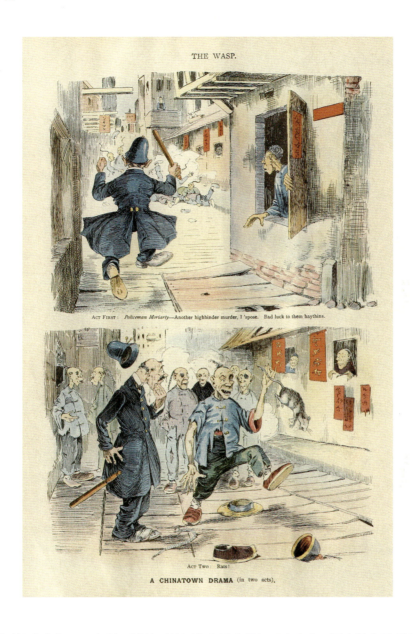

《马蜂杂志》1894年漫画继续对美国华人社会进行恶意攻击，图中警察看到唐人街人群争斗，以为又有人惨遭不幸，结果是众人在抓老鼠。

罪恶磁石(The Magnet: The Only Bad Feature of Our Prosperity),《法官杂志》1902年4月26日,封面。

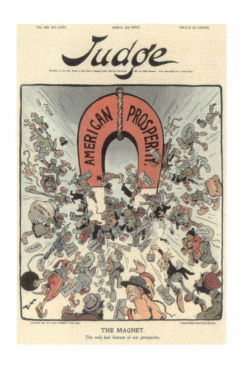

《法官杂志》1902年4月26日封面图画描绘一个巨大的磁铁,正极是美国的繁荣昌盛,负极是来自世界各个角落的邪恶势力,包括黑手党、疾病、贫穷、犯罪、道德堕落,等等,华人以烟鬼和罪犯形象赫然其中。作者无视华人对美国社会发展所做的贡献,将华人归纳于邪恶势力之中,不仅反映了其种族歧视的心态,而且体现了杂志编辑反对美国继续移民立国的观点。

异教徒晴雨计(Heathen Barometer),明信片,1907年。

美国希尔森公司1907年出版的明信片嘲笑华人的辫子具有预报天气的功能:发干则晴天,发湿则降雨,发摆则强风,发冻则降温。图中人物容貌丑陋,一脸奸诈,是对华人移民的极端丑化和诋毁。

三、《排华法案》：中国人必须走！

一马当先（Distanced!），《马蜂杂志》1877年3月23日，36—37页。

《马蜂杂志》1877年双页版画显示美国民主与共和两党深陷贪污腐败和渎职的泥沼中不能自拔，只有工人党一马当先，将挑担的华人踢翻在地，背景为美国国会山，大批观众在夹道欢呼，一只马蜂在瞭望。当时的美国社会

走向已经为选举政治所左右，而加州白人种族主义者组成的工人党更是反华排华运动的急先锋。

中国人必须走，但谁在收留他们？（Chinese Must Go! But Who Keeps Them?），《马蜂杂志》1878年5月11日，648—649页。

"中国人必须走"是爱尔兰移民丹尼斯·科尔尼喊出来的口号，《马蜂杂志》虽然认同这一目标，却对他的流氓暴力手段不以为然。在1878年5月11日的图画中，科尔尼被描绘成了一只夸夸其谈的大叫驴，制服的肩章上标着DK的字母缩写。作者的着力

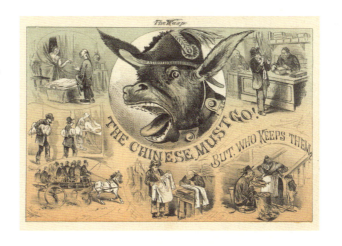

点是质问到底是什么人在为华人移民提供就业机会。图中显示华人从事的洗衣、卷烟、缝纫修补、鱼鲜销售、马车服务等行业的所有顾客都是白人，杂志编辑希望社会上下齐心协力一起抵制华人服务，从而达到将华人逐出美国的最终目的。

孰将驱逐华人？（Who Will Make the Chinese Go?），《马蜂杂志》1879年1月25日，封面。

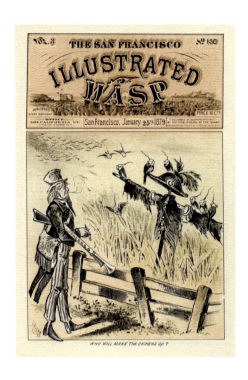

《马蜂杂志》1879年1月25日封面刊登凯勒作品，庄稼地里反华先锋科尔尼的破烂制服只能装点稻草人，起不到任何恐吓阻碍作用，而农田边的山姆大叔则悠闲地抽着烟，怀里还揣着标有国会字样的散弹枪。作者意图明显，只有国会才能通过《排华法案》，从根本上解决问题，而白人种族主义的《马蜂杂志》将华人移民丑化成为祸害农田的麻雀，是对所有华人极大的侮辱。

无法共存（Uncle Sam's Troublesome Bed Fellows; A Dangerous Hole in the Door），《马蜂杂志》1879年2月8日，441页。

《马蜂杂志》1879年漫画里，印第安人、黑人和抱着酒瓶昏睡的爱尔兰人已经占去了大半个床，山姆大叔一脸愤怒，正在把华人和摩门教徒踢下床去。当时华人遭受的是种族歧视和迫害，而有一部分保守的摩门教徒却是因为顽固坚持一夫多妻制而被驱赶到了墨西哥。

在同页的另一幅图画里，山姆大叔正在努力地锁上国会的门闩，但华人仍然由加拿大英属哥伦比亚的通道源源不断地进入美国，意在说明美国移民法规有许多漏洞，但是作者将华人矮化，使之从猫狗出入的动物门洞穿过，是对华人的肆意诋毁。

一纸空文(Reasons Why the Anti-Coolie Had No Effect),《马蜂杂志》1879年3月15日,520—521页。

屈服于西部诸州的压力,美国国会1879年通过了《排华法案》草案,但当时的共和党总统海斯却认为中美两国已订有《蒲安臣条约》,美国不能单方面毁约,因此否决了国会议案。《马蜂杂志》于是将海斯丑化成没有男人骨气、

男扮女装的政客,隔着《蒲安臣条约》的栏杆,面对西部诸州被入侵的苦力怪兽逼迫的危险境地仍然无动于衷,《排华法案》在他手里成了没有任何作用的一纸空文。

华人入侵(The Chinese Invasion),《顽童杂志》1880年3月17日,24—25页。

1880年美国排华声浪高涨之际,《顽童杂志》也加入了大合唱,其3月17日的双页漫画描述了华人移民在加州饱受白人流氓迫害,开始向东部迁移,自由女神哥伦比亚出于人道主义精神和外交条约规定的保护外国侨民的义务,在纽

约曼哈顿的海岸上向从加州沉船跳海逃生的华人伸出援助之手。纽约的家庭主妇们对来自旧金山的华人热烈欢迎,华人随即取代黑人成为白人家庭的佣人,勿街很快人满为患,华人势力迅速强大,以其人之道制其人之身,开始拿反华急先锋爱尔兰人开刀,并最后将一切反华政客和势力统统扫地出门,十分形象地体现了当时由种族主义者煽动的美国民众对华人移民的普遍恐惧心理。

旧金山排华集会(California — The Chinese Agitation in San Francisco — A Meeting of the Workmen's Party on the Sand Lots),《弗兰克·莱斯利新闻画报》1880年3月20日,41页。

旧金山卫生局有关唐人街卫生状况已构成城市公害的报告让华人问题再次摆上桌面。1880年2月21日周六晚,加州工人党组织大型排华集会,旧金山市长卡洛克(Isaac Smith Kalloch,1832—1887)在会上发表演说:华人必须走,亚裔的入侵必须停止!我们不仅要根除奴隶制,还要向自私、冷漠、企业的贪婪和野蛮的异教宣战!而工人党领袖科尔尼更是危言耸听地宣称:与其全州革命,不如先吊死十几个人划算!

两面夹击(Where Both Platforms Agree — No Vote — No Use to Either Party),《顽童杂志》1880年7月14日,335页。

《顽童杂志》1880年7月14日封面刊登美国漫画家詹姆斯·阿尔伯特·威尔士(James Albert Wales,1852—1886)的作品,充分体现了华人移民在美国面临的困境。美国政治历来由民主、共和两党左右,因政见不同,经常互相杯葛攻击。但当时为了争夺西部诸州的票源,在华人问题上达成惊人的一致,纷纷比着反华排华。图中的华人面目黝黑丑陋,拼命挣扎仍然无法解脱,而两侧道貌岸然的两党政客还在《排华法案》上使劲地钉钉子,图下的注解为"两党一致同意:没有选票,就没有任何价值"。

让华人拥抱"文明"（Let the Chinese Embrace the Civilization, and They May Stay），《哈泼斯周报》1882 年 3 月 18 日，176 页。

1882 年《排华法案》通过前夕，纳斯特在 3 月 18 日的《哈泼斯周报》上发表作品，嘲讽抨击种族歧视的虚伪和毫无道理。白人种族主义者声称华人为未开化野蛮之人，纳斯特遂以幽默图画据理力争，反而质问是否华人需要像所谓的"文明人士"一样

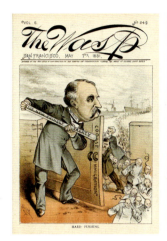 

天天喝得醉醺醺的，在街头无所事事，打架斗殴，或者以乞讨为生，拒付房租，或者三天两头地罢工，要求高工资而不干活，或者成为只知道夸夸其谈的政客，然后华人就可以理所当然地留在美国了？

用力关门（Hard Pushing；General Miller's Reward），《马蜂杂志》1881 年 5 月 7 日，封面；5 月 14 日，封面。

约翰·富兰克林·米勒（John Franklin Miller，1831—1886）是一名律师、商人和内战时期的美军少将，1880 年以共和党身份当选加州的联邦参议员。极端白人种族主义的米勒曾经声称："一个完整的人，作为自由体制和高度文明的产物，在这个世界上要比千百个野蛮人更有价值。"而他心目中的野蛮人就是顽固不化的印第安人和华人移民。《马蜂杂志》1881 年 5 月 7 日与 14 日封面图画描绘了米勒在国会积极推动《排华法案》的情形。

下一步将要轮到谁？（Which Color Is to Be Tabooed Next?），《哈泼斯周报》1882年3月25日，192页。

《哈泼斯周报》1882年3月25日刊登纳斯特作品，讽刺谴责反华之举。是时美国《排华法案》已成定局，两人身后的标语墙上写着："新的'独立'宣言：禁止华人移民二十年，华人不得成为美国公民。"德裔移民弗里茨（Fritz）喝着啤酒吸着烟袋，对着爱尔兰裔移民帕特里克言道：如果洋基佬的国会能够通过法律把黄种人赶出去，他们下一步会不会对我们绿色之人动手？

反华之墙（The Anti-Chinese Wall），《顽童杂志》1882年3月29日，中心插页。

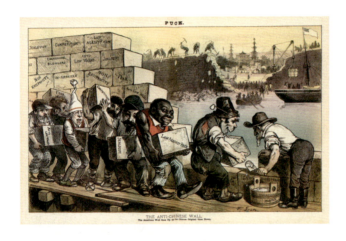

《顽童杂志》1882年3月29日的漫画生动地反映了当时美国各种政治势力汇在一起，强力推动《排华法案》的情形，美国的保守和中国的开放形成了鲜明的对比。图中的爱尔兰人、黑人、内战退伍军人，还有来自意大利和法国的移民以及犹太人，等等，正在合力构筑一堵针对中国的城墙，而美国国会则成了将各种偏见、恐惧、非互惠、非美化、反竞争、种族歧视和嫉妒的砖块垒在一起的灰泥砂浆。隔海相望，华人正在拆除闭关自守的贸易堡垒，一艘悬挂美国国旗的船只已经进入中国水域，正在装载大米、茶叶和丝绸准备运往美国。

罪有应得（Capital Stocks），《马蜂杂志》1882年3月31日，封面。

美国国会在来自加州的参议员米勒和其他反华议员的积极推动下，于1882年春终于通过《排华法案》。在《马蜂杂志》3月31日封面漫画上，凯勒将无辜的华人移民描绘成了一名犯罪分子，蓝布衣服上的罪名是"白人劳工的摧残者"，《排华法案》紧紧地束缚着华人的手脚，而木枷上的大锁写着"美国参议院"的字样。背景里隐约可见白人工人在欢呼雀跃，哥伦比亚女神手持长缨在关注，米勒抚墙而望，唯我独尊的种族主义嘴脸毕露无遗。

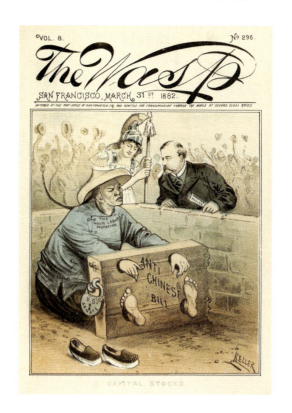

唯一不受欢迎之人（The Only One Barred out），《弗兰克·莱斯利新闻画报》1882年4月1日，96页。

1882年美国排华高潮之际，《弗兰克·莱斯利新闻画报》4月1日的一幅漫画尖刻地讽刺了美国表里不一的移民政策。画面上自由的大门紧闭，一位华人守着"勤奋"和"守纪"的包袱一筹莫展。左侧的告示标明：欢迎共产主义者、虚无主义者、社会主义者、爱尔兰共和主义者和痞子；中国佬不受欢迎！最下面引用所谓"开明"政客的评论：我们还是有区别的！

合众为一（华人除外）(El Pluribus Unum [Except the Chinese])，《哈泼斯周报》1882年4月1日，207页。

《哈泼斯周报》1882年4月1日刊登纳斯特作品，谴责了国会通过的《排华法案》。图中美国国旗飘扬在中世纪的城堡上，书写着"自由圣殿"的城门由卫兵把守，一名军官手持美国护照的告示将欲入城的华人拦在了城外。美利坚是世界移民的大熔炉，合众为一是美国的立国箴言，许多早期的居民都是为了逃避欧洲的宗教迫害才移民美国，而将美国的"自由圣殿"描绘成一座中世纪城堡，并且拒绝华人入内，作者认为这是对美国立国精神的绝妙讽刺。

他很"安全"(They Are Pretty Safe there)，《顽童杂志》1882年4月5日，75页。

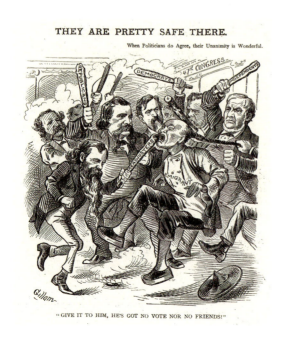

《顽童杂志》1882年4月5日刊登政治漫画家伯恩哈德·吉勒姆的作品，抨击美国第四十七届国会通过的《排华法案》。图中民主、共和两党政客与中间独立人士挥舞着大棒纷纷对华人移民大打出手。图画副标题为：当政治家意见一致的时候，是如何地和谐美妙；图下还附有注解：放手干吧，他不能投票，也没有朋友！

束手束脚（His Hands Tied），《马蜂杂志》1882 年 4 月 14 日。

国会通过《排华法案》后，美国第二十一任总统切斯特·阿瑟（Chester A. Arthur，1829—1886）面临两难选择，一方面是与中国修订的条约，另一方面是来自国内的强大政治压力。有鉴于 1879 年的国会《排华法案》曾经被当时的海斯总统否决的前例，《马蜂杂志》认定总统阿瑟已经被特殊利益集团收买。在其 4 月 14 日的封面漫画中，阿瑟被丑化成一条腿已经穿上了华人裤子的政客，身后还有华人在帮他梳理发辫，阿瑟脚上分别束缚着"无知"和《圣经》的镣铐，双手则被"华人资金"和"轮船与铁路运输利益"紧紧捆绑，面对美国参议院通过的《排华法案》无能为力。图下并附有注解：管理自由民者当首先解放自己。

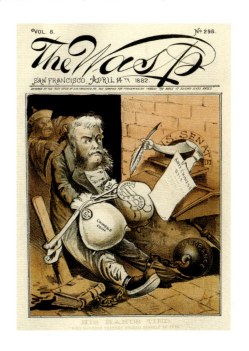

华盛顿新内阁（Our New Cabinet at Washington），《马蜂杂志》1882 年 4 月 28 日，265—266 页。

犹豫再三，总统阿瑟终于以"二十年禁止华人移民期限过长，不合情理"为由，否决了国会通过的《排华法案》，《马蜂杂志》恼羞成怒，凯勒于是将阿瑟和他的内阁成员描绘成了身穿清服、头梳发辫的官员，言下之意是阿瑟内阁已经被华人收买，成为了清廷的傀儡。

华人新的神灵（The New Chinese Joss），《马蜂杂志》1882年4月21日，299页。

《马蜂杂志》更是将总统阿瑟描绘成了华人寺庙里最新树立的偶像，受到信徒的顶礼膜拜，前期否决《排华法案》的海斯等人也同时享受着寺院香火。这幅图画不仅丑化了在任总统，更突出强调了华人异教徒的另类及其与美国主流社会文化的格格不入，图画格调阴暗，华人被描绘成了愚昧奸诈之徒，其种族歧视尽显无遗。

最后希望（The Last Hope），《马蜂杂志》1882年4月21日，封面。

由于美国国会没有足够多数的票数否决总统阿瑟的决议，只能修订议案，将禁止华人移民的期限从二十年缩短为十年，重新通过《排华法案》。《马蜂杂志》以此为题，将重新修订通过的《排华法案》描绘成远处地平线上出现的一艘新的帆船，而海斯与阿瑟的否决之船已离岸驶去。凯勒在这幅图画中将西部诸州描绘成为一名在汪洋大海中绝望无助的弱女子，赖以栖身的岩石隐约可见华人的身影，作者旨在挑起美国民众的同情心理，以期《排华法案》最后通过。

千钧一发（At Last the Democratic Tiger Has Something to Hang On），《哈泼斯周报》1882年4月22日，256页。

《哈泼斯周报》1882年4月22日刊登纳斯特作品，辛辣地讽刺了民主党在通过《排华法案》过程中所起的恶劣作用。民主党在南方蓄奴问题和美国内战中站到了错误的一边，实力大挫，白宫长期由共和党人把持，后来发现通过掀起种族恐惧与歧视对其迅速恢复政治影响力大有帮助，因此在排华问题上不遗余力。图中华人紧紧抱着总统"否决"的小树才不至于堕入深渊，而华人的发辫却成了民主党人赖以生存的救命稻草，在作者眼里这是何等的讽刺，纳斯特毅然把自己的名字签到了华人的一侧。

自取之辱（[Dis]"Honors Are Easy." Now Both Parties Have Something to Hang On），《哈泼斯周报》1882年5月20日，317页。

由于国会将禁止华人移民的期限从二十年缩短为十年，总统阿瑟随即于5月6日签署通过，《排华法案》最终成为了美国法律。纳斯特于是在5月20日的《哈泼斯周报》上以漫画方式严厉谴责了这一行径。在纳斯特看来，总统与共和党在排华问题上最后与民主党妥协，似乎保全了脸面，却是对林肯价值观的背叛和对共和党平等宽容核心理念的抛弃。共和党在排华问题上与民主党沆瀣一气，是自取之辱的表现，为极不道德和不公正之举。图中悬崖上美国"自由"的小树已经被连根带起，手抓树枝的华人仍在拼命挣扎，辫子下面还吊着民主与共和两党，心灰意冷的作者最后将自己的名字签到了海水里。

自由国家提供更多的保护（More Protection in a Free Country），《哈泼斯周报》1882年9月9日，573页。

纳斯特在《哈泼斯周报》1882年的另一幅作品中持续了他对反华急先锋爱尔兰移民的斥责，同时指出排华已经损害到了美国商人的利益。图中码头的告示牌上写着："以自由和进步的名义：华人不能来这里，他们必须回家去！"当时虽然《排华法案》已经通过，但仍有不少华人乘坐悬挂英国旗帜的轮船从西印度群岛和古巴来到美国。图下爱尔兰移民言道：看到那帮异教徒还能坐着英国轮船来美真是让我伤心。而美国秃鹰则不满地回复：可你却让我的钱包瘪下去了！

三人行（A Trio That Must Go），《顽童杂志》1883年9月5日，封面。

共和党自以为在排华问题上可以捞取政治资本，却因任内的腐败问题而在1882年的中期选举中大败于民主党，失去了国会众议院多数党的领袖席位。《顽童杂志》漫画中，象征共和党的大象戴着1882年11月选举日的黑眼罩，与同时受挫的宗教势力和失意的华人互相搀扶，抑郁而行。当年《排华法案》激烈辩论之际，有不少教会组织纷纷上书国会，反对种族歧视之举。

不得而入（Out in the Cold），《法官杂志》1884 年 3 月 22 日，封面。

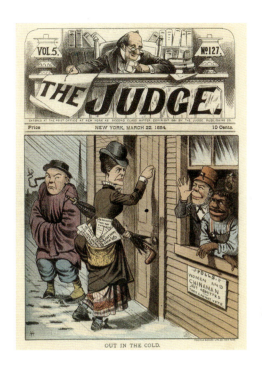

《法官杂志》1884 年 3 月 22 日的封面漫画描绘了华人和妇女作为美国社会的弱势人群被歧视压迫的严酷现实。图中女权主义的先驱正在敲门却不得而入，与华人一起被拒绝在凛冽的寒风中，室内的爱尔兰人和黑人则做着鬼脸幸灾乐祸地观看，窗下的牌子上写着"妇女与华人不得入内，他们不能投票"。美国虽然自认为是自由平等世界的精神领袖，妇女选举权运动却仍然经历了漫长的历程，直到 1920 年宪法第十九条修正案通过，美国妇女才获得了平等的投票选举权利。

最后的障碍（The Last Obstacle — Will It Stop Him?），《马蜂杂志》1885 年 9 月 19 日，8—9 页。

《排华法案》通过后，华人移民为维护在美的正当权益纷纷抗争，以诉讼方式挑战白人种族主义者反华排华的合法性，法庭官司一路打到了美国最高法院。而在恶意攻击华人的《马蜂杂志》看来，华人的据理力争却是一场无聊的闹剧，图中的华人被丑化成为一名马戏团的小丑，不仅面目丑恶奸诈而且留着野兽般的长指甲，正一路冲过地方法院和巡回法院的束缚，向着最高法院飞奔过去。

中国人困惑了（The Chinese Puzzled），《哈泼斯周报》1886年5月16日，319页。

1886年5月4日晚，芝加哥罢工工人游行示威，要求实行八小时工作制，由于无政府主义者向集会人群投掷炸弹，导致七名警察和四名群众死亡，多人受伤，史称干草市场暴乱，五一国际劳动节由此而来。纳斯特以秣市惨案为题于5月16日的《哈泼斯周报》发表作品，背景里的暴徒举着"杀死警察，烧掉房屋"的标语牌正在大打出手，图中的两位华人一脸困惑，其中一位质问道："难道是因为我们不干那些行当，所以我们必须走人，他们可以留下？"

哈里森保驾护航（Harrison & Morton — Protection），竞选广告，1888年。

1888年美国总统大选，华人问题再次引起世人关注。图为时任总统、民主党人克利夫兰的竞选宣传画，指责共和党的总统候选人本杰明·哈里森（Benjamin Harrison，1833—1901）为华人移民美国提供保护伞，副总统候选人列维·莫顿（Levi Morton，1824—1920）更是加拿大太平洋航运公司的董事，美国太平洋邮轮公司的代理人戴蒙德将军同时也是加州共和党中央委员会的主席。图中旧金山的码头上早已是人满为患，华人已经接管了各项产业，而地平线上满载华人移民的邮轮仍然源源不断地向美国驶来。作者旨在再次激起美国民众对华人大量移民美国的恐惧感，最后克利夫兰反而以微弱票数落选。

倾倒（There's Millions in It），《马蜂杂志》1888年7月21日，16页。

洛伦佐·索耶（Lorenzo Sawyer, 1820—1891）是美国第九巡回法庭的联邦大法官，多次审理华人移民挑战《排华法案》的诉讼案，并曾主持华人申请加入美国国籍一案，裁决华人移民不能成为美国公民。而索耶本人对新移民在美国的遭遇较为同情，曾多次批准华人有关人身保护的申请。《马蜂杂志》1888年7月21日的漫画中，加利福尼亚小姐正在向索耶法官抗议，而作者将华人比喻成可以随意倾倒的垃圾，是对所有华人的严重侮辱。

最希望的结果（What We Would Like to See），《马蜂杂志》1888年8月4日，16页。

《马蜂杂志》1888年8月4日刊登漫画，以其一贯的白人种族主人立场继续向当年的美国总统大选施加压力。图中的民主党人、时任总统克利夫兰一手抓着从太平洋而来的华人苦力，另一只手提着从大西洋来的意大利移民，准备将他们抛出境外。与往常一样，《马蜂杂志》肆意对华人侮辱丑化；而当时除了华人饱受歧视压迫外，也有相当部分的美国民众认为来自南欧的天主教移民十分懒惰，不配做美国公民。

一劳永逸（No More Treaties），《马蜂杂志》1888年9月29日，封面。

威廉·斯科特（William Scott，1828—1891）是来自宾夕法尼亚州的联邦众议员，曾任民主党全国竞选委员会主席，1888年提议修订《斯科特法案》，进一步全面禁止华人移民，连回国探亲的华工也被禁止返回美国，经参众两院通过后由总统克利夫兰签署成为法律。由于是美国单方面修改对华条约，清政府拒绝承认其合法性，但《斯科特法案》的通过，仍然对限制华人移民美国产生重大影响，受到了加州等地白人种族主义者的热烈欢迎，《马蜂杂志》1888年9月29日的封面漫画描绘了兴高采烈的山姆大叔正在把手持鸦片枪的中国恶龙推赶入海。

最终团聚（Together at Last），《马蜂杂志》1889年5月18日，封面。

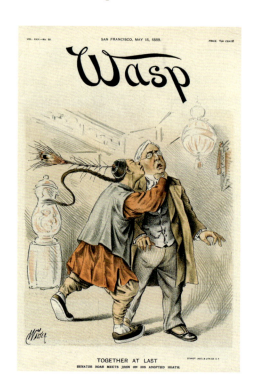

麻省联邦参议员乔治·霍尔（George Frisbie Hoar，1826—1904）曾在国会辩论《排华法案》时大声疾呼："我反对这项议案，因为它违反了《独立宣言》所标明的人类生存基本原则，而这正是美利坚人民赖以建国的基石。" 1889年霍尔访问旧金山之际，《马蜂杂志》以封面漫画攻击这位坚决反对针对华人的种族歧视的有识之士。

于事无补(The Chinese New-Found Friends Will Knock in Vain),《马蜂杂志》1889年12月21日,16页。

《排华法案》的通过受到西部各州以白人为主的劳工阶层的欢迎,但美东地区却反映不一,制造商与商业资本家尤其反对,认为此举限制了自由竞争,人为地提高了生产成本。《马蜂杂志》1889年12月21日的漫画描绘了纽约商会上书国会,希望重新考虑修改《排华法案》,但由于牵扯到选举政治,商会的上诉石沉大海。图中国会大门紧闭,商会代表身后的华人被恶意丑化,形象猥琐,行李标签上注有"犯罪、作伪证、病菌"等字样。

中国恶龙(A Flimsy Barrier),《马蜂杂志》1893年5月13日,10页。

《排华法案》于1892年又以《基瑞法案》延长十年,《马蜂杂志》却认为对限制华人移民赴美只有象征意义,图中华人被丑化为一条恶龙,正跃过栏杆向西海岸蜂拥而来。其恶意歧视华人的种族主义立场尽显无遗。

移民怪事（Peculiarities of Immigration），《马蜂杂志》1899 年 4 月 8 日，13 页。

《马蜂杂志》1899 年漫画不仅无视《排华法案》对华人移民的迫害，而且继续仇视中国和丑化华人，图下注解为：虽然可怕的中国龙已被束缚，但小棕人还是遍地乱跑。

决定因素（The Ultimate Cause），《顽童杂志》1900 年 12 月 19 日，封面。

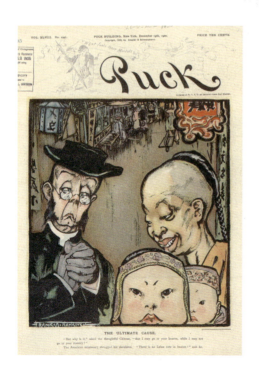

《顽童杂志》1900 年 12 月 19 日封面漫画辛辣地讽刺了美国《排华法案》的荒谬。图中一位华人母亲询问传教的美国牧师："告诉我为什么我可以去你的天堂，却不能去你的国家？"牧师答道："因为天堂没有劳工投票决定事情。"

给扩特尔佑的竞选建议（A Hint for Cortelyou），《顽童杂志》1904 年 11 月 2 日。

乔治·扩特尔佑（George B. Cortelyou, 1862—1940）曾任美国商务部与财政部长，1904 年担任共和党全国委员会主席，负责总统西奥多·罗斯福（Theodore Roosevelt, 1858—1919）的竞选事宜。《顽童杂志》11 月 2 日漫画讽刺美国的选举政治，候选人为了赢得最后胜利往往要使出浑身招数讨好各方势力，包括英格兰人、法兰西人、爱尔兰人、黑人和俄罗斯人，华人移民也赫然在列，图中的百变罗斯福身穿华服手持洗衣单，许诺如果当选将要使用华人洗衣服务。

如何绕过《排华法案》（How John May Dodge the Exclusion Act），《顽童杂志》1905 年 7 月 12 日，中心插页。

《顽童杂志》1905 年 7 月 12 日漫画调侃华人为了进入美国无所不用其极，包括无政府主义者、爱尔兰人、英国人、西西里人或游艇水手等，均为可以合法入境的类别。虽然华人形象被丑化，但同时从另一方面也说明了美国《排华法案》对华人移民的种族歧视与不公平。

不可告人的秘密（A Skeleton in His Closet），《顽童杂志》1912年1月3日，2页。

20世纪初沙皇俄国发生迫害和驱逐犹太人的事件，美国外交部对此严重抗议。《顽童杂志》1912年1月3日刊登漫画自揭家丑，认为正人先正己，谴责讽刺了美国国会通过的《排华法案》与俄国歧视犹太人一样，都是非常不道德和不公正的反文明之举。

四、从落叶归根到落地生根

独立日庆典（Celebration the 4th of July in San Francisco, Cal.），旧金山招贴画，1852年7月5日。

1852年7月4日美国独立日，旧金山举行盛大庆祝集会，蜿蜒游行队伍中华人赫然在列，高擎一面巨大的三角龙旗，显得颇有声势。华人游行队伍紧随于美利坚与法兰西国旗之后，不仅有盛装骑马的官员，而且还有锣鼓助阵，受到围观群众的热烈欢迎。虽然庆典有些万国来朝的味道，但此时华人抵达加州仅有两三年，已经开始参加美国主流社会举办的文化活动。

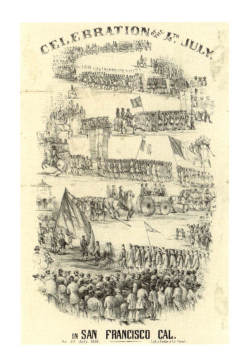

学童教育（Common School），《哈泼斯周报》1870年2月26日，140页。

华人一向重视子女教育问题，然而在种族歧视的大环境下，华人子女在公立学校就读成了一种奢望。《哈泼斯周报》1870年2月26日刊登纳斯特作品，涉及当时的公立学校系统与私立教会学校就办学基金来源进行的争论，华人学童在两种截然不同的办学方式中命运迥异。作者认为政教分离是美国社会的基本原则，公立学校应该欢迎接纳所有的宗教、信仰、文化和种族，而如果将有限的教育税收分配给私立教会学校，只能导致社会族群分裂。

义务教育（Compulsory of Education — The Safeguard of Free Institutions），《哈泼斯周报》1875年1月16日，49页。

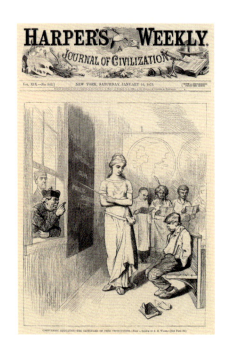

《哈泼斯周报》1875年1月16日封面图画强调了义务教育的重要性，认为是美国民主社会健康发展的基石和保证，同时谴责了天主教势力对公立教育体系的干扰。在作者眼里，华人与印第安人和黑人一样，属于可教化之列，而公立学校就是美国各民族文化的熔炉。

教会学校（California — Chinese Mission-School at the Methodist Chapel, Jackson Street, San Francisco），《弗兰克·莱斯利新闻画报》1876年4月15日，97页。

由于加州白人种族主义者的歧视与反对，华人子女无法进入旧金山公立学校，许多家庭于是送自己的孩子到教会举办的私立学校就读。《弗兰克·莱斯利新闻画报》1876年4月15日的插图显示位于杰克逊大道上的美以美教会学校华人女孩在上英文课的情形。

查理大叔的圣诞聚会（Uncle Charley's Christmas Party），《弗兰克·莱斯利新闻画报》1880 年 1 月 3 日，325 页。

《弗兰克·莱斯利新闻画报》1880 年 1 月 3 日刊登一篇题名为"查理大叔的圣诞聚会"的文章，讲述一群美国孩子与两名中国儿童庆贺圣诞的故事，两人为广州清朝官员的子弟，由经常赴华经商的查理监护，在美学习英语。文章虽然颇有调侃嘲弄华人的色彩，但对童真的描绘十分生动，并对华人子女学习西方文化、适应美国生活充满信心。

圣诞团聚（New York City — Christmas Reunion of Chinese Pupils at the Five Points House of Industry），《弗兰克·莱斯利新闻画报》1870 年 1 月 22 日，317 页。

美以美教会牧师刘易斯·皮斯（Lewis Pease，1818—1897）是美国 19 世纪中下叶的一名教育家和宗教改革者，他的五点工业居室学校致力于服务城市的贫民阶层。与一般的宗教组织专注于传道不同，皮斯认为让贫民脱离苦难与犯罪的最有效办法是给他们提供自食其力的机会，培养他们的能力，他创办的贫民学校曾经使得不少华人子弟受益。《弗兰克·莱斯利新闻画报》1870 年 1 月 22 日插图反映了纽约市五点工业居室学校圣诞聚会的情景，图中受到西方教育的华人少年虽然仍保留着发辫，但一身西装，似乎比父辈对未来更充满自信。

贝尔维尔庆新年（Belleville, N.J. — Celebration of the Chinese New Year's Day），《弗兰克·莱斯利新闻画报》1876年2月12日，372页。

贝尔维尔是新泽西州东北部的一座小镇，19世纪70年代只有三千多居民，由于靠近纽约，不少华人选择在此定居。鉴于当时美国媒体充斥着对中国的负面报道，当地华人于是决定举行盛大的农历新年庆祝活动，并邀请二百多位美国各界人士与会，以期促进主流社会对中华文化和当地华人社区的了解。《弗兰克·莱斯利新闻画报》详细报道了1月26日的庆祝集会，华人移民不仅向来宾展示了新年放鞭炮的习俗，并邀请客人参观中华寺庙，品尝中国食品，华人乐队还为宾客演奏了中美乐曲。

祭奠亡灵（Chinese Feeding the Dead），《哈泼斯周报》1879年1月25日，77页。

《哈泼斯周报》1879年1月25日版画描绘了旧金山华人在葬礼上焚烧纸钱，祭奠亡灵的情形。当时华人多迷信，认为如果不能叶落归根，死后就会成为不得安宁的孤魂野鬼，因此许多华工都会购买出港票，生则衣锦还乡，即使亡故也要由中华会馆把尸骨带回家乡入土为安。

华人葬礼（A Chinese Burial in Lone Mountain Cemetery, San Francisco, California），《哈泼斯周报》1882年1月28日，56页。

慎重地办理父母丧事，虔诚地祭祀远代祖先，是华人自孔夫子以前就有的传统，《哈泼斯周报》1882年图文报道旧金山华人慎终追远，举行隆重的葬礼送别亲人。仪式上道士做法，锣鼓班子助阵，墓前贡品丰盛，孝子贤孙则身穿白衣倒地痛哭，吸引了好奇的白人围观。

黑旗灵柩（New York City — A Chieptain of the "Black Flags" Lying in State in the Chinese Quarter, Mott Street），《弗兰克·莱斯利新闻画报》1888年11月3日，封面。

《弗兰克·莱斯利新闻画报》1888年11月3日封面报道一位黑旗军将领在美逝世，灵柩停在纽约中华会所的地下室供华人凭吊祭拜。刘永福率领的黑旗军在1884年的中法战争中以弱胜强，威震海外，这位战争结束后辗转来美的黑旗将领在死后受到了华人社会的尊敬。

常青陵园（New York City — The Chinese Burying Place in the Cemetery of Evergreens），《弗兰克·莱斯利新闻画报》1889年2月2日，433页。

《弗兰克·莱斯利新闻画报》1889年2月2日版画描绘了纽约华人的常青陵园，上图为华人在灵柩封土前焚烧纸钱，祈求逝者能在阴间安息；下图为华人在墓地凭吊祭奠的情形。由于当时规定白人、华人不能混葬，因此中华会所出资兴建华人公墓，并定期收拾遗骸托运回国，让客死异乡的华侨能够入土为安，叶落归根。

美国梦想（Another Field of American Industry Invaded by the Chinese），《哈泼斯周报》1883年4月14日，240页。

棒球为美国的国球，《哈泼斯周报》1883年4月14日刊登政治漫画家威廉·艾伦·罗杰斯作品，嘲笑华人梦想成为职业棒球队员，从辛苦的洗衣差事中解放出来，成为美国社会的一员。是时国会刚刚通过《排华法案》不久，美国社会朝野仍然充斥着对华人的各种歧视和偏见，罗杰斯的漫画就代表了当时相当一部分人的观点，但从另一方面也可以看到华人在逆境里自强不屈、努力向上的一种精神，后来的事实也证明华人能够成为优秀的棒球运动员。

中国野餐，来自天朝的音乐家（Chinese Picnic, Iona Island — Celestial Musicians），《哈泼斯周报》1883 年 6 月 23 日，封面。

《排华法案》通过后，华人在美的处境日益艰难，而参加白人教会活动便成为华人移民快速学习英文、积极融入美国主流社会的有效手段。《哈泼斯周报》6 月 23 日封面描绘了纽约当地的华人组织邀请教会学校的老师与朋友以及记者参加野餐活动的情景。艾奥娜是纽约哈得逊河上的一个小岛，图中的华人乐班正在尽情地演奏中国音乐，一旁还有华人专门负责讲解，远处则在燃放烟花和放风筝。虽然介绍文章对华人音乐不太恭维，但图画仍然生动地反映了华人移民努力与美国民众交往，积极促进中美文化交流与理解的美好愿望。

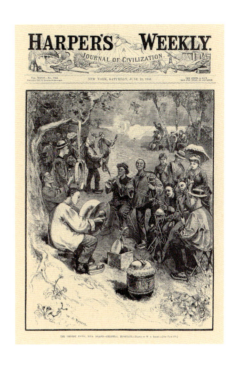

布鲁克林的华人教育（New York — the Club-Rooms of the "Christian Union for Chinese Work", in Brooklyn — Ladies Teaching Pupils the Alphabet），《弗兰克·莱斯利新闻画报》1883 年 10 月 6 日，101 页。

纽约市的布鲁克林在 19 世纪 80 年代已有四百多名华人，全美青年基督教协会领导下的基督教中国工作联盟联合各教派的有识之士积极与华工接触，具体负责的是虔诚白人教徒安德鲁·史密斯（Andrew A. Smith），已从事这项活动十五年。美国义工们除了教英语、读《圣经》，还帮华人排忧解难，提供有关保护个人财产和权利的建议，深受大家欢迎。《弗兰克·莱斯利新闻画报》1883 年 10 月 16 日的插图描述了布鲁克林当地的华工在学习英文字母的情景。

第五章 亚美利坚：美国政治中的华人问题

留学美国(The Chinese College at Hartford, Connecticut),《哈泼斯周报》1878年5月18日,396页。

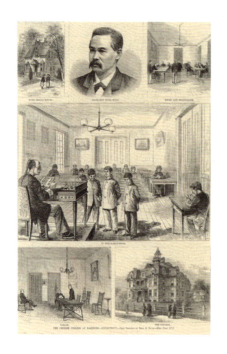

中国的近代留学先驱容闳1854年毕业于耶鲁大学,随即投身于晚清的经济发展与社会改革运动中。1872年经容闳大力推动并获得洋务派支持,清廷组织了第一批幼童官费赴美留学,《哈泼斯周报》1878年5月18日图文报道了位于美东康涅狄格首府哈特福德市的中国学馆的情况。容闳希望学童毕业后能够成为建设国家的栋梁之材,不同于当时的华人苦力移民,留学幼童经历的是寄宿式的西方精英教育。然而由于当时社会对华人的种族歧视,美国陆军与海军学院拒绝华人入校就读,加上中国保守派的反对攻击,清廷在1881年年底终止了官费赴美留学计划。

哈特福德的中国学馆(The Mission House Erected by the Chinese Government on Collins Street),《弗兰克·莱斯利新闻画报》1878年9月14日,24页。

据《弗兰克·莱斯利新闻画报》9月14日报道,清朝政府指派驻美公使陈兰彬领衔,容闳为负责具体事务的副学监,自1872年起每年派出三十名学童,至1875年共计四批一百二十名学生,计划留学周期为十五年,每年费用十万美元。清廷另外花费五万美金在哈特福德的柯林斯大道修建了校舍,作为留学计划总部和学生临时宿舍以及国学培训中心,中国学馆循环组织留学幼童二十人一班轮训两周,并严格规定学童不得改信基督,以期所有学生能够不忘国本,体现"中学为体,西学为用"的办学方针。

留美学童（Connecticut — The Chinese Educational Mission in Hartford），《弗兰克·莱斯利新闻画报》1878 年 9 月 14 日，24 页。

1878 年 9 月 14 日的《弗兰克·莱斯利新闻画报》介绍清廷组织的官费留学生除了学习物理、机械和军事科学外，同时也学习政治理论、经济、法律等，希望达到对西方社会文明的深度了解，能够成为中国政府急需的通材。虽然清廷留美计划中期夭折，大部分留学生没

能如期完成学业被迫返回，许多人诸如詹天佑等仍然为当时的中国现代化建设做出了卓越贡献，而留美学童中的张康仁（1860—1926）后来更是成为第一个在美国执业的华人律师。

华人教会学校（The Chinese School in Mott Street, New York），《哈泼斯周报》1879 年 7 月 19 日，573 页。

《哈泼斯周报》1879 年 7 月 19 日刊登版画，介绍纽约勿街中国城附近的美以美教会热心的美国白人教职人员教导第一代华人移民学习英语的情形。墙上清晰可见美以美教会的中文字样，所有的学生皆为年轻男性，脸上泛着光芒，显得对能够学习英文、更好地融入美国社会

十分兴奋。总部设在纽约的美以美教会属于基督新教的卫斯理宗，对华人教育颇为重视，除了在美国主办教会学校帮助华人移民外，卫理公会的传教士还在中国建立了两所赫赫有名的私立教会大学：1888 年的南京汇文书院，后来发展成为金陵大学；1889 年的北京汇文大学，后来与其他两所教会学校合并成为燕京大学。

周日的洛杉矶唐人街(Sunday Afternoon in Chinatown, Los Angeles, California—Singing Hymns in Street),《哈泼斯周报》1894年8月18日,封面。

至19世纪末,洛杉矶的唐人街已成规模,《哈泼斯周报》1894年8月18日封面图画描绘了周日下午洛杉矶华人与当地的白人教徒一起颂唱赞歌的情景。中国城大红宫灯高挂,街头熙熙攘攘,华人移民与加州白人居民和谐相处,已经成为当地社会的一员。

太平洋铁路完工(Pacific Railroad Complete),《哈泼斯周报》1869年6月12日,384页。

1869年太平洋铁路完工,《哈泼斯周报》刊登图画显示华人移民美国的一个没有预料到的后果就是中美通婚。虽然当时美国法律禁止异族通婚,但是由于绝大多数的华工为年轻男性,华人与白人、华人与黑人通婚的事情还是时有发生。作者种族歧视意图明显,两人身后的建筑上隐约可见孔夫子教堂的字样,画家旨在告诫如果不采取措施,不仅白人血统将要不纯,而且美国社会文化都将受到威胁。然而历史是不以种族主义者的个人意志为转移的,华人移民虽然在早期饱受艰辛迫害,却顽强地在美利坚这片土地上生存下来,然后成家立业,繁衍生息。

纽约华人婚礼(A Wedding in the Chinese Quarter, Mott Street, New York),《哈泼斯周报》1890年11月12日, 908页。

在当时少数中美通婚的案例中,白人妇女多为来自爱尔兰移民家庭的贫困女性。《哈泼斯周报》1890年11月12日刊登罗杰斯作品,真实地描绘了纽约中国城华人结婚的车队通过勿街的热闹情景,图画前侧一对中美通婚的夫妇尤为引人注目,白人妻子怀抱婴儿与华人丈夫站在一起,两人的一对混血儿女则在路沿快乐地玩耍。

南方聚会(The Reunion of the Confederate Veterans at the Tennessee Centennial and International Exposition),《哈泼斯周报》1897年7月3日, 656页。

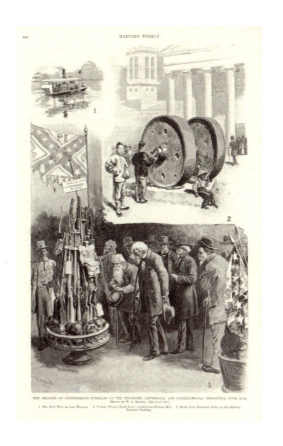

罗杰斯刊登在《哈泼斯周报》1897年的图画描绘了美国内战中的南方联军退伍军人在田纳西州聚会的情形,图中清晰可见两名华人少年,显示在19世纪末华人移民已经深入到美国的南方腹地。

华人信徒（Chinese Christian Endeavorers at the Mechanic's Pavilion），《哈泼斯周报》1897 年 7 月 31 日，752 页。

1897 年 7 月 7 日至 12 日，基督教奋进会第十六届国际大会在旧金山举行，华人移民积极参与，《哈泼斯周报》7 月 31 日图画描述了华人教徒与会参展的情景。

山区和平原狂欢节（Festival of Mountain and Plain at Denver, Colorado — Procession of October 6 Passing the Grand Stand），《哈泼斯周报》1897 年 10 月 30 日，1073 页。

美国中西部重镇丹佛市是科罗拉多州首府，位于一片紧邻着落基山脉的平原上，是美国西部的交通枢纽，由于高海拔，又名英里高城。那里早先渺无人烟，直到 1858 年发现金矿后，才建立了最初的居民点。为了纪念美国拓荒历史和庆祝西部的文化，丹佛市 1895 年开始举办山区和平原狂欢节，庆祝活动一般于 10 月初举行。华人也是丹佛市的早期居民之一，虽然曾在 1880 年的反华骚乱中遭受重大损失，华人移民的身影却出现在 1897 年 10 月 6 日的山区和平原狂欢节的游行队伍中。《哈泼斯周报》图画描绘华人牵引着巨大的龙头花车声势浩大地走过观礼台，显示华人已经成为当地社区的一部分，为美国社会的多元文化做出贡献。

天佑中华(May Heaven Save the Emperor and Protect the Flowery Kingdom!),《顽童杂志》1878年12月11日,4页。

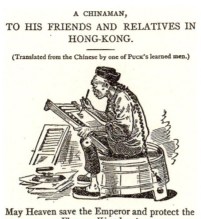

《顽童杂志》1878年12月11日的图画描绘了一名写家信的华人移民,图中身心疲惫的华工正在一笔一画地致函远在香港的亲人,讲述当地的华人已经修建了祭祀的庙宇,虽然华人移民在纽约街头常常被地痞流氓欺负而且得不到警察的保护,但他认为美国是一个伟大的国家,有着光明的前途,而华人的参与将使美国变得更加伟大,他的一名华人朋友已经成为公民,将参加投票选举下一任美国"皇帝",如此等等。是时正是美国排华反华浪潮风起云涌之际,从书信的口气来看似乎是杂志编辑杜撰,用来调侃嘲弄华人移民。然而从字里行间读出的不仅仅是苦难艰辛,更是顽强与自信,图中华人的坚毅神态百年之后依然让人钦佩不已。

华裔美国人(The Chinese American),《弗兰克·莱斯利新闻画报》1883年2月17日,435页。

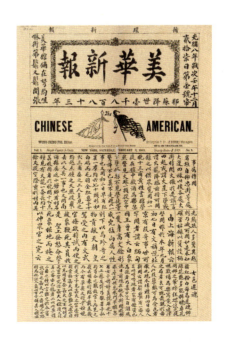

美国《排华法案》通过后,有感于华人移民没有自己发声的新闻媒体,1883年2月3日,王清福在纽约创办了《美华新报》,2月17日的《弗兰克·莱斯利新闻画报》对此进行了报道。该报的英文名称为The Chinese American,即华裔美国人或美籍华人,王清福最先采用的这个概念,如今已经在美国社会广泛使用,而《美华新报》则成为一块为改善在美华人形象、争取自身应有权益而呐喊的阵地。可惜因为经费不足,这份以华文为主的报纸只维持了不到一年。尽管如此,王清福后来又和一些华人在纽约市成立了美国华人平等权利联盟(The Chinese Equal Rights League of America),全力为改善华人的处境而斗争。

美华新报（Our New Chinese Newspaper），《顽童杂志》1883年2月14日，378页。

《顽童杂志》1883年2月14日的图画描绘了第一份中文报纸《美华新报》在美国发行的情形。

纽约选举日（Scenes and Incidents of Election Day in New York），《哈泼斯周报》1880年11月13日，728页。

1880年11月2日，美国举行第二十四次总统大选，共和党人詹姆斯·加菲尔德（James A. Garfield，1831—1881）成为第二十任美国总统。《哈泼斯周报》1880年11月13日刊登组图反映纽约市的选举情景，包括投票、计票、街头混混调皮捣蛋、民众燃烧篝火等待、公布选举结果，等等，其中两张图画值得特别重视：右上角的小图显示两名妇女出现在投票站，正在为争取投票权利据理力争；而左下侧的投票队列里赫然站立着一位头戴礼帽的华人，拥有着无畏的精神与毅力，面对其他选民的白眼和小孩子的指手画脚，冷静地等待着行使自己作为美国公民的权利与义务，题图的注解为"第一张华人选票"。

1757年：自乾隆年起广州即为中国唯一开放的通商港口，史称一口通商，由广州十三行垄断全中国的对外贸易。

1784年：美国商船"中国皇后号"抵达广州，开启早期的中美贸易。

1785年：一艘从事中美贸易的美国商船"智慧女神号"号从广州出发，8月9日抵达美国东部的巴尔的摩港，海员中有三名华人，为华人抵达美国国土的最早记录。

1786年："中国皇后号"上的押运商塞缪尔·肖被任命为首任美国驻广州领事。

1796年：嘉庆继位，清廷颁布禁烟令。

1820年：嘉庆驾崩，道光继位。华人开始抵达美国西海岸。

1822年：林阿适在美国康涅狄格州康沃尔的基督教公理教会学校就读。

1832年：美国传教士裨治文在广州创办《中国丛报》，为西方人士在中国创办的第一份向世界介绍中国的英文期刊。

1834年：梅阿芳抵达纽约，成为有史可载的中国妇女抵美第一人。

1839年：林则徐虎门销烟。

1840年：鸦片战争爆发。

1841年：英军进驻香港。

1842年：《中英南京条约》签订，第一次鸦片战争结束。

1843年：顾盛被任命为美国驻华专员，驻扎澳门。

1844年：《中美望厦条约》《中法黄埔条约》签订。

1847年："耆英号"中国帆船访美。二百余名中国苦力被西班牙殖民者带到哈瓦那，成为第一批来到古巴的华人。

1848年：美国加利福尼亚州发现金矿，第一批二十五名华人抵达旧金山。

1850年：道光驾崩，咸丰继位。加州成为美利坚合众国第三十一州，当地华人参加庆祝游行；在美华人超过四千。

中国近代史与中美外交大事记

1851 年：洪秀全金田起义，太平天国建立。来自广东的华人在旧金山成立地方会馆，后演化成为中华会馆。

1852 年：旧金山华人已达两万五千，加州议会通过法案对所有外籍矿工征收每月三美元的税金。

1854 年：美国联邦法院裁决华人法律地位仅同于印第安人，不得在与白人有关的案件中出庭作证；容闳毕业于耶鲁大学，成为华人留学美国第一人。

1856 年："亚罗号"事件与法国天主教神甫马赖被处死，导致第二次鸦片战争爆发。

1857 年：英法联军攻陷广州，叶名琛被俘。

1858 年：英法联军攻陷大沽炮台，直逼天津，清政府分别与英、法、美、俄签订《天津条约》。加州议会通过《防止华人或蒙古人种移民法》。

1859 年：美国公使华若翰进京；清军在大沽重创英法联军；叶名琛绝食饿死于印度。美国"挪威号"计划运载 1037 名华工自澳门开往古巴。

1860 年：英法联军进攻北京，火烧圆明园；清政府分别与英、法、俄签订《北京条约》；华尔组织洋枪队围剿太平军。在美华人人口超过三万五千；加州议会通过《保护渔业法案》，规定华人必须交纳捕鱼执照税。

1861 年：咸丰驾崩，同治继位；奕䜣与两宫太后发动辛酉政变，奕䜣成为议政王，两宫太后垂帘听政；总理衙门成立，奕䜣任领班军机大臣与领班总理衙门大臣。林肯就任美国第十六任总统，任命蒲安臣为美国驻华公使；美国内战爆发。

1862 年：美国在北京东交民巷建立驻华公使馆；美国联邦政府通过法案鼓励修建横贯全美的铁路；华尔被太平军击毙；加州议会通过法案，规定所有华人必须交纳警察捐税；旧金山中华公所成立。

1863 年：旧金山市议会通过《学校隔离法案》，规定华人儿童不得入读公立学校。

1864 年：天京陷落，太平天国运动失败。

1865 年：林肯总统被刺，美国内战结束；美国开始雇佣华工修建中央太平洋铁路。

1868 年：清政府委派原美国驻华公使蒲安臣作为涉外事务大臣，率领大清使团出访西方各国；中国与美国签订《蒲安臣条约》，规定双方人民可自由往来，美国以此引进大批华工修建太平洋铁路；格兰特当选第十八任美国总统。

1869 年：太平洋铁路全线贯通。

1870年：天津教案；蒲安臣在任内病故于俄罗斯圣彼得堡；全美华人达到六万三千，仅加州就有近五万；旧金山市议会通过法案禁止华人肩挑扁担沿街叫卖走动，华人不得从事任何公职。

1871年：同治驾崩，光绪继位，两宫太后再度垂帘听政。内华达州议会通过种族歧视法案排斥华人。

1872年：格兰特连任美国总统；陈兰彬出任第一位中国驻美公使；容闳率领第一批公费留学生三十人赴美；加州议会通过法案禁止异族通婚，禁令直至1948年才被加州最高法院推翻。

1873年：旧金山市议会通过法案征收洗衣税，并禁止华人在庆祝活动中燃放鞭炮和使用铜锣。

1875年：美国联邦政府通过《佩奇法案》，要求华人女性必须持有良家妇女证明方可入境，否则一律作妓女遣返；旧金山市议会通过《立方空间法案》，规定每人室内生活空间不得少于五百立方英尺。

1876年：美国百年国庆；美国举行第二十三届总统选举，海斯当选第十九任总统；《纽约时报》报道华人在旧金山投票参选；费城举办万国博览会；旧金山白人举行反华大会。

1877年：中国北方旱灾导致大规模饥荒；美国发生严重的经济危机，加州爱尔兰移民丹尼斯·科尔尼高喊"华人滚回去"的口号，发起排华运动。

1878年：大清国在美国华盛顿设立永久性驻美公使馆，清政府特使陈兰彬出使美国。

1879年：美国前总统格兰特访问中国，与李鸿章会见；美国联邦政府通过《十五旅客法案》，规定每艘轮船每次只能运载十五名华工入境，后被海斯总统否决；加州规定禁止雇用华人，并授权各地方政府可自行规定强迫华人迁移。

1880年：清政府与美国签订《安吉利条约》（*Angell Treaty*），美国可以限制或暂停华工赴美；加菲尔德成为第二十任美国总统；在美华人超过十万；加州议会通过《捕鱼法案》，禁止华人捕鱼，旧金山市议会通过法案，禁止华人夜间使用熨斗；美国科罗拉多州丹佛市发生排华暴乱。

1881年：加菲尔德遇刺，阿瑟成为第二十一任美国总统。

1882年：美国联邦政府通过《排华法案》，禁止华人移民十年，华人不得归化成为美国公民；郑藻如被任命为大清出使美国钦差大臣。

1883年：中法战争爆发；美国纽约中华公所成立；王清福创办《美华新报》。

1884年：恭亲王奕䜣因中法战争失利被罢黜；克利夫兰当选第二十二任美国总统。

1885年：加州议会立法规定华人子弟不得入读公立学校；怀俄明州石泉镇发生排华暴乱，二十八名华工丧生。

1886年：西雅图发生排华骚乱，数百华人被驱逐。

1888年：本杰明·哈里森当选第二十三任美国总统；美国联邦政府通过《斯科特法案》，禁止当时已离境的华人重新返回美国。

1889年：光绪亲政。

1892年：克利夫兰当选第二十四任美国总统；美国联邦政府通过《基瑞法案》，延长《排华法案》十年，并规定所有在美华人必须办理居留证。

1893年：美国最高法院裁决《排华法案》正当合法；联邦政府通过《麦可礼修正案》（McCreary Amendment），进一步扩大劳工定义。

1894年：甲午中日战争爆发。

1895年：中日《马关条约》签订。

1896年：李鸿章访美；麦金利当选第二十五任美国总统。

1897年：德国强占胶州湾，英国租借威海卫。

1898年：戊戌变法；美国与西班牙战争，正式吞并夏威夷、关岛和菲律宾。

1900年：义和团运动；八国联军侵华战争；在美华人锐减至89863人；麦金利连任美国总统。

1901年：《辛丑条约》签订，李鸿章去世；麦金利总统遇刺，西奥多·罗斯福继任美国总统。

1902年：美国政府抗议俄国在义和团运动之后拒不撤兵满洲，违反了门户开放政策。

1904年：日俄战争爆发；美国国会无限期延长《排华法案》；西奥多·罗斯福连任总统。

1905年：中国同盟会成立；中国沿海发起抵制美货运动。日本在日俄战争后替代俄国取得南满，美国和日本共同承诺维持在满洲的平等权益。

1906年：加利福尼亚州大地震引发大火，旧金山华埠损失惨重。

1907年：国际和平会议签署《海牙公约》。

1908年：光绪驾崩，宣统继位，慈禧死亡；威廉·塔夫脱（William Howard Taft，1857—1930）当选美国总统。

1910年：在美华人锐减至71531人。

1911年：武昌起义。

1912年：清帝退位，中华民国成立；伍德罗·威尔逊（Woodrow Wilson，1856—1924）当选美国总统。

1913年：美国承认以袁世凯为临时大总统的中华民国，开始与北洋政府建立外交关系。

1920年：在美华人锐减至61689人。

1943年：富兰克林·罗斯福总统废除《排华法案》，但华人每年仅有105名移民配额。

1968年：美国废除国籍配额制度，全面实施新的移民法则。

2010年：在美华人增至334万。

Major English Newspapers and Magazines

Ballou's Pictorial Drawing-Room Companion. Boston, MA: M.M. Ballou, 1855-1859.

China's Millions (*North American Edition*). Toronto: China Inland Mission, 1875-1950.

Chinese Repository. Canton: Elijah Coleman Bridgman & S. W. Williams, 1832-1851.

Frank Leslie's Illustrated Newspaper. New York, N.Y.: Frank Leslie, 1855-1922.

Gleason's Pictorial Drawing-Room Companion. Boston, MA: F. Gleason, 1852-1854.

Harper's Monthly Magazine. New York, N.Y.: Harper & Brothers, 1850-current.

Harper's Weekly: A Journal of Civilization. New York, N.Y.: Harper's Magazine Co., 1857-1916.

Puck Magazine. New York, N.Y.: Keppler, 1871-1918.

WASP. San Francisco: Francis Korbel, 1876-1941.

English Books

Alexander, W., *The Costume of China, Illustrated in Forty-Eight Coloured Engravings*. London: William Miller, 1805.

Allom, T., *The Chinese Empire Illustrated: Being a Series of Views from Original Sketches, Displaying the Scenery, Architecture, Social Habits, & c., of That Ancient and Exclusive Nation*. London: London Printing and Publishing, 1858.

Bonner, A., *Alas! What Brought Thee Hither? The Chinese in New York 1900-1950*. Madison, NJ: Fairleigh Discken University Press, 1997.

Clark, J. H., *Story of China and Japan: Embracing Their Geographical Positions, Enormous Resources, Wealth, Emperors and Courts, Governments and People, Manners and Customs, How the People of These Great Nations Live and Die and Maintain in Oriental Splendor the China and Japan of Today, Together with a Sketch of Corea and the Coreans, and Causes Leading to the Conflict of 1894. Oriental Publishing Company, 1894.

Densmore, G. B., *The Chinese in California: Descriptions of Chinese Life in San Francisco, Their Habits, Morals and Manners*. Illustrated by Voegtlin. San Francisco: Pettit & Russ, 1880.

Derby, C., *China and Her People: Being the Observations, Reminiscences, and Conclusions of an American Diplomat*. Boston, L. C. Page, 1906.

Doolittle, J., *Social Life of the Chinese: With Some Account of Their Religions, Educational and Business Customs and Opinions*. New York: Harper & Brothers, 1865.

Hacker, A., *China Illustrated: Western Views of the Middle Kingdom*. New York: Tuttle Publishing, 2012.

Mungello, D. E., *The Great Encounter of China and the West: 1500-1800*, Lanham, MD: Rowman & Littlefield Publishers, 2013.

Smith, A. H., *Chinese Characteristics*. New York: Fleming H. Revell, 1894.

Staunton, G., *An Authentic Account of an Embassy from the King of Great Britain to the Emperor of China*. London: W. Bulmer & Co., 1797.

Thomson, J. S., *The Chinese*. Indianapolis, IN: Bobbs-Merrill, 1909.

Thomson, J., *The Land and the People of China: A Short Account of the Geography, History, Religion, Social Life, Art, Industries, and Government of China and Its People*. New York: Pott & Young, 1876.

Thomson, J., *The Straits of Malacca, Indo-China, and China or, Ten Years' Travels, Adventures, and Residence Abroad*. New York: Harper & Brothers, 1875.

Williams, S. W., *The Middle Kingdom: A Survey of the Chinese Empire and Its Inhabitants*. New York: Charles Scribner, 1883.

中文书目：

王鹤鸣、马远良主编：《西方人笔下的中国风情画：上海图书馆馆藏精选》，上海：上海画报出版社，1999年。

沈弘编者：《晚清映像：西方人眼中的近代中国》，北京：中国社会科学出版社，2005年。

黄时鉴、沙进：《十九世纪中国市井风情：三百六十行》，上海：上海古籍出版社，2006年。

孙彦贞主编：《中国国家博物馆馆藏文物研究丛书：历史图片卷》，上海：上海古籍出版社，2006年。

刘潞、吴芳思编译：《帝国掠影：英国访华使团画笔下的清代中国》，北京：中国人民大学出版社，2006年。

李弘：《京华遗韵：西方版画中的明清老北京》，北京：新世界出版社，2007年。

徐宗懋主编：《世界华人与人华人世界：十九世纪西洋画刊图文精选》，台北：新诗语文化有限公司，2012年。

马克林：《我看中国：1949年以来中国在西方的形象》，北京：中国人民大学出版社，2013年。

史景迁著，阮叔梅译：《大汗之国：西方眼中的中国》，桂林：广西师范大学出版社，2013年。

沈弘编译：《遗失在西方的中国史：〈伦敦新闻画报〉记录的晚清，1842—1873》，北京：北京时代华文书局，2014年。